© Copyright by   Verlag
Zabert Sandmann GmbH
Hamburg
1984

Konzept und Realisation	Arnold Zabert
Redaktion	Klaus Schneider
Kochstudio	Hermann Rottmann
Hauswirtschaft	Julia Brauner
Ernährung	Marianne Haidl
Grafische Gestaltung	Hartwig Kloevekorn
Layout	Gabriele Hoppe
Fotografie	Arnold Zabert
	Walter Cimbal
Herstellung	Hans-Werner Jung
Lithografie	Graphia-Reproduktionen, Vreden
Satz	Typografika, Bielefeld
Druck	Bentrup-Druck, Bielefeld
Bindung	Klemme & Bleimund, Bielefeld
Vertrieb	Verlag Zabert Sandmann
	Patthorster Str. 127, 4803 Steinhagen
	Telefon (0 52 04) 33 83
Auslieferung	Cornelsen-Velhagen & Klasing
	Postfach 8729, 4800 Bielefeld 1
ISBN	3-924678-00-6

CIP-Kurztitelaufnahme der Deutschen Bibliothek
Zabert, Arnold:
Kochen: Die neue große Schule; Fotogr.: Arnold Zabert; Walter Cimbal
Hamburg: Zabert Sandmann, 1984. ISBN 3-924678-00-6

Arnold Zabert

KOCHEN
Die neue große Schule

ZABERT
SANDMANN
VERLAG

Das Grundprinzip
der feinen Küche
ist Einfachheit.

Johann George Hesekiel 1872

Inhaltsverzeichnis

Warum wir dieses Buch geschrieben haben

Die schönste Revolution ereignete sich während der letzten Jahre in unseren Küchen. Sie kam so sanft, daß es vielen erst jetzt bewußt wird: Wir haben ein ganz neues Verhältnis zum Essen und Trinken bekommen. Der wachsende Wohlstand, das Schnuppern an fremden Herden, ein neues Körperbewußtsein, das Gesundheit, Schlanksein und Lust am Leben vereint — all das führte zu einer Neuen Küche.

Was Gourmets als „Nouvelle Cuisine" preisen, mag avantgardistisch erscheinen — aber die Grundsätze haben wir doch schon längst übernommen: Frische Produkte, kurze Garzeiten, dekoratives Anrichten. Wo blieben die Umsätze der Supermärkte mit Crème fraîche und trockenem Wein, mit raffinierten Tiefkühlprodukten und exotischen Früchten? Und wo käme der Erfolg all der Hamburger, Crepes, Giros, Pizzas und Ćevapčići her, wenn wir nicht den Appetit darauf mitbringen würden? Aber es kommt noch eins hinzu. Was Franzosen und Italiener seit jeher als ein Stück ihrer Kultur begriffen haben: das Kochen für Gäste, das Tafeln mit Freunden — das ist vielleicht das wichtigste Stück Lebensqualität, das diese sanfte Revolution mit sich brachte.

Eine neue Küche braucht ein neues Kochbuch. Was für Mütter und Großmütter gut und richtig war, wirkt heute nur noch aufgewärmt. „Kochen — die neue große Schule" soll das Handbuch sein für eine neue Generation von kochenden Hausfrauen, Hobbyköchen, Gastgeberinnen, Singles und Genießern.

Wozu Sie dieses Kochbuch verführen will

Ein neues Kochbuch, das diesen Namen verdient, muß von vorn anfangen. Anfängern soll es die Angst nehmen, Fortgeschrittene nicht langweilen, Anhänger der alten Küche überzeugen.

Das ist das neue Konzept: Ein Bildband mit über 1000 neuen Farbfotos — und zugleich ein präzises Lehrbuch mit über 2000 neuen Rezeptideen. Zum Kochenlernen mit Spaß und System.

Das ist die neue Lehrmethode: Von der Suppe bis zum Dessert beginnen alle Kapitel mit einem Grundrezept. Darauf baut alles weitere in Stufen auf. Jeder wichtige Handgriff wird im Foto gezeigt, jede Variation erklärt. Und das Schönste ist: Sie können auf jeder Stufe sofort kochen!

Das ist Kochen mit System.

Das ist das Baukasten-Prinzip: Sie können innerhalb eines Kapitels Rezepte aus verschiedenen Kapiteln miteinander kombinieren. Dadurch ergeben sich zusätzlich tausende verschiedene Gerichte. Das ist kreatives Kochen.

Hinzu kommen Tips für den Einkauf, Tricks bei der Vorbereitung, Kniffe der Getränkekunde und Tischregeln. Sie erfahren alles über die Grundausstattung einer neuen Küche, das Wesentliche über Kochtechniken und Kalorien und über das Kombinier-System (siehe Seite 56-65). Bei all dem will „Die neue große Schule" ihren Wissensstoff nicht pauken, sondern Appetit und Lust machen auf die zweitschönste Sache der Welt, die gleich nach der Liebe kommt.

Einkauf:
Aller Anfang
ist leicht

Sogar unter Leuten, die gern essen und kochen, gilt es als schick, über die modernen Zeiten zu mäkeln. Dabei hätten gerade die Freunde einer feinen und abwechslungsreichen Küche allen Grund, zufrieden zu sein. Unseren Urgroßmüttern wären die heutigen Einkaufsmöglichkeiten geradezu märchenhaft erschienen — der Supermarkt im Kaufhaus wie das Paradies. Es gibt praktisch nichts, was es nicht gibt. Spargel zu Weihnachten? Erdbeeren im Februar? Reh im Mai? Krebse im Oktober? Alles machbar. Exotische Gewürze und Früchte, Fische aus allen Meeren, Weine aus aller Herren Länder — alles da. Doch die Kunst besteht darin, in diesem Schlaraffenland so gut wie nötig und so preiswert wie möglich einzukaufen. Damit das Kochen zur Lust, aber die Ausgaben nicht zur Last werden.

Das Abenteuer vor dem Kochen

Einkaufen für ein Essen kann ein aufregendes Abenteuer sein, ist immer aber auch Pflichtprogramm — sonst endet das Kochen in einer kulinarischen Katastrophe. Wer nur aus dem Regal greift, was ihm gerade in den Sinn kommt, wird beim Zubereiten einer Mahlzeit gewisse Schwierigkeiten haben. Und nicht nur das: In kaum einem Portemonnaie sind für solcherlei Extravaganzen Reserven vorgesehen . . .

Die 10 goldenen Einkaufsregeln

1. Prüfen Sie zuerst Ihre Vorräte!
2. Notieren Sie sich alles auf einem Einkaufszettel!
3. Planen Sie keine Wildgerichte im Sommer und kein Spargelessen im Winter!
4. Nutzen Sie die Saison- und Sonderangebote!
5. Ändern Sie Ihre Essenspläne, wenn Sie unerwartet ein besonders günstiges Angebot entdecken!
6. Kaufen Sie Preiswertes auf Vorrat ein — und auch zum Tieffrieren!
7. Kaufen Sie frisch, was frisch zu kriegen ist!
8. Vergleichen Sie die Preise!
9. Der Gewinn liegt im Einkauf.
10. Gehen Sie nie hungrig zum Einkaufen!

Warenverordnungen

1. Bis auf wenige Ausnahmen müssen alle Waren mit dem Preis ausgezeichnet sein.
2. Der Preis abgepackter Produkte muß der Angabe einer Grundmenge entsprechen (1 l, 1 kg), damit man ihn mit Konkurrenzprodukten vergleichen kann.
3. Das Gesetz gegen den unlauteren Wettbewerb (UWG) untersagt z.B. irreführende Werbung. Das heißt, daß preisgünstige Waren in ausreichender Menge vorhanden sein müssen und nicht nur als Lockangebot dienen dürfen.
4. Das Lebensmittelgesetz enthält Vorschriften für den Schutz der Gesundheit und Bestimmungen über Zusatzstoffe in Lebensmitteln und Rückstände von Pflanzenschutzmitteln.

Zusatzstoffe

Lebensmittel dürfen nur gesetzlich zugelassene Zusatzstoffe enthalten, die im übrigen zusammen mit den Zutaten auf der Packung ausgewiesen werden müssen.
1. Chemische Konservierungsstoffe dienen der Haltbarmachung. Zugelassene Konservierungsmittel sind Benzoesäure, Ameisensäure, Sorbinsäure u.a.
2. Farbstoffe müssen unschädlich sein; sie werden zumeist aus optischen Gründen zugesetzt.
3. Antioxidationsmittel verhüten den Verderb durch Sauerstoff (ranzig); Emulgatoren, Verdickungsmittel.
4. Geschmacksverstärker und andere Zusatzstoffe sind in vielen Erzeugnissen enthalten. Über die Menge entscheidet die Zusatzstoff-Zulassungsverordnung.

Haltbarkeit

Die Lebensmittelkennzeichnungsverordnung schreibt vor, daß verpackte Lebensmittel außer Angaben über verwendete Zutaten auch das Mindesthaltbarkeitsdatum enthalten müssen. Dieses Datum gibt an, bis zu welchem Zeitpunkt ein Lebensmittel unter entsprechenden Aufbewahrungsbedingungen haltbar ist. Wird dieses Datum überschritten, heißt das nicht, daß die Ware verdorben ist. Der Hersteller haftet jedoch nur bis zu diesem Zeitpunkt für die Qualität der Lebensmittel.
Das Mindesthaltbarkeitsdatum muß mit den Worten „Mindest haltbar bis . . ." aufgedruckt sein und Angaben über Tag, Monat oder Jahr enthalten.
Tips:
1. Befolgen Sie Hinweise wie „Sofort verbrauchen" oder „nach dem Auftauen verbrauchen".
2. Leicht gewölbte Deckel bei Joghurt, Quark oder gerundete Milchtüten nicht mehr kaufen.
3. Sind Lebensmittel nicht mehr genießbar, ist der Händler zum Umtausch verpflichtet.
4. Der Vermerk „Auch bei Kühlung nur begrenzt haltbar" bedeutet, daß das Erzeugnis höchstens drei Monate aufbewahrt werden kann.

Obst und Gemüse

Die Frische können Sie optisch beurteilen. Handels- und Güteklassen bieten Hilfen, sagen aber nichts aus über Geschmack und Inhaltsstoffe, sondern nur über äußere Merkmale wie Größe, Gewicht und Länge.
Frisches Obst und Gemüse, das nach Güteklassen angeboten wird, muß ganz gesund, frisch, sauber, frei von fremdem Geruch und Geschmack und zu viel Feuchtigkeit sein.
Die EWG hat gemeinsame Qualitätsnormen festgelegt:

Güteklasse	Qualität
Extra	auserlesene Ware
I	hochwertige Ware
II	gute Ware
III	Haushaltsware

Diese Einstufung ist nur für bestimmte Obst und Gemüsearten vorgeschrieben, andere Arten haben Güteklassen, die nur in der Bundesrepublik gelten. So z.B. für Beerenobst die Güteklassen Extra, I und II, bei Gemüsen sind die deutschen Güteklassen Extra, I und II.

Tiefkühlkost

Das Angebot ist mittlerweile so groß, daß man ganze Mahlzeiten daraus zubereiten kann. Gemüse, Fleisch, Fertiggerichte, Obst, Kräuter — alles ist in den unterschiedlichsten Packungsgrößen erhältlich. Beim Gefriervorgang bleiben im Gegensatz zum Konservieren Nähr-, Wirk- und Geschmacksstoffe weitgehend erhalten.

Tips:

1. Großpackungen sind preiswerter als kleine.

2. Nur einwandfrei verpackte Produkte kaufen.

3. Nach dem Kauf sofort verarbeiten.

4. Während des Transports Gefriergut in viel Zeitungspapier einpacken, damit es nicht zu stark auftaut.

5. Sind Eiskristalle in der Packung zu sehen, war das Gefriergut zumindest schon einmal aufgetaut. Nicht kaufen!

6. Geflügel vor dem Verbrauch aus der Kunststoffverpackung nehmen und gut abwaschen.

7. An- und Auftauzeiten nicht unnötig verlängern. Am besten bewährt hat sich das allmähliche Auftauen im Kühlschrank.

8. Gefriergut sofort nach dem Auftauen verbrauchen. Nicht wieder einfrieren.

9. Kennzeichnen Sie tiefgefrorene Lebensmittel mit Datum und beachten sie die Lagerzeiten!

Dosen und Gläser

Bei Obst, Gemüsen, Fleischgerichte, Suppen, Saucen, Marmeladen, Kompotte. Durch Hitzebehandlung wird zwar eine lange Haltbarkeitsdauer erreicht, aber die Vitamine sind dann leider zum größten Teil zerstört. Die Lebensmittelindustrie versucht inzwischen durch schonende Verfahren diese Verluste so gering wie möglich zu halten.

Tips:

1. Kaufen Sie nur einwandfreie Dosen, die nicht aufgetrieben oder verbeult sind.

2. Trocken, kühl und nicht im Sonnenlicht aufbewahren.

3. Nahrungsgut aus geöffneten Dosen umfüllen.

Trockenobst

Obst wird durch Wasserentzug für längere Zeit haltbar gemacht. Trocknen kann man: Äpfel, Birnen, Pflaumen, Aprikosen, Feigen, Datteln, Weintrauben.

Tips:

1. Trockenobst immer luftig, trocken und kühl aufbewahren.

2. Bestände immer überprüfen, da Trockenobst leicht von Milben befallen wird.

3. Für Kompotte und Füllungen in heißem Wasser einweichen.

Durchschnittsmengen für 4 Personen

Suppe	
Hauptgericht	2 l
Vorspeise	1 l

Sauce	
als Beilage	1/2 l

Fleisch	
mit Knochen	1 kg
ohne Knochen	800 g
Hackfleisch	500 g

Gemüse	
als Hauptgericht	1 kg
als Beilage	800 g
für Suppe	500 g

Fisch	
mit Kopf	1 kg
Fischfilet	800 g

Nudeln	
als Hauptgericht	400-500 g
als Beilage	400 g
für Suppe	80-100 g

Reis	
als Hauptgericht	400-500 g
als Beilage	250 g
für Suppe	80-100 g

Obst	
für Kompott	500 g

Süßspeisen	
Creme	1/2 l

Abkürzungen für Maßangaben

l, ltr	Liter
ml	Milliliter
125 ml	1/8 l
250 ml	1/4 l
375 ml	3/8 l
500 ml	1/2 l
750 ml	3/4 l
1000 ml	1 l
kg	Kilogramm
g	Gramm
1000 g	1 kg

Prise = die Menge, die Sie zwischen zwei Fingern halten können.

Msp	Messerspitze
EL	Eßlöffel
TL	Teelöffel

Richtwerte für Maßangaben

Wiegen und Messen ohne Waage in Gramm:

Lebensmittel	EL	TL
Mehl	10	3
Stärke	10	5
Zucker	15	5
Salz	10	5
Sago	15	5
Öl	10	5
Puderzucker	10	3

Maß: Normaler Eß- oder Teelöffel, gestrichen voll.

Das Essen als schönste Art der Energie

Solange wir leben, verbrauchen wir Energie. Und zwar nicht nur beim Bergsteigen, Radfahren, Spazierengehen oder Staubsaugen, sondern auch beim Schreiben, Kochen, Küssen — ja, sogar im Schlaf. Um fit zu bleiben, müssen wir lediglich zwei kleine Probleme lösen. Erstens müssen wir die für uns richtige Energiemenge herausfinden. Und zweitens müssen wir sie in der richtigen Zusammensetzung zu uns nehmen. Stimmt das erste nicht, werden wir dick; stimmt das zweite nicht, werden wir krank. Schließlich gibt's noch einen dritten — nicht unwesentlichen Punkt: die Energie, die wir zu uns nehmen, soll so gut wie möglich schmecken!

Kohlenhydrate

Ohne Pflanzen gibt es kein Leben. Pflanzen produzieren Sauerstoff, und sie liefern uns die Kohlenhydrate. Das funktioniert so:

— Die Pflanze bildet Einfachzucker (Glucose), der sofort vom Blut aufgenommen werden kann. Deshalb erhalten Sportler Traubenzucker oder Fruchtzucker.

— Aus Einfachzuckern bildet die Pflanze Doppelzucker, dazu gehört unser Haushaltszucker (Rübenzucker), Milch und Malzzucker.

— Als Vielfachzucker bezeichnet man Stärke und Cellulose.

— Bei der Verdauung werden alle Zucker zu Einfachzuckern abgebaut.

— Kohlenhydrate sind Energielieferanten erster Ordnung.

Vorkommen:
Obst, Gemüse, Zucker, Milch, Kartoffeln, Getreide, Hülsenfrüchte, Vollkornprodukte. Kohlenhydrate kommen aber in allen Lebensmitteln in unterschiedlich großen Mengen vor.

Bedarf / Tag:
Kohlenhydrate sind der Hauptlieferant an Energie in unserer Nahrung.
50-65 % des Gesamtenergiebedarfs oder
5-6 g / kg Körpergewicht.

— Kohlenhydrate haben einen geringen Sättigungswert, zu kohlenhydratreiche Nahrung ruft Völlegefühl hervor.

— Die Zufuhr von Kohlenhydraten darf nicht unter 10% des Gesamtenergiebedarfs sinken, da der Fettabbau gestört wird — Fette können nur im Feuer der Kohlenhydrate verbrennen!

— Die Einfachzucker (Glucose) werden über das Blut in die Leber transportiert und in Form von Glykogen gespeichert. Auch die Muskeln dienen als Speicher. Überschuß wird in Depotfett umgewandelt.

Eiweiß / Protein

— Alles Leben ist an Eiweiß gebunden.

— Eiweiß ist der wichtigste Baustoff des menschlichen Körpers. Alle Zellen enthalten Eiweiß, alle Enzyme bestehen aus Eiweiß. Kollagen oder Leimeiweiß ist in Haut, Knorpeln und Bindegewebe enthalten.

— Eiweiß ist aus Aminosäuren aufgebaut. Acht dieser Aminosäuren kann der Körper nicht selbst aufbauen, sie müssen mit der Nahrung zugeführt werden, man nennt sie essentielle Aminosäuren.

— Eiweiß dient als Baustoff und kann nicht ersetzt werden.

— Der Körper kann Eiweiß nicht speichern, daher ist eine regelmäßige Aufnahme notwendig.

— Bei der Verdauung wird Eiweiß in kleine Bausteine, die Aminosäuren zerlegt.

— Die Leber verwandelt die Bausteine in körpereigenes Eiweiß und überschüssiges Eiweiß wird verbrannt.

Vorkommen:
Tierisches Eiweiß: Milch und Milchprodukte, Ei, Innereien, Fisch, Fleisch.
Pflanzliches Eiweiß: Hülsenfrüchte, Getreide, Kartoffeln, Soja, Nüsse.

Bedarf / Tag:
Der Bedarf richtet sich nach dem Alter des Menschen.

— Der heranwachsende Mensch braucht viel Eiweiß zum Aufbau, der alte Mensch ebenfalls, weil bei ihm ein stärkerer Zellabbau stattfindet.

Erwachsene:
0,9 g/kg Körpergewicht.
12-15% des Gesamtenergiebedarfs sollten in Form von Eiweiß gedeckt werden. Es empfiehlt sich 50% tierisches und 50% pflanzliches Eiweiß aufzunehmen.

Fette

— entstehen in der Pflanze durch Umwandlung der Kohlenhydrate.

— Sie sind in pflanzlichen und tierischen Nahrungsmitteln sichtbar oder versteckt (Nüsse) enthalten.

— Fette sind Wärmespender und werden zur Energiegewinnung verbrannt.

— Fette schützen empfindliche Organe wie Nieren, Herz, Augen, Därme.

— Überschüssige Fette lagern sich als Depotfett ab.

— Fette werden bei der Verdauung in kleinste Tröpfchen zerlegt und in ihre Bestandteile Glycerin und Fettsäuren gespalten, danach werden sie zu körpereigenem Fett aufgebaut oder verbrannt. — Sie sind Energielieferanten zweiter Ordnung, da sie nur im Feuer der Kohlenhydrate verbrannt werden können.

— Fette sind Träger essentieller (mehrfach ungesättigter) Fettsäuren, die der Körper nicht selbst herstellen kann, die aber lebensnotwendig sind.

— Fette sind Träger von fettlöslichen Vitaminen. Die Provitamine der Vitamine A (Carotin) und D (Sterin) können nur unter Zusatz von Fett umgewandelt werden.

— Cholesterin ist ein Bestandteil tierischer Fette, wird aber auch vom Körper hergestellt. Die Zufuhr darf nicht mehr als 300 mg/Tag betragen.

Vorkommen:
Tierische Fette: Butter, Lebertran, Fleisch, Schmalz, Wurst.
Pflanzliche Fette: Margarine, Nüsse, Öle (enthalten große Mengen essentieller Fettsäuren).

Bedarf / Tag:
25-30% des Gesamtenergiebedarfs, davon 50% pflanzliche und 50% tierische Fette, oder 1 g/kg Körpergewicht.

Wasser

— der menschliche Körper besteht zu ca. 65% aus Wasser und ist ohne Wasser nur wenige Tage lebensfähig
— Wasser ist in allen Zellen und Körperflüssigkeiten vorhanden. —
Es löst und transportiert Stoffe zu den Zellen und dient der Temperaturregelung, wenn der Körper schwitzt.
— Wasserverlust: ca. 1 1/2 l pro Tag
Wasserbedarf: 2-3 l/Tag (davon ein großer Teil in den Nahrungsmitteln enthalten).

Ballaststoffe

— sind vom Körper nicht zu verwertende Stoffe.
— Cellulose ist das Stützgewebe der Pflanzen und ist ein Vielfachzucker der bei der Verdauung nicht in Einzelzucker abgebaut werden kann.
— Ballaststoffe regen die Darmperistaltik an, sie fördern die Verdauung und steigern das Sättigungsgefühl durch die Füllung des Magen und Darms.
— Im Übermaß genossen, führen sie allerdings zu Verdauungsschwierigkeiten.
Vorkommen: Obst, Gemüse, Vollkornprodukte.

Vitamine

Lebensnotwendige Wirkstoffe, enthalten in pflanzlicher und tierischer Nahrung. —
Sie beeinflussen Lebensvorgänge, schützen vor Krankheiten. Wie wichtig sie sind, wird erst bei Vitaminmangel deutlich. — Der Körper kann die meisten Vitamine nicht selbst herstellen.
— Es gibt fettlösliche Vitamine: A, D, E und K und wasserlösliche Vitamine: Alle Vitamine der B-Gruppe und das Vitamin C.
Vorkommen:
Leber, Innereien, Gemüse, Obst
Bedarf / Erwachsene

Vitamin A	0,9 mg / Tag
Vitamin D	0,0025 mg / Tag
Vitamin E	12 mg / Tag
Vitamin B$_1$	1,6 mg / Tag
Vitamin B$_2$	1,6 mg / Tag
Vitamin C	75 mg / Tag

Regeln für die Behandlung von Vitaminen:
1. Vitamine sind licht- und sauerstoffempfindlich. Zerkleinertes abdecken.
2. Vitamine sind auch sehr hitzeempfindlich. Daher die Garzeiten möglichst knapp halten.
3. Wasserlösliche Vitamine werden durch Waschen, Wässern und Kochen ausgelaugt. Deshalb Obst und Gemüse nicht vor dem Waschen zerkleinern und nur in stehendem Wasser waschen.
4. Gerichte nicht zu lange warmhalten.
5. Vitamine werden durch lange Lagerzeiten zerstört.
6. Vitamine sind durch Metalle wie Kupfer zerstörbar.
7. Wasserlösliche Vitamine werden beständiger durch Säure. Deshalb auf Bananen, Äpfel immer Zitrone geben.
8. Fettlösliche Vitamine benötigen Fett um die Provitamine (Carotin zum Beispiel in Vitamin A) umzuwandeln.

Mineralstoffe und Spurenelemente

Wirkstoffe, die bereits in kleinen Mengen wirken aber selbst keine Kalorien liefern.
— Sie müssen täglich mit der Nahrung zugeführt werden, da sie wasserlöslich sind und sonst ausgeschieden werden.
— Sie dienen als Baustoffe im Knochengerüst, und befinden sich gelöst in allen Körperflüssigkeiten. — Der menschliche Körper kann Mineralstoffe nicht selbst aufbauen.
Mineralstoffe sind:
Kalzium (Kalk), Eisen, Phosphor, Jod, Kochsalz, Kalium.
Wichtig: 1 g Salz bindet im Körper 100 g Wasser! Deshalb salzen Sie wenig!
Kalziummangel fördert Zahnerkrankungen, Eisenmangel führt zu Blutarmut, Jodmangel führt zu Kropfbildung.
Vorkommen:
Obst, Gemüse, Milch, Milchprodukte, Vollkornbrot, Innereien.
Bedarf: Eine gemischte Kost deckt den täglichen Mineralstoffbedarf. Die genauen Werte können Sie in den Nährwerttabellen nachlesen.

Alles, was Sie über Energie wissen müssen

Seit die meisten mit ihrem Gewicht Probleme haben, ist „Kalorie" (kcal) zu einem Zauberwort unserer Zeit geworden. Dabei gibt es sie seit einigen Jahren schon gar nicht mehr. Offiziell heißt die internationale Maßeinheit für Energie, Wärme und Arbeit „Joule" (kJ). Die Umrechnungsformel für Kalorienbewußte: 1 kcal = 4,1868 kJ. Für den Hausgebrauch merken Sie sich die grobe Regel: 4 Joule sind etwa 1 Kalorie.

Worin steckt die meiste Energie?

1 g Fett	= 38 Joule
1 g Alkohol	= 30 Joule
1 g Eiweiß	= 17 Joule
1 g Kohlenhydrate	= 17 Joule

Wieviel Energie für wen?

Bei leichter, vorwiegend sitzender Tätigkeit beträgt der Gesamtenergiebedarf pro Tag:
Männer   10900 Joule (2600 Kalorien)
Frauen   9200 Joule (2200 Kalorien)
Schwere körperliche Arbeit erfordert entsprechend mehr Energiezufuhr. So verbraucht beispielsweise ein Radrennfahrer bei der „Tour de France" pro Tag rund 40000 Joule! Auch Jugendliche in der Wachstumsphase benötigen oft die Energiemenge eines Schwerarbeiters.

Welches Körpergewicht ist richtig?

Es gibt zwei einfache Faustregeln zur Bestimmung des Körpergewichts. Im Einzelfall sind Abweichungen nach unten oder oben möglich.
Das Normalgewicht in Kilogramm: Körpergröße in cm minus 100.
Das Idealgewicht in Kilogramm: Normalgewicht minus 10% (Männer), bzw. 15% (Frauen).

19

Die ganze Welt des Geschmacks

Wie ein Märchen aus tausendundeiner Nacht erscheint uns, was Gewürze im Laufe ihrer Geschichte außer in Kochtöpfen bewirkt haben: sie entfesselten Kriege, machten Länder und Händler reich, ernährten Schmuggler und Zöllner. Und das nicht nur im Fernen Osten, von wo die geheimnisvollen Duft- und Geschmackssensationen nach Europa drangen. In Österreich war das Salzkammergut bis ins 19. Jahrhundert Sperrgebiet, das nur mit einem „Salzpaß" betreten werden durfte. So wertvoll war dem Kaiser das weiße Mineral, ohne das ja nicht einmal das Frühstücksei schmeckt.

Paprika
Aus den Schoten der reifen Gewürzpaprika, getrocknet und gemahlen. Man unterscheidet fünf Schärfegrade: Delikateß-, Edelsüß-, Halbsüß-, Rosen- und Scharfpaprika.

Wacholderbeeren
Sie haben einen bitteren, leicht harzigen Geschmack. Wacholderbeeren können für Sauerbraten, Wildgerichte, Wildsaucen, Gulasch und Sauerkraut verwendet werden.

Zimt
Gemahlen oder als Stangen im Handel. Zimt ist das Innere der getrockneten Rinde des Zimtbaumes. Zimt wird für Kompott, Milchreis oder Geflügelbrühe verwendet.

Nelken
Können ganz oder gemahlen verwendet werden. Sie schmecken sehr intensiv und sollten sparsam benutzt werden. Für Rotkohl, Fleisch- und Hühnerbrühe, für die gespickte Zwiebel, Schweine- und Rinderbraten und Birnenkompott.

Ingwer
Eine süßlich scharfe Wurzel, die frisch, in Sirup, kandiert oder gemahlen in den Handel kommt. Frischer oder gemahlener Ingwer paßt zu Hühnersuppe, Hackfleisch, Currysauce oder Kompotten.

Lorbeer
Lorbeerblätter haben einen leicht bitteren, dominierenden Geschmack und müssen vorsichtig verwendet werden. Für Fleischbrühe, Sauerkraut, Sauerbraten, Fischsud und Marinaden.

Safran

Safran schmeckt zartbitter und hat eine intensive gelbe Farbe. Safranfäden oder pulverisierter Safran läßt sich in wenig heißem Wasser aufgelöst für Risotto, Paella, Sauce oder Brühe verwenden.

Curry

Curry ist eine indische Gewürzmischung aus Kurkuma, Kardamom, Pfeffer, Ingwer, Piment, Zimt, Nelken, Muskat und Koriander. Curry ist ein beliebter Scharfmacher für exotische Gerichte und Saucen.

Muskat

Muskat hat einen runden starken Geschmack, der frisch gerieben am stärksten ist. Muskat nur in kleinen Mengen für Cremesuppen, Fleischbrühen, Blumenkohl, Sauce Mornay und Spinat verwenden.

Kümmel

Kümmel schmeckt aromatisch herb und sollte vorsichtig benutzt werden. Macht Weißkohl, Gulasch, Wirsing, Sauerkraut und Schweinebraten bekömmlicher.

Pfeffer

Schwarz: Ungeschälte, unreife Beeren, würzig, scharf. Weiß: Kern der reifen Beeren, scharfer feiner Geschmack. Grün: unreife konservierte Beeren, milder, aromatischer Geschmack. Rosa: leicht süßlicher, harziger Geschmack.

Cayennepfeffer

Wird aus getrockneten Chilis oder Peperonis gemahlen. Er ist sehr scharf und sollte nur in kleinsten Prisen verwendet werden. Für Reis, Gulasch und Saucen.

Die 8 wichtigsten Gewürztips

1. Gewürze in fest verschlossenen Gefäßen aufbewahren.
2. Bei langer Lagerung verflüchtigt sich der Geschmack. Gewürze nicht länger als 12 Monate aufbewahren.
3. Nach Möglichkeit ganze, ungemahlene Gewürze aufbewahren.
4. Gewürze immer frisch mahlen oder reiben (Pfeffermühle, Muskatreibe, Mörser).
5. Den besten Geschmack gewinnt man durch das Anrösten der Gewürze in einer trockenen Pfanne.
6. Mit den Gewürzen geizen — nie den Eigengeschmack der Speisen überdecken! Lieber mehrmals nachwürzen.
7. Nicht zu viele Gewürze miteinander kombinieren. Manche heben sich in der Wirkung auf, andere passen nicht zusammen.
8. Im Handel gibt es fertige Gewürzmischungen wie Pastetengewürz, Lebkuchen- oder Chinagewürz (siehe auch S. 254/255).

Wein als Würzmittel

Viele berühmte Gerichte wären ohne Wein niemals berühmt geworden. Wein gibt den Speisen ein frisches Aroma, einen angenehm säuerlichen Geschmack und eine schöne Farbe. Wobei der Grundsatz gilt: Zu hellen Saucen Weißwein, zu dunklen Saucen Rotwein. Die Franzosen, die uns in Sachen Eßkultur so viel voraus haben, kennen noch eine andere Regel: der Wein, der in der Sauce ist, sollte auch im Glas sein. Wein muß immer einkochen, damit Flüssigkeit und Alkohol verdampfen und sich der Eigengeschmack des Weins mit der Speise verbindet. Sie brauchen dazu keinen Spitzenwein zu verwenden — aber „trocken" sollte er auf jeden Fall sein. Süßliche Weine können ein Gericht total verderben, sofern die Sauce nicht ohnehin Süße enthält (z.B. bei Wildsaucen).

Tips:
Halbvolle Wein- oder Sektflaschen von Parties zum Kochen aufbewahren! Wein kann (z.B. aus Diätgründen) in allen Rezepten durch Wasser ersetzt werden, ohne daß das Gericht mißlingt. (Siehe auch S. 240/241).

Die grüne Würze aus dem Garten

Wer eine Nase dafür hat, kann Landstriche, ja ganze Länder am Duft ihrer Kräuter identifizieren. Während die elegante Pariser Küche nach Estragon duftet, steigt aus der Provence der Dreiklang von Thymian, Lavendel und Knoblauch auf. Schwören die römischen Köche auf Salbei, so riecht der Norden Italiens nach Basilikum. Aus England weht ein kräftiger Minzgeruch herüber, Skandinavien ist das Dill-Land par exzellence und in Deutschland wird die Petersilie, kraus oder glatt, geradezu als Nationalpflanze gehegt. Alle Düfte Europas finden Sie vereint in Ihrem Kräutergärtchen — oder im Supermarkt.

Würzen mit Zwiebel & Co

Die Zwiebel ist das unentbehrlichste Gewürzgemüse der Küche. Vom Saucenfond über Eintöpfe bis zum großen Braten — vom ungarischen Gulasch oder der französischen Zwiebelsuppe ganz zu schweigen. Zwiebeln gibt es in verschiedenen Schärfegraden. Kenner schätzen die violetten ägyptischen als die schärfsten ein. Beim Schneiden in jedem Fall möglichst durch den Mund einatmen, damit nicht zuviel Tränen fließen!

Die grünen Verwandten der Zwiebel sind Lauch und Schnittlauch, die edelste Verwandte aber ist die Schalotte. In der französischen Küche ersetzt sie bei allen feinen Gerichten die Zwiebel. Schalotten sind zwar schärfer, aber viel feiner im Aroma. Ihr Geschmack verbindet sich im übrigen hervorragend mit Wein, Butter und Sahne.

Der deftigste Verwandte der Zwiebel ist jedoch der Knoblauch. Knoblauch ist nicht nur eine der herrlichsten Speisewürzen, sondern darüber hinaus eine Weltanschauung. Freunde und Gegner der stark duftenden Knolle stehen sich unversöhnlich gegenüber. Die Knoblauchfeinde kann man nur bedauern — ihnen entgeht ein Stück kulinarische Köstlichkeit. Für alle Freunde des Knoblauchs drei Tips:

Die Hände vor dem Schneiden mit kaltem Wasser befeuchten; hinterher mit Salz und Zitrone säubern.

Knoblauch niemals in heißem Fett anbraten: er verbrennt und wird bitter!

Immer möglichst frischen jungen Knoblauch verwenden. Je älter die Knollen, desto unangenehmer der Nachgeruch . . .

Kerbel
Ein feines, leicht nach Anis schmeckendes Kraut. Man verwendet die Blätter und Stiele gehackt oder als Garnitur. Zum Würzen von Rührei, Cremesuppen und Sahnesauce.

Rosmarin
Die Nadeln haben einen würzigen, harzigen Geschmack. Rosmarin paßt mäßig dosiert zu allen deftigen Speisen wie Schweinebraten, Lammkeule oder Hackfleisch.

Thymian
Dieses im Geschmack intensive aber nicht scharfe Kraut ist in der Küche unentbehrlich. Es wird für Eintöpfe, Saucen und Braten verwendet.

Estragon
Ein wichtiges Kraut in der klassischen Küche. Sein frischer Geschmack erinnert an Anis und Zitrone. Es sollte vorsichtig dosiert für Sauce Bearnaise, Kalbfleisch, Fisch und Vinaigrette genommen werden.

Majoran/Oregano
Schmeckt stark würzig und sehr intensiv. Mit Majoran würzt man Tomatensauce, Ente, Gans, Wild und Leber. Der wildwachsende Majoran ist ein Hauptgewürz Italiens: Oregano.

Petersilie
Sie ist das Standardgewürz aus Großmutters Küche mit einem frischen herzhaften Geschmack. Petersilie paßt besonders gut zu gebratener Scholle, Pilzpfanne und zu allen Gemüsen.

Dill

Ein würziges Kraut, das keine anderen neben sich duldet. Paßt zu Gurken, zu allen Fischgerichten und zu Kartoffeln.

Liebstöckel

Schmeckt bitter-süßlich und intensiv nach Sellerie. Immer sehr sparsam verwenden. Es eignet sich für Fleischbrühe, Eintöpfe und Rinderbraten.

Basilikum

Sein leicht nelkenartiges, aber frischwürziges Aroma läßt sich aus der italienischen Küche nicht wegdenken. Für Tomatensauce, Pesto, Nudeln und Geflügel unentbehrlich.

Salbei

Ein pikantes, leicht bitteres Kraut. Es sollte sparsam verwendet werden. Für Kalbsschnitzel, Geflügelfüllungen, Nudeln, Leber und Hackfleischgerichte.

Schnittlauch

Hat einen leichten Zwiebelgeschmack und kann reichlich bei Pilzen, blanchierten Gemüsen, allen Salaten, pochierten Eiern und gekochtem Fisch verwendet werden.

Bohnenkraut

Das würzig-pfeffrige Aroma gibt Eintöpfen, Rotkohl, Rühreiern, Rinderbraten, dicken und grünen Bohnen einen kräuterigen Geschmack. Es kann reichlich verwendet werden.

Ein Dutzend Kräutertips

1. Frische, feine Kräuter wie Kerbel, Basilikum und Schnittlauch immer erst zum Schluß den Gerichten zugeben, da sich ihr Geschmack während des Kochens verflüchtigt.

2. Getrocknete Kräuter müssen einige Zeit mitkochen um ihr Aroma entfalten zu können.

3. Kräftig schmeckende Kräuter wie Thymian oder Rosmarin können mit Stielen gekocht werden. Nach der Garzeit müssen sie entfernt werden.

4. In einem Stoffbeutel eingebunden können Kräuter in Flüssigkeit gehängt und mühelos wieder herausgezogen werden.

5. Verwenden Sie frische Kräuter als Dekoration — nicht nur Petersiliensträußchen.

6. Frische Kräuter können getrocknet, in Essig oder Öl eingelegt oder eingefroren werden.

7. Konservierte Kräuter sollten fest verschlossen und nicht länger als 1 Jahr aufbewahrt werden.

8. Getrocknete Kräuter sind im Geschmack nicht so intensiv wie frische Kräuter, man kann eine größere Menge verwenden als im Rezept angegeben.

9. Getrocknete Kräuter haben oftmals eine andere Geschmacksnote.

10. Getrocknete Kräuter eignen sich auch vorzüglich zum Würzen von Fleisch über einem Holzkohlgrill, wenn man sie in die Glut streut.

11. Der Geschmack von gemahlenen Kräutern verflüchtigt sich sehr schnell. Darum immer gerebelte Kräuter einkaufen.

12. Für Kräuter gilt das gleiche wie für Gewürze: sie sollten den Geschmack unterstützen aber nicht überdecken.

Die alte Tugend des Konservierens

Köche und Köchinnen in der sogenannten guten alten Zeit mußten die Kunst des Konservierens beherrschen. Kein Kühlschrank, keine Tiefkühltruhe, keine Konserven-Industrie nahm ihnen die Mühe der Vorratshaltung ab. Manche Methoden sind heute noch gut, neue sind hinzugekommen.

Trocknen

Frische Kräuter an einem luftigen Ort aufgehängen. Nach dem Trocknen die Kräuter rebeln und gut verschlossen aufbewahren.

Tiefgefrieren

Lebensmittel müssen blitzartig gefroren werden, damit sich keine großen Eiskristalle bilden können. Am besten legen Sie dazu die Produkte möglichst breit aus. Die Lebensmittel müssen auf jeden Fall fest verschlossen gefroren werden. Es gibt da-

für spezielle Folie oder Kunststoffgefäße.
Mindest-Lagertemperatur -18 Grad Celsius.
Kartoffeln lassen sich nicht einfrieren; sie werden süßlich und weich.

Vakuumverpackung

Lebensmittel lassen sich gut vakuumverpackt aufbewahren. Gut vorbereitet und gekühlt lassen sich sich bedenkenlos mehrere Tage lagern oder für längere Zeit einfrie-

ren. Sie benötigen ein spezielles Gerät zum Vakuumverpacken.

Dose

Gebäck entwickelt das beste Aroma erst nach einiger Lagerzeit. Zu Lebkuchen stecken Sie ein Stück Apfelschale, damit es in der Dose nicht zu trocken wird.

Einlegen in Öl

Lebensmittel können in Öl eingelegt werden. Sie werden luftdicht abgeschlossen und halten sich dadurch län-

ger. Benutzen Sie dazu möglichst geschmacksneutrale Pflanzenöle und lagern Sie die Lebensmittel kühl. Gut geeignet für: Knoblauch, Kräuter und Fleisch.

Frischhaltefolie
Lebensmittel mit feinem Geschmack sollten immer mit Folie fest umwickelt werden, damit sie nicht austrocknen und keinen fremden Geschmack annehmen.

Feuchtes Tuch
Besonders empfindliche, feine Gemüse und Kräuter sollten in ein feuchtes Tuch eingeschlagen und gekühlt aufbewahrt werden. Wenn Sie das Tuch immer feucht halten, bleiben die Lebensmittel tagelang frisch.

Kräuter
Kräuter sollten nach Möglichkeit in Töpfen mit Erde und Wurzeln gekauft werden. Bei sonnigem Standort treiben sie nach jedem Schneiden immer wieder neu aus.

Käseglocke
Wenn Weichkäse weiter reifen sollen, lagert man sie bei ungefähr 15 Grad unter einer Käseglocke. Haben sie die gewünschte Reife erreicht, kommen sie in den Kühlschrank.

Alufolie
Mit Alufolie können alle Lebensmittel oder Speisen eingewickelt oder abgedeckt werden. Es sollte immer nur die stumpfe Seite mit den Lebensmitteln in Berührung kommen, da die glänzende Seite bei längerer Lagerung oxydieren kann.

Spaghettiglas
Lange Spaghettis können sehr gut in besonderen Gläsern aufbewahrt werden. Sie werden mit einem Korken luftdicht und trocken verschlossen.

Küche: Rund um den Herd

Lassen Sie sich bitte nicht „abschrecken", wenn wir uns hier über Küchentechnik „auslassen". Der Stoff ist keineswegs so „trocken", daß Sie ins „Schwitzen" kommen. Und die Lehrmethode ist nicht aus aufs „Dressieren" und „Parieren". Eher spielerisch — wie hier mit einigen Küchenausdrücken — wollen wir Ihnen das Grundwissen auf die Nase „binden". Köche haben aber nicht nur einen eigenen Jargon, sie verfügen auch über spezielles Handwerkszeug und Handgriffe. Die wichtigsten davon sehen Sie, wenn Sie dieses Kapitel „aufschlagen"...

Die Aussteuer für den Anfänger

Zugegeben: Wer ein Küchenfachgeschäft für Profi-Köche betritt, verzagt vor der unwahrscheinlichen Vielfalt an Geräten und Maschinen, Töpfen und Pfannen, Kellen und Messern. Aber wenn Sie sich in Erinnerung rufen, wie die Kochkunst einmal angefangen hat — nämlich mit einem einzigen Topf überm offenen Feuer — dann sieht die Sache schon anders aus. Für den Anfang braucht man in der Tat recht wenig. Aber dieses Wenige sollte von exzellenter Qualität sein. Ein billiger Topf kann sehr teuer werden, wenn er keinen guten Boden hat. Das gleiche gilt für Pfannen, die sich verziehen oder Messer, die nichts schneiden.

Das brauchen Sie am Herd

1. Bratpfanne. Modelle aus Edelstahl (möglichst mit Kupferboden) können hoch erhitzt werden, ohne daß sie sich verziehen; sie leiten die Hitze sehr gleichmäßig. Gußeiserne Pfannen verfügen über ähnliche Vorteile, können aber nicht so problemlos gereinigt werden, da sie leicht rosten. Sie sollen nach Gebrauch eingeölt werden. Edelstahl oder Eisenpfannen können zum Reinigen mit Salz bestreut und bei hoher Temperatur ausgebrannt werden. Kunststoffbeschichtete Pfannen haben sich nicht in dem Maße durchsetzen können, wie man vor zehn Jahren glaubte. Für manche klassische Kochtechnik sind sie ungeeignet; außerdem läßt die Dauer-Haltbarkeit der Beschichtung immer noch zu wünschen übrig. Gut geeignet für die Diät-Küche: zum fettlosen Anbraten.

2. Backpinsel. Zum Einfetten von Formen und Backblechen.

3. Palette. Zum Wenden von Fleisch und anderen Bratstücken, zum Glattstreichen und Verzieren.

4. Schneidbrett aus Holz oder Kunststoff — in verschiedenen Größen erhältlich.

5. Tourniermesser. Damit lassen sich Obst und Gemüse besonders leicht putzen (s. S. 34/35).

6. Hackmesser. Ein Messer mit einer leicht gebogenen Klinge. Es lassen sich damit besonders leicht Zwiebeln, Knoblauch und Kräuter hacken, weil das Messer wie eine Wiege schneidet und die Klinge immer mit dem Brett in Berührung ist.

7. Messer mit biegsamer Klinge. Damit läßt sich besonders gut Fleisch schneiden und tranchieren oder Fisch filetieren.

8. Edelstahlschüssel. Zum Aufbewahren, zum Verrühren, fürs Wasserbad, aber auch als Servierschüssel. Edelstahlschüsseln werden als Satz in zahlreichen Größen angeboten.

9. Töpfe in verschiedenen Größen. Zum Gemüse oder Nudeln kochen, für die Rinderbrühe oder den Saucenfond, für Braten und Fische.

10. Große und kleine Schöpfkelle.

11. Große und kleine Schaumkelle.

12. Stieltopf (Sauteuse). Eignet sich hervorragend zum Anschwenken von Gemüse, zum Anbraten von kleinen Fleischstücken und zum Pochieren. Wichtigstes Kriterium bei einer Sauteuse ist die Leichtigkeit der Handhabung. Bei Metallstielen immer mit Topflappen arbeiten!

13. Meßbecher.

14. Kochlöffel. Holz ist als Material dem Kunststoff vorzuziehen. Holzlöffel können zwar im heißen Fett allmählich dunkelbraun werden, doch sie können nicht schmelzen. Kochlöffel mit langen Stielen machen das Arbeiten am Herd leichter!

15. Gummispachtel. Zum Ausschaben von Schüsseln und Töpfen.

16. Schneebesen. Zum Schlagen von Eiweiß, Zabaione, Sahne und anderen Massen. Zum Umrühren von Saucen oder zum Einrühren von Butter. Ein guter Schneebesen muß eine elastischen Besen haben, die gut im Stiel verankert ist. Verwenden Sie nie zu kleine Schneebesen — sie rühren nicht flächig genug. Die Gefahr des Anbrennens ist dann besonders groß.

17. Sieb. Benutzen Sie Metallsiebe! Sie können zwar im Laufe der Zeit rosten und müssen deshalb nach der Reinigung sorgsam getrocknet werden, sie sind aber sehr stabil und verziehen sich bei sehr heißen Zutaten nicht. Es werden grob und feinmaschige Siebe angeboten. Profis benutzen für Saucen Spitzsiebe.

18. Küchenhandtuch. Zum Abtrocknen und zum Anfassen heißer Töpfe. Ein sauberes Küchentuch sollte auch zum Passieren von Saucen vorhanden sein.

29

Die häufigsten Handgriffe

Viele Küchenarbeiten gehören einer schon fast wieder verklärten Vergangenheit an, in der Karpfen geschuppt, Gänse gerupft und Hasen das Fell über die Ohren gezogen wurde. Heutzutage, wo das meiste hygienisch abgepackt und portioniert ins Haus kommt, fehlt zwar der romantische Touch — aber dafür hat die Köchin ein viel leichteres Leben! Ohnehin bleiben noch genug Handgriffe zu tun. Die häufigsten zeigen wir Ihnen hier.

Panieren

1. Dünn geklopftes Fleisch in Mehl wenden. Überschüssiges Mehl abschütteln.
2. Das Fleisch durch verschlagenes Ei ziehen.
3. Ins Paniermehl legen, mit den Fingern leicht einklopfen und sofort bei mittlerer Temperatur braten. Bleibt das panierte Schnitzel längere Zeit stehen, bröselt die Panade ab.

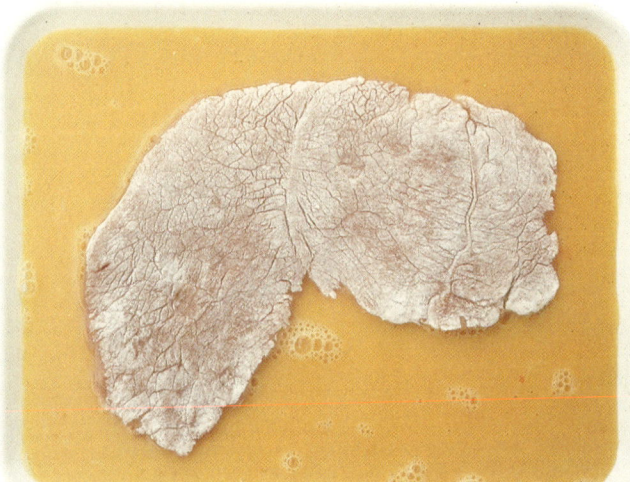

Binden

Fische werden zwischen Rückflosse und Kiemen mit Hilfe einer Nadel gebunden. Spargel wird zum Päckchen gebunden.
An der Unterseite einer Artischocke werden Zitronenscheiben festgebunden, um Verfärben zu verhindern.

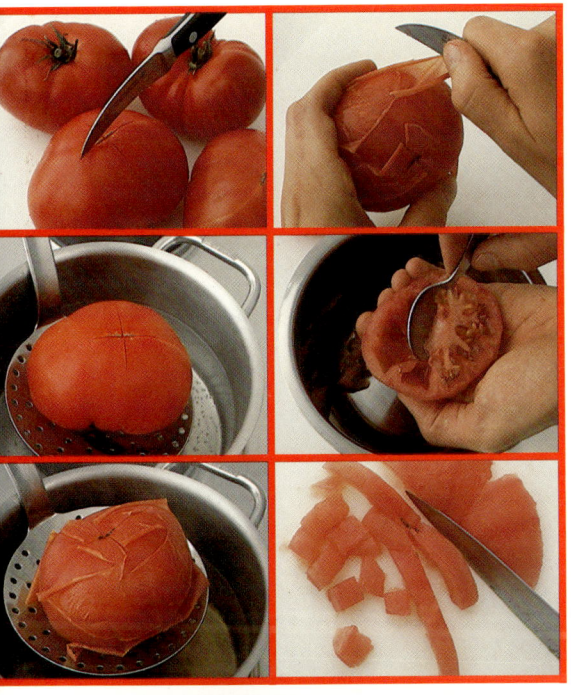

Tomaten häuten

1. Die Haut kreuzweise einritzen. Stielansätze herausschneiden.
2. Tomaten 5-10 Sekunden in kochendes Wasser tauchen.
3. Herausnehmen und kalt abschrecken.
4. Mit einem Messer enthäuten und halbieren.
5. Kerne mit einem kleinen Löffel entfernen.
6. Die Tomatenhälfte auf die Arbeitsfläche drücken, in Streifen oder Würfel schneiden.

Gurken entkernen

Eine Salatgurke längs halbieren, mit einem Teelöffel die Kerne herauskratzen.

Knoblauch zerdrücken

Knoblauchzehen schälen, mit einem breiten Messer zerquetschen und sehr fein verreiben.

Fleisch plattieren

Dünn geschnittenes Fleisch in Folie schlagen. Mit einem schweren flachen Messer gleichmäßig klopfen.

Gespickte Zwiebel

Zum Würzen von Suppen und Saucenfonds lassen sich Lorbeer und Nelken sehr leicht an einer geschälten Zwiebel feststecken. Nach dem Auskochen kann sie problemlos herausgenommen werden.

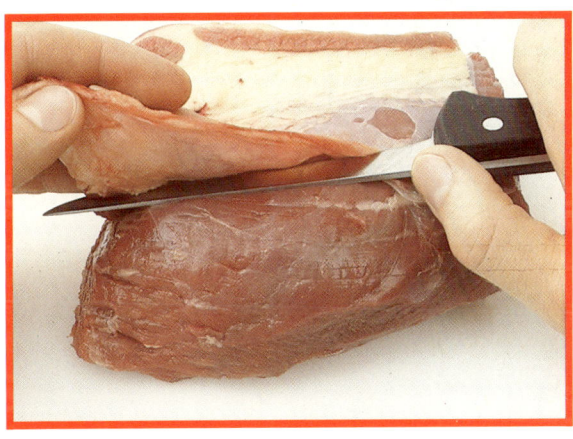

Parieren

Das Zurichten von Fleisch und Fisch, wobei Fett, Sehnen und alle überflüssigen Teile abgeschnitten werden. Mit einem spitzen scharfen Messer arbeiten.

Passieren

Das Durchsieben von Flüssigkeit oder das Durchdrükken/Durchstreichen von Gemüse oder Obst.

Crash-Eis

Zum Kühlen von Getränken, zum Anrichten von Eis oder Sorbets. Einen Eisblock oder Würfeleis in ein starkes Tuch einwickeln und mit dem Hammer zerschlagen.

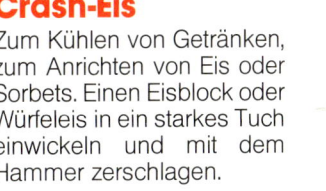

Antisäuern

Damit heiße Suppe nicht sauer wird, wird der Topf mit einem Löffel schräg gestellt.

Die wichtigen Werkzeuge

Die vollautomatische Küche mit dem Computer, der per Chips alles erledigt — das wird wohl vorläufig eine Utopie bleiben. Zum Glück! Denn ob dann das Kochen noch Spaß macht, ist die große Frage. Ohnehin hat man ja schon alles, was nur möglich ist, an die Steckdose angeschlossen. Soviel Strom-Komfort muß nicht sein — die guten alten Küchengeräte, deren Funktionstüchtigkeit über Jahrhunderte hinweg perfekt entwickelt wurde: sie tun es genauso gut.

1. Trüffelhobel. Die Klinge ist verstellbar.
2. Handreibe. Reibe mit drei verschiedenen Größen. Grobe Raspel für Kartoffeln. Hobel für Gurken, Rettich oder Möhren. Feine Raspel für Sellerie, Möhren oder Äpfel.
3. Eierschneider für Ei-Scheiben.
4. Nußknacker.
5. Knoblauchpresse. Geschälte Zehen werden besonders fein zerdrückt, Schalenteile bleiben in der Presse.
6. Mörser. Eines der ältesten Zerkleinerungsgeräte. Geschmackstoffe bleiben weitgehend erhalten weil sie zerquetscht werden. Gut z.B. für Pesto oder Nüsse.
7. Pfeffermühle. Sie wird mit ganzen Pfefferkörnern gefüllt. Beim Mahlen produziert sie frisch duftenden Pfeffer, der besonders gut und aromatisch würzt.
8. Ausstecher (gezackt oder glatt). Für Teige aller Art.
9. Wiegemesser. Kräuter und Gewürze lassen sich sehr schnell und fein hacken.
10. Entsteiner. Kirschen oder Pflaumen werden in eine Mulde gelegt und durch Druck auf den oberen Knopf entsteint.
11. Zitruspresse. Zum Entsaften aller Zitrusfrüchte.
12. Kleines Handsieb für Puderzucker.
13. Eisportionierer. Zum Abstechen den Portionierer in heißes Wasser tauchen.
14. Fleischwolf. Für Tatar, Hackfleisch und Fleischfüllungen.
15. Ausstecher. Für Nudelteig und Gemüsescheiben.
16. Eierschneider. Zum Sechsteln von hartgekochten Eiern.
17. Teigrädchen. Mit glattem und gezacktem Rand.
18. Muskatreibe. Für ganze Muskatnüsse.
19. Küchenschere. Zum Zerschneiden von Geflügel und zum Öffnen von Dosen und Kronenkorken.
20. Parmesanmesser. Für Parmesankäse der in kleine Stücke gebrochen wird.

Das Besteck für die Feinarbeit

Manchmal erinnert das Instrumentarium der Profi-Köche stark an das Operationsbesteck von Chirurgen oder an den Werkzeugschrank eines Holzschnitzers. Hier wie da hat der Zweck die Mittel hervorgebracht — oft sonderbar und kurios geformte Geräte. Aber jede Biegung, jede Kerbe, jedes Loch hat dabei seine Funktion. Vieles, das uns bei Tisch als komplizierte Verzierung erscheint, ist in der Küche auf denkbar simple Weise herzustellen. Die Ergebnisse sehen Sie auf der nächsten Seite!

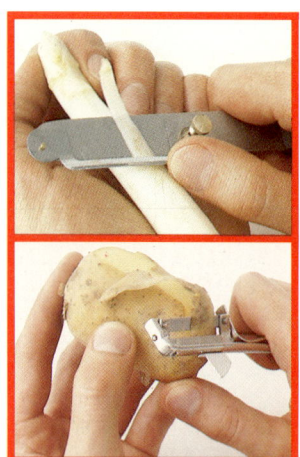

Spargelschäler. Die Klinge ist verstellbar und kann je nach Spargelschale eingestellt werden. Leicht angewinkelt wird vom Kopf bis Ende geschält. Stielenden werden abgeschnitten.
Sparschäler. Zum Schälen von Kartoffeln, Möhren, Gurken und Birnen. Der Sparschäler ist mit einer stumpfen Klinge versehen, die zum Ausbohren von Stellen verwendet wird.

Küchenmesser. Geeignet zum Schneiden von Zwiebeln, Knoblauch, Gemüse oder Obst. Zwiebel halbieren und zum Wurzelansatz einschneiden. In Streifen und Würfel scnneiden. Das Wurzelstück wird nicht geschnitten.
Tourniermesser mit leicht gebogener Klinge. Zum Zurechtschneiden von Gemüse.

Buntmesser mit einer dikken, zackig eingeschliffenen Klinge. Das Buntmesser wird benutzt zum Schneiden von rohem und gekochtem Gemüse. Waffelkartoffeln lassen sich damit sehr einfach schneiden. Die Kartoffeln nach jedem Schnitt um 90 Grad drehen (s. S. 36/37).

Apfelentkerner. Wird durch die Mitte des Apfels gestochen. Beim Zurückziehen dreht man das Kerngehäuse heraus. Das Obst wird so äußerlich nicht beschädigt. Ausgestochenes Obst kann im ganzen geschält oder ungeschält verarbeitet werden. Alles Kernobst kann so ausgestochen werden.

7 Tips für die Feinarbeit

1. Wichtig ist gutes, scharfes Werkzeug.
2. Nicht auf Metall, Stein oder Keramik schneiden, das macht Messer stumpf.
3. Am besten eignen sich Holzbretter. Man kann aber auch Kunststoffbretter verwenden. Allerdings werden darauf die Messer schneller stumpf als auf Holzbrettern.
4. Damit das Brett beim Schneiden nicht rutscht, ein feuchtes Tuch unterlegen.
5. Die Finger sollten beim Schneiden immer leicht angewinkelt sein. Den Daumen hinter die anderen Finger halten und sehr konzentriert schneiden.
6. Trotzdem: Pflaster in der Küchenschublade vorrätig halten.

Kugelausstecher werden in verschiedenen Größen angeboten. Vom kleinen Erbsenausstecher bis zum ovalen Olivenausstecher. Zum Ausstechen von Kartoffeln, Möhren, Melonen und anderem Gemüse und Obst.

Juliennereißer, geeignet zum Schneiden von Orangen- und Zitronenschale. Die „Julienne" (dünne Streifen) werden blanchiert und als Garnitur benutzt.

Orangenschäler. Wird zum Abschälen und Verzieren von Gurken- und Orangenschale gebraucht.

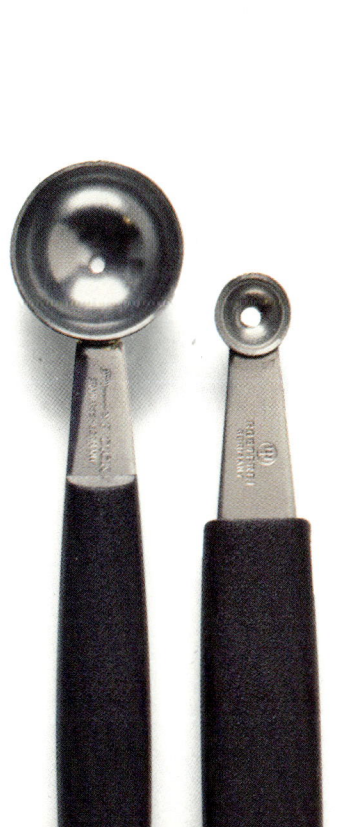

Das Repertoire guter Restaurants

Was uns der Kellner in besseren Häusern vorlegt, entzückt oft schon durch seinen schieren Anblick. Und da das Auge bekanntlich mitißt, sollten Sie dieses optische Vergnügen auch Ihren Gästen gönnen. Bedienen Sie sich der alten Tricks! Es sind ja oft nur Kleinigkeiten, die dann groß ankommen: Gemüse gewürfelt, Champignons geblättert, Kartoffeln gewaffelt, Karotten als Spindeln, Sellerie als Kugeln, rote Bete als Streifen — die Möglichkeiten sind kaum auszuschöpfen. Mit dem Instrumentarium, das wir Ihnen auf den beiden vorausgegangenen Seiten vorgestellt haben, sollten Sie beim Garnitur-Zaubern keine Probleme haben.

Julienne

(Stäbchen, Streifen)
Kartoffeln in breite Scheiben, dann in grobe Stäbchen schneiden (Pommes frites). Genauso kann man mit Kohlrabi verfahren. Rote Bete werden in Streichholzgröße geschnitten. Lauch in Stücke schneiden und halbieren. Auf die Arbeitsfläche drükken, den inneren Kern beiseite legen und längs in schmale Streifen schneiden. Möhrenstreifen werden aus länglichen Scheiben geschnitten.

Chiffonade sind aufgerollte Salatblätter, die in feine Streifen geschnitten werden; sie können unter Gemüse wie Erbsen gemischt werden.

Brunoise

(Würfel oder Rauten)
Aus Stäbchen oder Julienne lassen sich Würfel, Rauten oder Brunoise (kleine Würfel) schneiden. Grobe Würfel aus Auberginen, Zucchini und Kohlrabi.
Kleinere Würfel aus rote Bete. Rauten aus Kartoffelstäbchen die mit angewinkeltem Messer geschnitten werden. Brunoise sind ganz fein geschnittene Würfel die als Einlage oder als Garnitur verwendet werden. Auf dem Foto sind Möhren-Brunoise zu sehen.

Scheiben

Die einfachste Form ist die Scheibe. Von ihr leiten sich fast alle anderen Formen ab. Gurken lassen sich halbiert und entkernt in hauchfeine oder in breite Scheiben schneiden. Kartoffeln können roh oder gekocht in feine oder dicke Scheiben geschnitten werden. Champignons werden roh in feine Scheiben geschnitten. Möhren können quer in runde Scheiben, angewinkelt in ovale, oder längs in lange Scheiben geschnitten werden. Große Auberginen oder Zucchini werden halbiert oder geviertelt, geschnitten.

Tournieren

Eine reizvolle Art einfaches Gemüse in eine gleichmäßige Form zu bringen. Für diese Technik können z.B. Blumenkohl- oder Broccolistiele verwendet werden. Beim Tournieren wird Gemüse mit sechs Schnitten in eine Spindelform gebracht. Sie kann an den Enden spitz zulaufen oder abgeschnitten werden. Möhren können mit Stielen geschnitten werden. Auf dem Foto: tournierte Salatgurke, Möhren, Kartoffeln, Kohlrabi und Zucchini.

Kugeln

Mit dem Kugel-, Oliven- oder Erbsenausstecher lassen sich fast alle Gemüse ausstechen. Besonders geeignet Melonen, Zucchini, Kartoffeln, Möhren oder Äpfel. Die Gemüseabfälle nicht wegwerfen, sondern zu Püree- oder Püreesuppen verarbeiten.

Raspeln

Eine sehr einfache und unkomplizierte Methode Gemüse und Obst zu zerkleinern. Grob oder feingeraspeltes Gemüse oder Obst läßt sich als Salat, als Garnitur oder als Zwischengang verwenden. Für Schweizer Rösti werden Kartoffeln grob geraspelt. Möhren oder Äpfel (feingeraspelt) und Rettich (grobgeraspelt) sind ebenfalls für diese Technik geeignet.

Buntschnitt

Mit dem Buntmesser kann man sehr dekorative Garnituren schneiden. Alle vorhergezeigten Formen können auch mit dem Buntmesser geschnitten werden.
Im Foto: Scheiben von rote Bete, Kartoffelstäbchen, ovale Möhrenscheiben, Rauten aus Gurken und Waffelkartoffeln (s. S. 34/35).

Die neue Genügsamkeit beim Garnieren

Endgültig vorbei sind jene Zeiten, wo Hummer zu Denkmälern, Seezungen zu Mosaiken, Tomaten und Eier als Fliegenpilze aufgetischt wurden. Der Bombast ist out. In ist eine neue Genügsamkeit beim Garnieren, die nicht nur als hygienischer gilt, sondern auch unserem zeitgenössischen Appetit auf Essen „pur" entspricht. Das Dekor, die Garnituren der Nouvelle Cuisine sind prinzipiell zum Mitessen gedacht, sind Teil des Gerichts — kein Firlefanz, der hinterher wieder abgetragen wird. Wir zeigen Ihnen ein paar einfache Beispiele alter und neuer „Eat-Art".

<u>Geschälte, halbierte, in Scheiben</u> geschnittene Gurke, die als Garnitur rosettenförmig hingelegt werden kann.

<u>Limonen</u>, in Scheiben geschnitten und auseinandergezogen, werden auf Fisch oder Geflügel gelegt. Zitronen- oder Orangenscheiben können ebenso verwendet werden.

<u>Kräuterbutter</u> in eine halbierte kleine Tomate spritzen und mit Petersilie garnieren, zu gegrilltem und gebratenem Fleisch servieren.

<u>Rettiche</u> werden mit einem Radischneider zu Spiralen geschnitten, auseinandergezogen und wie Girlanden auf der Platte angerichtet.

<u>Zwiebelspalten</u> mit Borretschblüten.

<u>Möhrenscheiben</u> mit einem feinem Stern-Ausstecher herstellen.

<u>Lauch</u> als Ringe oder Scheiben zum Garnieren verwenden.

<u>Zitrone</u> halbiert, viermal eingeschnitten und mit Gartenkresse belegt.

<u>Zitrone</u> halbiert, ein Teil der Schale dünn abgeschnitten und verknotet.

<u>Tomatenrose</u>. Die Schale einer Tomate von oben hauchdünn wie einen Apfel abschälen, wieder zusammenrollen und mit einem Petersilienblatt dekorieren.

<u>Zitronenecken</u> aus Scheiben geschnitten zum Garnieren von Fisch.

Radieschenblüten. Radieschen waschen und grobes Laub entfernen, feine Blätter sollten dranbleiben. Mit einem scharfen Messer von außen nach innen einschneiden und in kaltes Wasser legen, so daß sie sich öffnen.

Paprika und Lauch in Rauten schneiden und zu kleinen Blüten legen.

Möhren fein raspeln und mit Blättchen als Garnitur verwenden.

Pfefferminzblättchen zum Garnieren von Süßspeisen, Sorbets und süß-scharfen Gerichten.

Rosa Pfeffer kann ganz oder mit den Fingern zerrieben über feine Gerichte gestreut werden.

Möhrenscheiben fein ausstechen und auf dem Teller anordnen.

Kohlrabi mit einem Erbsenausstecher aushöhlen. Mit Möhrenkugeln vermischen, blanchieren und mit Kerbel garniert als Gemüsebeilage verwenden.

Kartoffelpüree mit einer Spritztülle auf Teller oder in Schalen tupfen.

Zwiebelringe zum Garnieren von deftigen Speisen.

Zitronenmelisse eignet sich zum Garnieren von fast allen Speisen.

Kalte Butter mit den Händen oder zwischen zwei Holzbrettern zu Kugeln formen und in gehackten Kräutern, Paprika oder Curry wälzen.

Kräuterbutter im Spritzbeutel mit einer Sterntülle auf Zitronenscheiben tupfen und mit Petersilie garnieren.

Gurkenscheiben gezackt ausstechen und mit Kräutern bestreut zum Garnieren verwenden (siehe auch S. 34/35).

Geriefte Champignons. Rohe Champignons werden mit einem kleinen Messer von der Kopfmitte an durch Drehen beim Schneiden eingerieft. Mit Kerbel dekorieren.

Zitronenachtel zum Garnieren von Fisch- und Geflügelgerichten für „Fingerbowle" und zum Auspressen am Tisch.

Gurkenfächer. Kleine Cornichons mit einem Messer einschneiden und auseinanderdrücken.

39

Das Garen mit Wasser

In dem alten Scherz, wonach manche Leute nicht mal Wasser kochen könnten, geschweige denn etwas anderes, steckt ein Körnchen Wahrheit. Sicher ist nämlich: Man muß erst mal mit dem Temperieren von Flüssigkeit umgehen können, ehe man sich an das Zubereiten von Gerichten wagt. Dazu sollte man seinen Herd gut kennen und ohne langes Überlegen wissen, auf welcher Stufe welcher Hitzegrad erreicht wird. Das klingt nur so lange kompliziert, ehe einem das in Fleisch und Blut übergegangen ist. Noch ein Scherz als Mutmacher: Denken Sie daran — Wasser kann nicht anbrennen!

Was das Garen bewirkt

Die meisten Nahrungsmittel werden ganz selbstverständlich gekocht, gebacken oder gebraten, damit der Mensch sie verdauen und im Körper verwerten kann zum Aufbau körpereigener Substanz und zur Energiegewinnung. Aber auch der Geschmack wird durch Garen verändert.

Alle Nahrungsmittel enthalten Eiweiß, Fett, Kohlenhydrate, Vitamine, Mineralstoffe und Wasser.

Tierisches Eiweiß muß gerinnen, pflanzliches Eiweiß quellen. Fette benötigen Beigaben, wie Gemüse und Brot, damit sie der Körper verdauen kann. Kohlenhydrate, zum Beispiel die Stärke in den Kartoffeln, sind in rohem Zustand unverdaulich; sie müssen erst gegart werden.

Durch die Wärmebehandlung werden die Nahrungsmittel erst aufgeschlossen und entwickeln Geschmacks- und appetitanregende Geruchsstoffe.

Wärme kann aber auch wichtige Inhaltsstoffe wie die Vitamine zerstören.

Es ist wichtig, die Garzeiten so kurz wie möglich zu halten, fertige Gerichte nicht zu oft aufzuwärmen und vor allem die vielfältigen Gartechniken individuell auf die Nahrungsmittel und ihre Verwendung abzustimmen.

Kochen

Garen in viel siedender Flüssigkeit bei einer Temperatur von 100 Grad im geschlossenen oder offenen Topf.

Außer in Wasser kann man Nahrungsmittel gut in Milch, Brühe, Wein oder Sud kochen.

Suppen, Saucen, Fleisch, Eier, wasserarme Nahrungsmittel und solche, die viel Stärke enthalten.

1. Mit kaltem Wasser ansetzen: Hülsenfrüchte, Trockenobst, Graupen.

Das Wasser wird aufgenommen, die Stärke quillt, wasserlösliche Inhaltsstoffe werden ausgelaugt und die Eiweißstoffe gerinnen.

Zur Gewinnung von Brühe die Knochen in kaltem Wasser ansetzen um die Aromastoffe besser auszulaugen.

2. Mit kochendem Wasser ansetzen: Teigwaren, Grieß, Fleisch.

Die wasserlöslichen Vitamine und Mineralstoffe werden so besser erhalten.

Blanchieren

Kurzzeitiges Garen in kochender Flüssigkeit. Durch das kurze Kochen werden Enzyme stillgelegt, die sonst Vitamine und Mineralstoffe zersetzen würden. Gemüse wird außerdem keimfrei. Nach dem Garen sofort in eiskaltem Wasser abschrecken, da der Garprozeß sonst weitergeht. So behält das Gemüse seine schöne Farbe und eignet sich auch vorzüglich zum Einfrieren.

Garziehen

Garen („Köcheln") in viel Flüssigkeit kurz vor dem Aufwallen bei einer Temperatur von 70-95 Grad.

Die Stärke quillt und verkleistert, die Eiweißstoffe gerinnen, die wasserlöslichen Inhaltsstoffe bleiben weitgehend erhalten.

Bei Klößen, Reis, Eierspeisen, Obst.

1. Flüssigkeit einmal aufkochen lassen.

2. Gargut in die siedende Flüssigkeit geben.

3. Temperatur je nach Gargut zurückschalten — die Flüssigkeit darf nicht mehr kochen.

Pochieren

Langsames Garziehenlassen bei einer Temperatur von 75-98 Grad. Flüssigkeit darf nicht mehr kochen (Ei).

Dämpfen

Garen durch Wasserdampf mit einem Siebeinsatz über kochender Flüssigkeit in einem geschlossenen Topf. Temperatur 98-100 Grad.

Dämpfen ist eine schonende Zubereitungsart, da der Wasserdampf die Nähr- und Wirkstoffe wenig auslaugt, Form und Geschmack des Gargutes bleiben besser erhalten.

Bei Gemüsen, Kartoffeln, Fisch, zarten Fleischstücken.

1. Gargut auf den Siebeinsatz legen.

2. Flüssigkeit aufkochen und das Gargut einsetzen.

3. Siedetemperatur beibehalten.

4. Gemüse nach dem Dämpfen würzen.

5. Dämpfwasser für Saucen verwenden.

Kochen im Dampfdrucktopf

Garen in einem fest verschlossenen Topf bei einer Temperatur über 100 bis 120 Grad.

Die höhere Temperatur, die durch erhöhten Druck erreicht wird, verkürzt die Garzeit bei Gerichten mit kurzer Garzeit um 30-35% (Gemüse) und bei solchen mit langer Garzeit um 70-75% (z.B. Fleisch, Hülsenfrüchte, Huhn).

Im Dampfdrucktopf kann man mit entsprechenden Einsätzen in mehreren Lagen garen.

Durch die kurze Garzeit bleiben — trotz höherer Temperatur — die Nähr- und Wirkstoffe besser erhalten.

Bei Einsatz des Dampfdrucktopfes auf die Hinweise des Herstellers achten, speziell beim Öffnen. Der Topf darf in jedem Fall erst geöffnet werden, wenn er druckfrei ist.

Dünsten

Garen im eigenen Saft unter Zugabe von wenig Fett und Flüssigkeit bei einer Siedetemperatur von 100 Grad im geschlossenen Topf. Zartes Gemüse und Obst, Fisch und empfindliche Fleischsorten (Kalb, Huhn).

Dünsten ist die einfachste und schonendste Garmethode, da wenig Nähr- und Wirkstoffe verlorengehen.

Wasserarme Nahrungsmittel durch Zugabe von wenig Flüssigkeit dünsten, wasserreiche ohne Zugabe.

Fett verbessert den Geschmack und erschließt die fettlöslichen Vitamine aus den Provitaminen. Nähr- und Wirkstoffe bleiben in der Dünstflüssigkeit, die einen guten Saucenfond ergibt.

Wasserbad

Allmähliches Erwärmen im offenen Topf, der in heißem, nicht mehr kochendem Wasser steht oder schwimmt.

Saucen, Cremes — die als Zutat Butter, Eier oder Sahne enthalten — und die bei Zubereitung auf der Herdplatte gerinnen oder leicht anbrennen könnten.

1. Flüssigkeit in einem Topf einmal aufkochen lassen.
2. Temperatur auf mittlere Stufe zurückschalten.
3. Schüssel mit den Zutaten in das nicht mehr kochende Wasser halten.

Im Handel gibt es „Simmertöpfe". Hier wird das Wasser in einen Zwischenraum eingefüllt.

Einweichen

in kaltem Wasser — für getrocknete Nahrungsmittel wie Hülsenfrüchte oder Trokkenobst.

Ausquellen

bei geringer Hitzezufuhr (Stufe 1/2), um die Inhaltsstoffe besser aufzuschließen: z.B. bei Griesbrei, Milchreis.

Warmstellen

bei sehr kleiner Temperatur (ca. 50 Gradstufe 1/2), um Gerichte für kurze Zeit warmzuhalten oder ausquellen zu lassen.

Reduzieren

Einkochen von Flüssigkeit, vermindert auf eine kleine Menge.
Bei Saucen, Suppen.
Der Geschmack wird intensiver, die Aromastoffe der Zutaten kommen besser zur Geltung.

Glacieren

franz. „Überglänzen" durch Übergießen oder Einkochen im eigenen Saft. Glaciert werden kann auch mit Gelee oder Zuckerguß.

Das Garen mit Fett

Eine Stufe schwieriger als das Garen mit Wasser ist der richtige Umgang mit heißen Fetten. Durch die über doppelt so hohen Temperaturen kann oft schon *eine* Minute (z.B. beim Steak) über Gelingen oder Mißlingen entscheiden. Ferner müssen Sie die richtigen Fette verwenden (s. Seite 204/205). Butter etwa, das edelste aller Kochfette, taugt zum Anbraten von Fleisch überhaupt nichts. Noch schwieriger ist die Kombination von Flüssigkeits- und Fett-Technik. Nicht umsonst heißt es: Wer einen Schmorbraten perfekt zubereiten kann, kann auch alles andere.

Braten in der Pfanne

ist in schnelles Garen und Bräunen in heißem Fett
1. Die Pfanne muß gut erhitzt sein, sonst klebt das Bratgut am Boden und bräunt nicht.
2. Das Fett muß eine Temperatur von 250 Grad in der Pfanne haben.
3. Während des Bratvorgangs kein kaltes Fett zugeben, da der Bratvorgang unterbrochen wird und das Bratgut Saft verliert.
4. Nur eiweiß- und wasserfreie Fette verwenden, also Fette mit einem hohen Siedepunkt.
5. Alle Fleischstücke, die nicht paniert sind, erst nach dem Braten salzen, da das Salz dem Bratgut Flüssigkeit entzieht — es wird trocken.
6. Während des Bratvorgangs niemals in das Fleisch einstechen, da der Saft austritt. Immer Bratenwender benutzen.

Sautieren

ist das Garschwenken von dünn geschnittenem Kurzbratgut in einer Stielpfanne (Sauteuse) in heißem, aber nicht zu heißem Fett. Zum Sautieren kann man vorzugsweise eine Öl-Butter-Mischung verwenden.
Sautieren ist eine gute Technik für Fisch, Leber, Niere, Filet in Streifen oder Stückchen (z.B. „Zürcher Gschnetzeltes").
Immer erst nach dem Garen würzen! Aus der Pfanne sofort auf den Tisch bringen. Das heißt: alle Beilagen, die zum Gericht gehören, müssen fertig sein, ehe Sie mit dem Sautieren beginnen.
Als Sauteuse eignen sich am besten leichte Kupferpfannen oder dünnwandige Edelstahlpfannen mit Kupferboden. Wichtig ist, daß sie die Hitze gut und gleichmäßig leiten und leicht zu handhaben sind. Gußeiserne Pfannen sind ihres Gewichts wegen weniger geeignet.

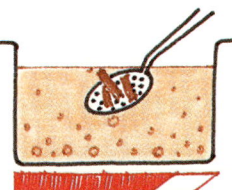

Fritieren

Ausbacken in reichlich heißem Fett bei einer Temperatur von 180-200 Grad.
Kleine Fleisch- und Fischstücke, Kartoffeln, Pommes frites, paniertes Gemüse.
1. Das Gargut muß schwimmend im Fett ausgebacken werden.
2. Nur hitzebeständiges Fett verwenden. Öl, Talg, Kokosfett, Schmalz.
3. Fett nicht öfter als 2-3 mal verwenden.
4. Das Fett muß immer heiß sein.
5. Tauchen Sie einen Holzspieß oder den Stiel eines Holzlöffels in das Fett: Bilden sich Bläschen, ist das Fett heiß.
6. Das Fritiergut vor dem Einlegen sorgfältig abtrocknen.
7. Das Gargut in kleinen Mengen nacheinander dazugeben, sonst nimmt die Temperatur zu stark ab und das Gargut bräunt nicht.
Fritieren kann man im Topf, in einer tiefen Pfanne und in der Friteuse.

Fleischfondue

Kalb, Rind oder Schweinefleischstücke in heißem Fett kurz garen. Dazu Saucen, Salate und Weißbrot servieren.

Chinesischer Feuertopf

Gemüsestücke oder helles Fleisch in heißer Brühe kurz garen.

Schmoren

Anbraten in Fett und Fertiggaren unter Zugabe von
wenig Flüssigkeit im ge-
schlossenen Topf bei einer
Temperatur von 100 Grad.
Ein Garprozeß, der die Vorzüge von Fett, Flüssigkeit
und Dampf kombiniert. Für
preiswerte Fleischstücke wie
Nacken, Schulter oder Bug,
Rouladen, Gulasch, Kohlrouladen, Wirsingrollen.
1. Schmorgerichte in heißem Fett bei einer Temperatur von 180-200 Grad im offenen Topf kräftig anbraten.
2. Heiße Flüssigkeit hinzufügen, so daß das Gargut etwa
bis zur Hälfte mit Wasser bedeckt ist, und bei geschlossenem Topf weitergaren.
Keine kalte Flüssigkeit hinzugießen, die Fleischstücke
werden zäh.
Man kann auch vor dem Aufgießen mit Flüssigkeit das
stark erhitzte Fett weggießen.
Das Gericht wird bekömm-
licher.
Durch die Einwirkung des
Fettes bildet sich eine braune
schmackhafte Kruste. Die
Röststoffe ermöglichen die
Herstellung einer schmackhaften Sauce.
Alle Nährstoffe, außer den
Vitaminen, bleiben weitgehend erhalten.

Braissieren

bedeutet französisch „Schmoren". Die Haute Cuisine kennt
jedoch daneben noch den
Begriff des „Weiß-Braissie-
ren". Darunter versteht man
die Methode, helles Fleisch
oder Geflügelteile in Butter
nur weiß und steif werden zu
lassen, ohne daß eine Bräunung eintritt. Der anschlie-
ßende Schmorvorgang ist
der gleiche.

Flambieren

Kurzes Abflammen mit Alkohol (Cognac, Rum, Calvados
usw.) zur Geschmacksver-
besserung meistens der Abschluß eines Bratvorgangs in
der Pfanne (Ablöschen des
Bratensatzes). Der Alkohol
verbrennt dabei zum aller-
größten Teil, übrig bleiben
die Aromastoffe.
Hochprozentigen Alkohol
(mindestens 40 Vol.-%) verwenden, oder Alkohol vorher
leicht erhitzen, damit das
Flambieren gelingt. Vorsichtig anzünden und abbrennen
lassen.

Räuchern

Konservierende Garungs-
methode, bei der Eiweiß
durch warmen oder heißen
Rauch gerinnt.
Beim Räuchern unterschei-
det man zwei Methoden. Das
Kalträuchern ist ein rein pro-
fessionelles Verfahren für
Schinken, Würste, Räucherlachs usw. Man benötigt dazu eine Räucherkammer mit
einer Rauchtemperatur zwischen 17 und 26 Grad, und
man rechnet mit einer Min-
dest-Räucherdauer von rund
einem Monat. Kalträuchern
zählt zu den ältesten Konser-
vierungsmethoden.
Daneben gibt es aber auch
das kurzzeitige Heißräu-
chern, bei dem Rauchtem-
peraturen von 80-100 Grad
herrschen. Bevorzugtes
Räucherholz sind Buchen-
aber auch Wacholderspäne.
Beliebtestes Räuchergut
sind Forellen. Warm aus dem
Rauch gegessen wird auch
die relativ geschmacksarme
Zuchtforelle als Delikatesse.
Im Handel gibt es seit einigen
Jahren unproblematisch zu
bedienende kleine Heißräu-
cher-Öfchen, die man (nach
Gebrauchsanweisung) auf
dem Balkon in Betrieb setzen kann, ohne die Nach-
barn zu belästigen.

Ablöschen

Lösen von Röststoffen, die
beim Braten von Fleisch in
der Pfanne oder im Topf entstanden sind, durch Flüssigkeit und kurzes Aufkochen
zur Herstellung einer Sauce.

Glasig werden

Garen in heißem Fett bei geringer Hitzezufuhr. Das Gargut darf nicht braun werden
(Zwiebeln).

Anschwitzen

In heißem Fett unter ständigem Rühren. Kurz garen ohne das Gargut braun werden
zu lassen (geringe Temperatur).
Mehlschwitze — das Mehl in
heißer Butter oder Margarine
unter Rühren anschwitzen,
bis es keine Blasen mehr
wirft. Anschließend mit Flüssigkeit auffüllen und ausquellen lassen (s.S. 252).

Poêlieren

Profi-Garungsmethode. Ein
Mittelding zwischen Braten
und Dünsten, gelegentlich
mit „Braundünsten" über-
setzt. Dabei wird das Fleisch
oder Geflügel auf ein Bett aus
Gemüse und Schinkenstrei-
fen gesetzt, mit heißer Butter
übergossen und im Back-
ofen gegart.

Das Garen im Herd

Im Märchen standen die besten Sachen immer in der Backröhre. Küchentechnisch gesehen war das ein Garraum, in dem rundherum Hitze auf das Bratgut einstrahlen konnte. Bei großen Fleischstücken wie Keulen oder Geflügel findet dabei ein Braten und Bräunen zur gleichen Zeit statt. Durch moderne Herdtechnik und neue Verfahren kann dieser kulinarisch so ergiebige Garvorgang variiert werden durch den Heißluftherd, den Grill oder die Mikrowelle.

Grillen

Garen durch Bräunen in geöffnetem Grillraum durch Strahlungshitze bei einer Temperatur von 350 Grad. Eine scharfe Krustenbildung wird vermieden. Das Eiweiß gerinnt sofort, dadurch entsteht kein Saftverlust. Nährstoffe und Eigengeschmack bleiben weitgehend erhalten. Gegrilltes eignet sich gut für Schonkost und Diät, da ohne Fettzugabe gegart werden kann.
Gegrilltes ist sehr schnell zubereitet.
Bei Fleisch, Fisch, Brathähnchen.
1. Grill mindestens 3 Minuten vorheizen.
2. Grillgut auf den Rost legen oder am Drehspieß befestigen.
3. Grillgut leicht mit Öl bestreichen, man kann aber auch ohne Fettzugabe grillen.

5 Tips fürs Grillen

— Grillgut vor dem Grillen würzen, dann erst salzen.
— Fett zugeben um eine Bräunung zu erreichen.
— Flache Stücke direkt unter den Grill einschieben.
— Dicke Stücke, die eine längere Garzeit brauchen, tiefer einschieben.

Gratinieren

franz. „Überbacken". Gerichte durch Einwirkung starker Oberhitze rasch bräunen (z.B. Käse). Das entsprechende Profi-Gerät heißt „Salamander". Für den Hausgebrauch tut es aber auch ein guter Grill.

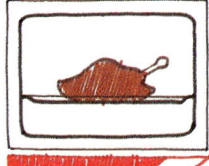

Braten im Backofen

Garen und Bräunen in wenig Fett bei einer Temperatur von 200-250 Grad.
Bei großen Bratenstücken.
1. Fleisch würzen und auf die Fettpfanne legen.
2. Wenig Fett dazugeben.
3. Gemüse (Möhren, Zwiebeln, Sellerie) rund um den Braten legen.
4. Bei 250 Grad ca. 15 Minuten braten.
5. Nur wenig Flüssigkeit zum Ablöschen dazugeben (Wasser oder Wein).
6. Die Hitzezufuhr regulieren und bei 200 Grad weiterbraten.
7. Den Braten während des Bratvorgangs mit Flüssigkeit begießen.
8. Bratenfond für eine Sauce verwenden.

Braten im Römertopf

Garen im geschlossenen Topf unter möglicher Zugabe von Fett bei einer Temperatur von 225 Grad.
Römertopf vor Gebrauch in kaltes Wasser stellen.
Gargut würzen.
Gargut mit oder ohne Gemüse im Topf bei 200-225 Grad im Backofen garen. Wünschen Sie eine Bräunung des Gargutes, ca. 20 Minuten vor Ende der Garzeit den Deckel abnehmen.

Schmoren im Backofen

Im Prinzip die gleiche Technik wie auf den Seiten 42/43 beschrieben. Profis ziehen diese Methode jedoch vor, weil durch die Rundum-Hitze im Backofen ein besonders gutes Schmorergebnis zu erzielen ist.
Das Anbraten sollte jedoch in jedem Fall auf der Herdplatte vorgenommen werden; sie eignet sich besser für das rasche Bräunen und Schließen der Fleischporen. Nach dem Aufgießen der Flüssigkeit wird der Topf verschlossen und bei ca. 180 Grad im Backofen geschmort.

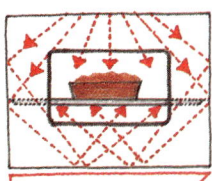

Backen

Garen im geschlossenen Backofen in heißer, trockener Luft bei einer Temperatur von 120-250 Grad.
Bei Backwaren, Aufläufe.
Die herkömmlichen Herde haben nur Ober- und Unterhitze, das heißt, daß nur eine Einschubleiste benutzt werden kann. Backformen nie auf den Backofenboden stellen. Das Backgut muß immer in der Mitte des Backofens sein, flache Kuchen auf die mittlere Einschubleiste, hohe Formkuchen auf die untere Leiste geben.
Die heiße Luft wirkt auf die Oberfläche des Backgutes ein. Die Höhe der Temperatur richtet sich nach der Art des Backgutes, mittlere Temperatur bedeutet immer ca. 200 Grad.

Umluftbackofen

Auch als Heißluftherd bezeichnet, hat an der Rückwand einen Ventilator, der die Luft ansaugt und erwärmt wieder in den Backofen leitet. Hier ist Backen und Garen auf mehreren Ebenen möglich, da die Hitze gleichmäßig verteilt ist.

Garen im Wasserbad

Trotz Begriffsgleichheit (s. S. 40/41) unterscheiden sich die beiden Techniken des Garens im Wasserbad erheblich voneinander. Während *auf* der Herdplatte das Gargut (z.B. Sauce Hollandaise, Sabayon) in einem offenen Gefäß ständig gerührt werden muß, ruht es beim Wasserbad-Garen *im* Herd in ausgebutterten, abgedeckten Gefäßen (meist Steingut). Lediglich die Wassertemperatur sollte die gleiche sein: 75-85 Grad. Dazu muß man den Backofen (je nach Modell) auf 120-150 Grad stellen.
Die Garmethode ist die klassische für alle Terrinen.

Mikrowellen

Mikrowellengeräte bieten die Möglichkeit für schnell gegarte oder schnell erwärmte Mahlzeiten.
Mikrowellen werden von organischen Stoffen, das sind rohe, gekochte oder gefrorere Nahrungsmittel, aufgenommen.
Die Wellen dringen in das Innere der Nahrungsmittel ein und erwärmen sie. Garraum und Geschirr bleiben während der Benutzung kalt.
Metalle reflektieren die Mikrowellen. Porzellan, Glas, Steingut, Keramik, Pappe, Papier und Kunststoff werden von Mikrowellen durchdrungen und sind zum Garen geeignet.
Durch die kurzen Garzeiten bleiben die Nähr- und Wirkstoffe sowie der Eigengeschmack weitgehend erhalten. Die Speisen bleiben saftig und sehen schmackhaft aus.
Mikrowellen bräunen nicht. Es gibt spezielles Bräunungsgeschirr aus Glaskeramik, mit im Boden eingelagerter Zinkoxydschicht. Einige Geräte haben einen eingebauten Grill, der kurz zum Bräunen eingesetzt werden kann.
Vorteile: Rasche Essen werden problemloser, vorbereitete (tiefgefrorene) Menüs sind in kurzer Zeit warm, viele Speisen kann man ohne Fett und Wasser garen — besonders für Diät geeignet.

Grillen auf Holzkohle

Beliebt für draußen. Das Fleisch erhält einen rauchigen Geschmack und sollte vor dem Grillen gewürzt oder einige Stunden eingelegt werden.
Niemals über offener Flamme grillen — immer über Glut. Meiden Sie sehr fette Fleischstücke — das Fett tropft in die Glut und verbrennt unter starker Qualmentwicklung.

Braten in Alufolie

Schonendes Garen bei hohen Temperaturen im Backofen.
Bratgut bleibt saftig, bildet aber keine braune Kruste. Möchten Sie dennoch eine braune Oberfläche, öffnen Sie ca. 20 Minuten vor Ende der Garzeit die Folie.
Beim Braten in Alufolie ist nicht unbedingt Fett erforderlich, da der Saft in der Folie bleibt und nicht verdampft. Bei Fleisch, Fisch, Gemüse.

Braten im Bratschlauch

Schonendes Garen im eigenen Saft mit dem Vorteil, daß kein Fett verwendet werden muß.
Sie können in dem Klarsichtschlauch nur Fleisch oder Fisch oder Fleisch und Gemüse garen. Da der Wasserdampf nicht entweicht, ist dies ein schonendes Garen, bei dem die Nähr- und Wirkstoffe weitgehend erhalten bleiben.
Bitte Anweisungen des Herstellers beachten, damit der Schlauch nicht platzt!

Bei Tisch: Ein Platz an der Wonne

Nicht umsonst gilt Essen und Trinken als die zweitschönste Sache der Welt. Was außer der Liebe könnte Menschen füreinander versöhnlicher und freundlicher stimmen als eine gemeinsame Mahlzeit?

In den alten Kulturen der Menschheit waren das richtige Rituale. Das chinesische Kaisermahl umfaßte 120 Gänge, und man aß drei Tage und drei Nächte. Nur gut, daß das Aufstoßen in China zum guten Ton gehörte! Die alten Römer trieben es mit ihren Schlemmerorgien noch toller. Der französische Hof des Sonnenkönigs war es dann, der die lockeren Tafelfreuden einem strengen Zeremoniell unterwarf. Etikette wurde dabei am Ende wichtiger als das Essen selbst. Heute ist der Umgang mit den Tischsitten zum Glück unverkrampfter, wenn auch nicht ohne Regeln und Bräuche, die sich über die Jahrhunderte als zweckmäßig und sinnvoll erwiesen haben. Manches wurde zeitgemäß modernisiert, alte Zöpfe abgeschnitten – geblieben ist aber die stimulierende Wirkung des Tafelns. Insofern ist das gemeinsame Essen und Trinken zumindest die sympathischste Sache der Welt. Wenn dann daraus noch Liebe wird – um so schöner. Denn die geht ja bekanntlich durch den Magen.

Das schwarze Elixier

Wer von Kaffee redet, redet von Wien. Wie der Duft des Moccas durchziehen die Legenden vom Kaffee die alte Donau-Metropole. Das fing damit an, daß die Türken bei ihrem überstürzten Rückzug vor 300 Jahren eine Wagenladung Rohkaffee liegenließen. Und das endete damit, daß das Wiener Caféhaus eine Art kleines Welttheater wurde. Nicht nur in Wien — im Züricher "Cafe Odeon" brüteten James Joyce, Sigmund Freud und ein gewisser Trotzki über Ideen, die unsere Welt verändern sollten.

Den Mächtigen war die schwarze Droge nie ganz geheuer gewesen. Mehrmals gab es Kaffee-Prohibitionen. Der Alte Fritz setzte sogar Kaffeeschnüffler auf seine Untertanen an, und die Kirche hielt Kaffee für ein Höllengebräu.
Kaffee war am Anfang seiner Karriere reine Männersache. Erst im 18. Jahrhundert wurde die exotische Bohne allmählich zum Kaffeekränzchen gezähmt. Bach schrieb seine berühmte Kaffeekantate, und am Horizont tauchte bereits das Zeitalter der biedermeierlichen Konditorei auf. Waren Frauen anfangs in den Caféhäusern nur geduldet, so übernahmen sie in unserem Jahrhundert die Macht. Beim Kaffee gelang die Emanzipation vollständig.
Was einst Genußmittel einer kleinen Oberschicht war, ist heute Volksgetränk. Aber richtig und phantasievoll zubereitet, umgibt den Kaffee immer noch ein Hauch von Luxus, umweht ihn ein Duft von Exotik. Und immer noch gilt das Grundrezept: Heiß wie die Hölle, schwarz wie der Teufel, rein wie ein Engel, süß wie die Liebe. Was Sie sonst noch wissen müssen, sagen wir Ihnen hier.

1. Capucchino
Schwarzer Kaffee mit einer Haube aus geschlagener, leicht gesüßter Sahne und etwas Kakaopulver.

2. Café Noisette
Kaffee mit einem Schuß Kirschwasser und Zucker abschmecken.

3. Espresso
Hierfür wird ein stark gerösteter Kaffee verwendet. In einer Espressomaschine wird heißer Wasserdampf durch das Pulver gepreßt. Espresso immer in kleinen Tassen servieren.

4. Mokka
Ein starker Kaffee, der aus besten, fein abgewogenen Sorten besteht. Mokka wird in kleinen Tassen serviert.

5. Milchkaffee
»Café au lait«, »Cafe latte« Je zur Hälfte heißer, starker Kaffee mit heißer Milch in einer großen Tasse servieren.

6. Eiskaffee
1-2 Kugeln Vanilleeis in ein hohes Glas geben und mit erkaltetem, gesüßtem Kaffee auffüllen. Geschlagene Sahne in einen Spritzbeutel geben und auf den Eiskaffee spritzen. Mit einer Cocktailkirsche und und Schokoladenraspeln garnieren.

Pharisäer
Kaffee mit Rum aromatisiert. Spezialität aus Friesland.

Irish-Coffee
2-3 EL Whisky in ein Irish-Coffee-Glas geben und mit heißem starken Kaffee aufgießen. 1 EL geschlagene Sahne daraufgeben.

9. Türkischer Kaffee
Dazu wird ein spezieller, mild gerösteter Kaffee verwendet. Das Kaffeepulver wird mit Wasser und Zucker in einem speziellen Metalltopf zum Kochen gebracht.

10. Kaiser-Melange
1 Eigelb mit 2 TL Sahne verrühren und 1 Tasse heißen Kaffee zugießen, mit etwas Zucker süßen und mit Weinbrand abschmecken.

Das Geheimnis des Kaffees

Der Name kommt von der äthiopischen Landschaft Kaffa, wo die ersten Kaffeebäume wild in den Wäldern wuchsen. Die anregende Wirkung der grünen Bohnen wurde zuerst an Tieren beobachtet, die an der Pflanze knabberten. Genaugenommen sind die Kaffeebohnen die Samenkerne der Kaffeebaumfrüchte; sie enthalten 1-2% Coffein, dazu Gerbsäure und ätherische Öle. Während das Coffein bereits im rohen Zustand seine Wirkung entfaltet, entwickeln sich Aroma und Bitterstoffe erst durch die Röstung.

Kaffeekauf — einst und jetzt

Früher führten gute Kaffee-Spezialgeschäfte bis zu zwei Dutzend Sorten; sie unterschieden sich nach:
Herkunftsländern (Brasil, Costa Rica, Santos, Cuba usw.)
Bohnengröße
Röstgrad.
Kenner ließen sich ihre persönliche Mischung zusammenstellen, die sie selbst durch langes Probieren herausgefunden hatten. Aus Kostengründen, aber auch mangels Interesse konnte sich diese individuelle Art des Kaffeegenießens nicht bis in unsere Zeit halten.
Heute mischen die Großröster nach den Test-Ergebnissen ihrer Marktforscher Sorten, die den Massengeschmack treffen; sie enthalten Bohnen mehrerer Anbaugebiete, meist in einem akzeptablen Röstgrad.
Billige Kaffeesorten mit scharf-bitterem Nachgeschmack erkennt man an der fast schwarzen Röstung, mit der versucht wird, minderwertige Bohnen zu einem Mocca-Image zu verhelfen.

Der köstliche Tropfen

Ein Essen ohne Getränke — das ist schlimmer als ein Esser ohne Gesellschaft. Wer den richtigen Wein im Glas hat, kann nie ganz allein sein. Umgekehrt ist eine Tischgesellschaft ganz ohne Getränke schlechterdings nicht vorstellbar. Alkohol lockert ja nicht nur steife Runden auf und animiert zum Gespräch — er hat auch medizinisch nachweisbare Vorzüge: er macht Menüs bekömmlicher, hilft bei der Verdauung. Unnötig dazu zu sagen: wenn er in Maßen genossen wird.

Nun haben aber die meisten eine geradezu heilige Hemmung vor dem Wein; ihnen schwirren Jahrgänge, Sortenbezeichnungen und Lagen als unentwirrbares Knäuel durch den Kopf. Wahr ist: Wein kann eine Wissenschaft mit einer Geheimsprache sein, wenn Kenner unter sich sind. Aber das besagt noch lange nicht, daß dies ein Gebiet wäre, das anderen unzugänglich ist. Im Gegenteil: Schon mit einer Handvoll Grundregeln können Sie als guter Weingastgeber gelten! Wir sagen Ihnen — passend zu den Gläsern — was Sie darüber wissen müssen.

Getränkeregeln für Anfänger

Zum Essen grundsätzlich nur trockene Weine kaufen — sowohl weiße wie auch rote. Süße passen nicht zum Menü, außerdem sind sie unbekömmlich. Trocken heißt aber nicht sauer, sondern herb. Deutsche trockene Weine (unter 7g Restsüße pro Liter) erkennen Sie am gelben Weinsiegel oder am Etikett-Vermerk "trocken". Französische, italienische oder Schweizer Weine werden grundsätzlich trocken angebaut.

Wenn Sie mehrere Weine zu einem Menü servieren — immer zuerst die leichten, dann die schweren; immer zuerst die weißen, dann die roten.

Rosé-Weine, obgleich eine Zeitlang sehr populär, eignen sich weniger gut zum Essen, von leichteren Vorspeisen abgesehen. Empfehlenswert als Aperitif.

Mineralwasser sollte immer ausreichend auf dem Tisch stehen. Zum Neutralisieren des Geschmacks, gegen den Durst oder schlicht für Leute, die keinen Alkohol trinken. Süße Säfte sind ungeeignet als Menübegleiter.

Ein Sektkühler mit Eiswürfeln und Eiswasser ist nicht nur sehr dekorativ, sondern auch nützlich zum Kühlhalten geöffneter Weißweinflaschen.

Aperitif

Sherry oder Portwein, diese beiden Aperitifs können als Evergreens gelten. Daneben tauchen aber auch immer mal wieder besondere Appetitanreger auf. Zur Zeit beispielsweise der Kir.

Grundrezept Kir

(Foto)

1/2 TL Schwarzer Johannisbeersirup

Auffüllen mit gut gekühltem trockenen Weißwein.

Variation: **Kir Royale**

1/2 TL „Creme de Cassis"
1 Spritzer Kirschwasser

Auffüllen mit gut gekühltem Champagner oder trockenem Sekt.
Temperatur:
Sherry, Port 10-12 Grad
Kir: 8 Grad

Weißwein

Ein gutes Weißweinglas ist dünnwandig und wölbt sich zum oberen Rand hin leicht nach innen. Nur so können Weißweine Blume und Duftstoffe an die Nase des Trinkenden abgeben.

Einfache Landweine kann man auch aus handfesten stiellosen Gläsern trinken.

Das Glas soll leicht beschlagen, wenn es — wie üblich — etwa zu dreiviertel voll gegossen wird.
Temperatur: 10-12 Grad
Trinken zu: Hellem Fleisch (Geflügel, Kalb, Fisch), Eier- und Nudelgerichten, Gemüse und Kartoffelaufläufen — solange die Gerichte nicht zu deftig gewürzt sind.

Burgunder

Das Burgunderglas hat die klassische große Ballonform, an deren Innenwänden die feine Blume des weltberühmten Rotweins zur Nase emporgeleitet wird. Vor dem Trinken Glas am Stiel fassen, Wein leicht schwenken und dann zunächst nur schnuppern! Burgunderglas immer nur bis zu einem Drittel der Höhe einschenken.

Beaujolais Primeur, obwohl auch aus Burgund stammend, wird nicht aus diesem Glas, sondern aus einfachen Bistro-Ballons (0,12 l) getrunken oder sogar aus kleinen Wassergläsern.
Temperatur: Alter Burgunder 16-18 Grad. Keinesfalls „Zimmertemperatur" heutiger Wohnungen!
Beaujolais Primeur: 12 Grad.
Trinken zu: Dunklem Fleisch (Rind, Wild), geräuchertem Fleisch, kräftig gewürzten Ragouts und zu Aufläufen, Käse.

Bier

Das traditionelle Pilsglas hat eine begradigte Tulpenform. Bier kann aber ebenso gut aus Krügen, Bechern oder hohen Tütengläsern (Weizenbier) getrunken werden. Die richtige Pflege des Glases ist beim Bier noch wichtiger als bei anderen Getränken. Niemals mit Spülmittel säubern — immer klares Wasser verwenden! Sonst fällt der Schaum in Sekundenschnelle zusammen.
Beim Einschenken das Bierglas immer schräg halten, und das Bier langsam einlaufen lassen. Weizenbier möglichst noch langsamer.
Temperatur: 10 Grad. Bier wird meistens viel zu kalt getrunken. Es verliert dadurch an Geschmack!
Trinken zu: Schweinefleisch (Gulasch), sehr scharfen exotischen Gerichten (Curry, Peperoni), Hamburger, Harzer Käse, Heringe.

Bordeaux

Die Tulpe war Vorbild für diese zeitlos schöne Form, auf die Rotwein-Kenner schwören: ihrer Ansicht nach kann sich der Geist des großen Weines nirgendwo besser entfalten als im Bordeauxglas. Natürlich dürfen Sie es auch für andere Rotweine verwenden. Vor dem Trinken keinesfalls das sanfte Schwenken vergessen (siehe Burgunder)!
Bordeauxglas immer nur bis zu einem Viertel der Höhe einschenken.
Bordeaux wie Burgunder werden übrigens immer schon zu Beginn des Menüs entkorkt, damit der Wein Luft bekommt.
Sehr alte Rotweine sollte man dekantieren, d. h. langsam in eine Karaffe umfüllen, so daß der Bodensatz in der Flasche zurückbleibt. Profis stellen eine Kerze unter, damit die dunkle Flasche erhellt wird.
Temperatur: siehe Burgunder
Trinken zu: siehe Burgunder

Cognac

Im Cognacschwenker können selbstverständlich auch Armagnac, Calvados, Obstgeister, Grappa oder andere Tresterschnäpse (Marc) serviert werden.
Nie mehr als etwa eine Fingerbreite einschenken.
Temperatur: Cognac und Armagnac zimmerwarm. Falls kühler: Glas von unten mit der Hand anfassen und den Schnaps durch Schwenken temperieren.
Für Obstgeister und Marc werden die Gläser zuvor mit Eis gekühlt. Dann erst wird der zimmerwarme Schnaps (ohne das Eis) hineingegossen.
Calvados kann man je nach Alter warm wie Cognac oder kalt wie Obstgeist trinken. Probieren Sie selbst, wie er Ihnen besser schmeckt!

Champagner

Die spitztütige Kelchform, mit oder ohne Stiel, scheint dem Wesen des Champagners oder Sekts wie angemessen zu sein. Dennoch waren eine Zeitlang breitflächige Schalen der letzte Schrei, obwohl bei ihnen das Moussieren (Perlen) des Schaumweins praktisch gar nicht zur Geltung kam.
Champagner immer bis eine Fingerbreite unter den Rand vollgießen — ein halbleeres Glas macht sich nicht gut.
Temperatur: 8-10 Grad. Faustregel: Je besser der Champagner, desto weniger kalt. Niemals eisgekühlt! Zu niedrige Temperaturen unterdrücken Blume und Geschmack.
Trinken zu: Trockene Champagner (Brut) oder Sekt (Extra Dry) kann zu allen Gängen eines Menüs getrunken werden. Als Aperitif zur Zeit die Nr. 1!
Zum Dessert passen auch süße Sorten.

Klare Schnäpse

Korn, Aquavit, Wodka werden aus kleinen Stielgläsern oder handfesten „Stamperln" getrunken. Für doppelte Schnäpse gibt's höherwandige Gläschen („Kutschergläser").
Temperatur: Klare Schnäpse sollten immer aus dem Kühlschrank kommen, die Gläser sogar aus der Tiefkühltruhe: sie beschlagen in der warmen Luft sofort und sehen dadurch besonders appetitlich aus.
Trinken zu: Als Digestif nach sehr fetten Essen. Aquavit auch als Getränk zu fetten Fischgerichten. Wodka nach russischer Sitte auch als Aperitif gereicht.

51

Das schöne Drum und Dran

Ein karger Holztisch in einer Berghütte, Butterbrot aus der Hand, frische Milch im Becher — das kann ein unvergleichlich gedeckter Tisch sein. Aber wer in den eigenen vier Wänden gastliches Flair verbreiten möchte, muß sich schon ein bißchen mehr einfallen lassen. Dabei ist das Feine durchaus nicht immer das Richtige. Ein deftiges Eintopfessen unter Freunden verlangt ein anderes Dekor als ein Edel-Menü. Wir geben Ihnen ein paar Grundregeln an die Hand.

Die zwei Grundtische

<u>Zu rustikalem Essen:</u>
Farbige Leinentischtücher mit passenden Servietten, evtl. auch geflochtene Sets, Elsässer oder andere Keramik für Kasserollen, Auflaufformen und Teller, Gußeisernes, Bestecke mit Holzgriffen, Brettchen, Steingutschüsseln, Salz in Fäßchen, dickwandige Weingläser, Schnapsstamperl, Bauernblumen usw.

<u>Zu feinem Essen:</u>
Damastdecken in weiß, dazu passende Servietten, silberne Set-Teller (Platzteller), feines weißes (in sich gemustertes) Porzellan, Silberbesteck, dünnwandige Stielweingläser (mindestens zwei), Edelblumen wie Rosen usw.
Bitte halten Sie sich nicht sklavisch an diese Stichworte — sie sollen nur Ihre Phantasie in die richtige Richtung leiten!

Die Kunst des Menüdeckens

Mit dem Aufkommen der Nouvelle Cuisine begann der Siegeszug des Tellergerichts. Nicht mehr wie früher bringt der Kellner das Gericht in mehreren Behältnissen zum Tisch, um es dort zu zerlegen, filetieren oder portionieren und anschließend vorzulegen — jetzt wird das Gericht in der Küche bereits kunstvoll auf den Teller dekoriert, mit einer silbernen Wärmeglocke bedeckt und serviert. Ein Prinzip, das auch im Privat-Haushalt funktioniert (ohne Wärmeglocke). Sie können sogar beide Methoden innerhalb eines Menüs kombinieren: Vorspeisen, Zwischengerichte auf dem Teller — den Hauptgang (Lammkeule, großer Fisch z.B.) ganz servieren und am Tisch erst aufteilen. Mit dem Tellergericht ist auch der Set- oder Platzteller in Mode gekommen. Er ist größer als die normalen Teller, oft aus Silber oder besonderem Glas. Sehr beliebt: die achteckige Form. Der Platzteller bleibt während des Menüs vor dem Gast stehen, die Teller der einzelnen Gänge werden darauf gestellt.

Das Besteck wird bei mehrgängigen Menüs immer von außen nach innen aufgelegt, Gabeln links, Messer rechts, Dessertlöffel quer vor dem Teller. Das heißt, daß der Gast das Besteck für den ersten Gang ganz außen findet. Besteht der erste Gang aus einer Suppe, liegt der Löffel rechts.

Die Gläser stehen immer rechts vom Teller, und zwar in der Reihenfolge ebenfalls von außen nach innen. Das bedeutet im Normalfall: zuerst das Weißwein-, dann das Rotweinglas. Wer es ganz korrekt machen will, stellt die Gläser so, daß die Messerspitzen des jeweiligen Gangs auf das zugehörige Weinglas zeigen.

Aperitifs werden auf dem Tablett serviert, die Gläser danach abgetragen. Digestifgläser erst dann auf den Tisch stellen, wenn der Gast sich für einen bestimmten Schnaps entschieden hat.

53

Das mehrgängige Gala-Mahl

Aus dem urtümlichen Freuden- oder Festmahl, bei dem einst hemmungslos alles durcheinander gegessen wurde, weil auch alles gleichzeitig auf den Tisch kam, entwickelten die Franzosen das geordnete Nacheinander des klassischen Menüs. Ziel war eine bessere Bekömmlichkeit, ausgewogenere Zusammensetzung der Nahrungsmittel und eine fast musikalisch anmutende Steigerung des Genusses. Alle Vorspeisen und Zwischengerichte führen nun hin zum kulinarischen Höhepunkt: dem Hauptgang. Die Intensität der Gewürze und der Eigengeschmack der Speisen nimmt im Verlauf des Menüs zu. Es liegt auf der Hand, welche kompositorischen Möglichkeiten das für den Koch eines der acht- bis zehngängigen Nouvelle-Cuisine-Menüs bietet.

MENÜ

Kalte Vorspeise

Warme Vorspeise

Suppe

Fisch

Sorbet

Geflügel

Fleisch

Käse

Dessert

Obst

Kaffee/Gebäck

Wie man selbst ein Menü zusammenstellt

Drei Gänge sind die unterste Stufe des Menüessens. Dabei ist kaum etwas falsch zu machen: Vorspeise, kalt oder warm, oder Suppe — Hauptgang Fleisch, seltener Fisch — Dessert.

Ein Menü, das seinen Namen wirklich verdient, umfaßt fünf Gänge: Vorspeise — Fischgang — Fleischgang — Käse — Dessert.

Diese Grundform läßt Ihnen aber viele Variationsmöglichkeiten. Zum Beispiel: Fischsuppe — Gemüseauflauf — Fleischgang — Käse — Dessert. Oder: Salat — Fisch — Sorbet — Fleisch — Käse. Oder italienisch: Vorspeisen-Teller — Nudelgericht — Gemüse — Fleisch oder Fisch — Dessert.

Danach in jedem Fall: Kaffee oder Espresso.

Mehr als fünf Gänge sind in einem Privat-Haushalt schlecht zu praktizieren. Wen es danach gelüstet, der sollte sich einem Profi im Gourmet-Restaurant anvertrauen.

Das einfache Menü

S. 162/163	*Erbsenpüreesuppe*
S. 196/197 S. 132/133 S. 108	*Hähnchenbrust garniert mit gedünsteten Möhren und Risotto*
S. 278/279	*Himbeercreme*

Das deftige Menü

S. 152-155 S. 158	*Rindfleischbrühe mit Eierstich*
S. 146/147 S. 147	*Gemischter Blattsalat mit Sauce Vinaigrette*
S. 204-207 S. 118/119 S. 116/117 S. 118/119	*Filetsteak mit Kräuterbutter und Alukartoffel mit Quark*
S. 282/283	*Rote Grütze*

Das italienische Menü

S. 180/181   *Fischsuppe*

S. 86-89   *Bandnudeln*
S. 155   *mit Pesto*

S. 216   *Saltimbocca alla Romana*
S. 132/133   *mit Broccoli*

S. 282/283   *Tirami su*

S. 48/49   *Espresso*

Das festliche Menü

S. 160/161   *Champignoncremesuppe*

S. 175, 252,   *Lachs*
256
S. 252, 256   *mit weißer Buttersauce*

S. 270/271   *Johannisbeersorbet*
S. 276/277

S. 238/239   *Kalbsnierenbraten*
S. 132/133   *mit Blumenkohl*
S. 128/129   *und Kartoffelgratin*

S. 270/271,   *Mousse au chocolat*
275

Wie man ein Menü vorbereitet

Was Gäste nachher bestaunen, ist zum großen Teil Organisation und gute Planung.
Als Vorspeise empfiehlt sich eine kalte Terrine, Räucherlachs, Salate — alles Dinge, die man gut vorbereiten oder kaufen kann.
Die Suppe kann vorgekocht werden.
Der Käsegang kann fertig auf dem Brett stehen (bitte niemals aus dem Kühlschrank auf den Tisch!).
Das Dessert (Eis, Sorbet, Obst, Gebäck etc.) braucht nur hübsch garniert zu werden.
Konzentrieren sie Ihre Arbeitskraft auf den Fisch- und Fleischgang. Beide sollten frisch aus dem Ofen kommen. Aber bei richtiger Zeiteinteilung haben Sie nach Ankunft der Gäste nur noch das Finish vor sich.

Ein paar Tips:
Die Gerichte à la minute, immer so aussuchen, daß eines in der Backröhre und eines auf den Herdplatten gegart wird. Dadurch nützen Sie den Ofen optimal aus.
Machen Sie sich vorher einen Zeitplan!
Lassen Sie ruhig längere Pausen zwischen den Gängen. Der erste Hunger ist ohnehin gestillt und von einer hektisch aufgelösten Köchin hat niemand etwas!

Woran Sie außerdem denken sollten

Sitzordnung vorher überlegen.
Weißbrot (Baguette) während der gesamten Mahlzeit auf dem Tisch vorrätig halten.
Zum Aperitif evtl. mit eisgekühlter Butter.
Servietten nicht zu kunstvoll zusammenfalten (unhygienisch).
Teller vorwärmen.
Rechaud oder Wärmeplatte bereithalten.
Zahnstocher besorgen.

46 Beispiele aus dem kulinarischen Baukasten

Wie das Baukasten-System dieses Buches funktioniert, zeigen wir Ihnen auf dieser und den nächsten vier Doppelseiten anhand von 46 Beispielen. Sie werden dabei schnell entdecken, wie einfach das Kombinieren aus verschiedenen Kapiteln ist, wie schnell die Fantasie neue Möglichkeiten findet — und wieviel Spaß diese neue Art der Kochplanung macht.

Wir haben Beispiele gewählt für preiswerte, alltägliche, festliche, schlanke und Spezialitäten-Küche. Sie können aber ebenso gut von anderen Voraussetzungen beim Kombinieren ausgehen: etwa vom Zeitaufwand, von der Jahreszeit oder gar von einem Fisch, den Sie überraschend geangelt haben.

Die schlanke Linie

Steht die schlanke Linie auf dem Programm, schränken sich die Möglichkeiten des Speisezettels automatisch ein. Fett und Kohlenhydrate müssen kleingeschrieben werden, Eiweiß und Vitamine groß. Wer schon öfter nach solchen Diät-Rezepten gelebt hat, kennt die Gefahr der Eintönigkeit, die einem den Appetit aufs Schlankwerden vergällen kann. Auch in diesem Fall ist das Baukasten-System ein raffinierter Ratgeber, mit dem Sie ganz neue Kombinationen austüfteln können.

1. Schweinelendchen (s. S. 214/215) mit blanchierten Kaiserschoten (s. S. 136/137) und Möhrenkugeln (s. S. 138 und S. 34/35).

2. Pochierter Steinbutt (s. S. 172/173) mit blanchiertem Staudensellerie (s. S. 138/139) und gekochten Kartoffeln (s. S. 116/117) in Butter geschwenkt.

3. Kartoffel-Möhrenpüree (s. S. 120/121) mit blanchierten Erbsen (s. S. 136/137).

4. Gebratene Hähnchenbrust (s. S. 196/197) mit Krabben, blanchierten Möhrenstreifen (s. S. 138 und 36/27), Kohlrabi (s. S. 134/135) und Zucchinikugeln (s. S. 144 und S. 34/35).

5. Erdbeerpüree (s. S. 270/274) mit Johannisbeeren, Himbeeren und Erdbeerscheiben.

6. Pochiertes Ei (s. S. 68/69) auf Blattspinat (s. S. 134) mit Reis (s. S. 102/103).

7. Auberginen (s. S. 144 und S. 230/231) mit Spinat-Ricottafüllung (s. S. 96/97).

8. Gemischter Salat von Radicchio, Feldsalat, Blattsalat, Eisbergsalat, Radieschen und Kresse mit Sauce Vinaigrette (s. S. 146/147), gekochtem Schinken und wachsweich gekochten Eiern (s. S. 68/69).

9. Fischsuppe (s. S. 180/181) mit Tomaten, Kabeljau, Krabben, Lauch, Möhrenstreifen (s. S. 34/35 und S. 138), Dill und Kerbel.

Die sparsame Tour

Wenn Geld keine Rolle spielt, braucht man eigentlich nur noch kochen zu können. Wenn aber mal Ebbe im Portemonnaie herrscht — vor Ultimo, nach dem Urlaub zum Beispiel — dann braucht man außerdem noch ein paar pfiffige Ideen, um etwas Appetitliches auf den Tisch zu bringen. Nicht einfach — aber keineswegs unmöglich! Sie werden verblüfft sein, mit wie wenig Geld man seine Familie überraschen kann — wenn Sie unsere Beispiele einmal durchrechnen!

1. Frikadelle (s. S. 220/221)
mit gebratenen Auberginen und Zucchini
(s. S. 144/145) und Pommes frites (s.S. 116/
117).

2. Wirsingroulade (s. S. 226/227 und 232/
233) mit gebratenem Speck, Zwiebelwürfeln und Bandnudeln (s. S. 86/87).

3. Panierte Hähnchenkeule (s. S. 198/199)
mit Aprikosen-Rosinen-Currypilaw (s. S.
109).

4. Ungarisches Gulasch (s. S. 244/245)
mit Zöpflinudeln (s. S. 98/99)
und Paprika.

5. Gedünstetes Fischfilet (s. S. 172/173) mit
Reis (s. S. 102/103).

6. Rösti (s. S. 127) mit Spiegeleiern, Toma-
ten- und Gurkenscheiben.

7. Bratkartoffeln (s. S. 116/117)
mit Hackfleischbällchen (s. S. 226/227 und
S. 220/221), saurer Gurke, Eigelb und
Petersilie.
Das Eigelb wird am Tisch unter die heißen
Bratkartoffeln gemischt.

8. Crêpes (s. S. 68/69)
mit Hackfleischfüllung (s. S. 78/79)
und Tomatensauce (s. S. 88/89).

9. Kartoffelpüree (s. S. 120/121)
mit Erbsen (s. S. 136) und Geschnetzeltem
(s. S. 215).

Der appetitliche Alltag

Wer täglich kochen muß, weiß wie schwierig es ist, immer mit Liebe und Lust bei der Sache zu bleiben. Und wie leicht dann irgendein schematisches Eß-Programm abgespult wird. Aber Routine war noch nie ein guter Koch! Machen Sie doch mal einen neuen Versuch. Wir zeigen Ihnen an Beispielen anschaulich das Prinzip des Kombinierens — mit ein wenig Fantasie können Sie sicher weiterkombinieren. Devise: Statt Wiederholungen — Variationen!

1. Kalbsroulade (s. S. 246/247),
mit Pommes Anna (s. S. 128) und blanchierten Kohlrabi in Sahne und Schnittlauch (s. S. 134/135).
2. Linseneintopf mit Bauchspeck (s. S. 166/167).
3. Pochiertes Kabeljaukotelett (s. S. 172/173) mit Tomatenreis (s. S. 106/107),
in Butter und Dill geschwenkten Salatgurken und Schnittlauchsauce (s. S. 262/263).
4. Gefüllte Paprikaschote mit Tomaten gebacken (s. S. 230/231),
mit Creamed Potatos (s. S. 126/127).
5. Grüne und gelbe Nudeln (s. S. 86/87 und S. 92/93), in Butter und Kräutern geschwenkt (s. S. 90/91) und mit geriebenen Käse bestreut.
6. Tomatensuppe (s. S. 161) mit Reis.
7. Curryhuhn (s. S. 200/201) mit Reistimbal (s. S. 104/105) in Butter gebratenen Aprikosen, Kokosbananen (s. S. 196/197) mit Cocktailkirschen garniert.
8. Hackfleischspieß (s. S. 226/227) auf scharfer Tomatensauce) (s. S. 88/89) und Pilawreis (s. S. 109).
9. Schweinebraten (s. S. 238/239) mit Kartoffelpüree (s. S. 120/121) und Sauerkraut (s. S. 148/149).

Die Spezialitäten-Speisekarte

Zuerst waren es wohl die Ferienreisen. Dann die neuartigen Düfte, die bei uns aus immer mehr Restaurants aufstiegen: Köche aus Jugoslawien, Italien, China brachten uns auf den Geschmack anderer Küchen. Daß von diesem kulinarischen Grenzverkehr auf die Dauer auch der heimische Herd profitieren würde, war eine ausgemachte Sache. Und seit Supermärkte und Spezialgeschäfte die fremden Zutaten bereithalten, steht auch dem exotischen Kombinieren nichts mehr im Wege!

1. Tortellini (s. S. 94/95)
mit Broccoli (s. S. 134/135),
Käsesauce (s. S. 262/263) und geriebenen
Parmesankäse.
2. Gekochte Tiefseegarnelen (s. S. 178/
179) auf Risi Bisi (s. S. 112/113).
3. Scalopine mit Marsalasauce (s. S. 216/
217), Bandnudeln (s. S. 86/87)
und Staudensellerie (s. S. 138/139).
4. T-Bone-Steak (s. S. 212/213 und S. 204/
205) mit Alufolienkartoffel (s. S. 116/117),
gebackener Tomate, Kräuterbutter (s. S.
118) und Salatkresse.
5. Schweineschnitzel (s. S. 214/215)
mit gebratenen Pfifferlingen und Champignons (s. S. 144/145)
und Kroketten (s. S. 124).
6. Rinderroulade (s. S. 246/247)
mit Rosenkohl (s. S. 134/135)
und gekochten Kartoffeln (s. S. 116/117) in
Butter geschwenkt.
7. Wan Tan (s. S. 96/97) mit Reis (s. S. 102/
103), süß-saurer Sauce (s. S. 200)
und gebratenen Sojasprossen (s. S. 144).
8. Rheinischer Sauerbraten (s. S. 242/243)
mit Kartoffelknödel (s. S. 122/123),
Rotkohl (s. S. 140/141) und Bröselbutter (s.
S. 258/259).
9. Grünkohl (s. S. 140/141) mit Kasseler,
Bauchspeck und Karamelkartoffeln (s. S.
126/127).
10. Schwarzbrot mit Rührei (s. S. 68/69)
und Krabben in Butter geschwenkt (s. S.
178/179).

Die festliche Tafel

Seltsamerweise ist gerade das Repertoire für festliche Anlässe bei den meisten Hausfrauen ungewöhnlich mager — vermutlich, weil es zu wenig gebraucht wird. Dabei will man auf der anderen Seite etwas Besonderes servieren, wenn Freunde oder Verwandte geladen sind. Hier kann das Baukasten-System dieses Kochbuchs kleine Wunder wirken: Mit etwas Kombinationsgabe werden Sie Ihren alten Festbraten selbst nicht wiedererkennen!

1. Schweinefilet (S. 214/215) mit Kräuterweinbutter (s. S. 258/259),
Broccoli (s. S. 134/135) und grünen Nudeln (s. S. 86/87 und S. 92/93).
2. Boeuf à la mode (S. 238/239)
mit tournierten und blanchiertem Sellerie, Möhren und Lauch (s. S. 36/37).
3. Entenbrust (s. S. 200)
mit Beurre rouge (s. S. 257), Kartoffelgratin (s. S. 128/129) und Wirsing (s. S. 140/141).
4. Rinderfilet (s. S. 204/205) mit Sauce Bearnaise (s. S. 260/261),
Kaiserschoten (s. S. 136/137), Möhren (s. S. 132/133) und Pfifferlingen (s. S. 145).
5. Mousse au chocolat (s. S. 270/271), Johannisbeersorbet (s. S. 270/271 und S. 276/277), Preiselbeerparfait (s. S. 282/283),
Kiwipüree (s. S. 274/275), Erdbeerscheiben, Nektarinenscheiben und Himbeeren.
6. Kaninchen mit Backpflaumen (s. S. 242/243), Spätzle (s. S. 87) und Champignons (s. S. 145).
7. Putenbrust (s. Hühnerbrust S. 196/197)
mit Reistaschen (s. S. 104/105),
mit Lauch- und Möhrenstreifen (s. S. 36/37 und S. 138/139)
und Weißweinsauce (S. 252/253).
8. Mandelforelle (s. S. 184/185)
mit Salzkartoffeln (s. S. 116/117)
und Gurkensalat mit Sauce Vinaigrette (s. S. 146/147).
9. Hirschmedaillons (s.S. 214) mit Weintrauben, Preiselbeeren, Pommes Duchesse (s. S. 124) und Rahmsauce (s. S. 266/267).

Eier: Das Wunder aus Weiß und Gelb

Das Ei ist ein wahrhaft göttlicher Einfall der Schöpfung: Vollkommen in der Form, universell im Inhalt und fertig verpackt. Künstler wie Köche waren von jeher von dem ovalen weißen Wunderding fasziniert. Aber während die Künstler über die Form ins Brüten gerieten, schlugen die Köche das Ei ungerührt in die Pfanne — die echten Profis können das sogar mit einer Hand. Das besagt aber nicht, daß sie es weniger schätzten. Im Gegenteil: Alle großen Meister der Kochkunst kreierten mindestens ein denkwürdiges Eiergericht. Und was wäre ohne Eier aus den Konditoren und Osterhasen geworden? Es gäbe sie beide nicht — vom Ei des Columbus ganz zu schweigen…

Die 5 traditionellen Methoden

Sicher: Man kann Eier auch im rohen Zustand ausschlürfen. Man kann sie sogar — wie die Chinesen das tun — anbrüten lassen und dann auf eine gewisse Edelfäule warten. Beides dürfte kaum nach dem Geschmack der meisten Eierfreunde sein. Darum hier die fünf bekanntesten Zubereitungsarten. Und als Extra noch der Trick mit dem Spiegelei: Die Pfanne darf nicht zu heiß sein — sonst wird das Eiweiß dunkel, ehe das Dotter gar ist. Die Pfanne darf aber auch nicht zu lauwarm sein — sonst wird das Eiweiß nicht fest, und das Dotter trocknet aus. Viel Butter, mittlere Hitze und ein klein wenig Geduld — und ihr Spiegelei wird perfekt!

Die Güteklasse

Hühnereier werden in Gewichts- und Güteklassen eingeteilt. Eier der Gewichtsklasse 1 wiegen 70 g und mehr. Insgesamt gibt es 7 Gewichtsklassen; in der untersten wiegen die Eier 45 g und weniger. Die Güteklasse bezeichnet die Frische der Eier.
Zur Güte-Klasse A extra zählen Eier, die maximal bis zu 7 Tage alt sein dürfen. Der Verpackungstag muß angegeben sein.
Güte-Klasse A bezeichnet Frischeier.
Weiter gibt es die Güte-Klasse B und C für ältere Konsum-Eier und Eier mit eingeknickter Schale, die bestenfalls zum Backen geeignet sind.

Die Frischeprüfung

Um zu prüfen, ob ein Ei frisch und in Ordnung ist, schlägt man es über einer Tasse oder einem Teller auf. Bei einem frischen Ei ist das Eiweiß straff und der Dotter hochgewölbt und fest. Diese Spannung läßt bei zunehmendem Alter der Eier nach. Älteres Eiweiß läßt sich z.B. nicht so gut aufschlagen wie frisches. Außerdem können Eiweiß und Eidotter ineinanderfließen oder sich schwer trennen lassen.

Für Feinschmecker

Möweneier, Kibitz-Eier und Wachtel-Eier gibt es in Delikatessenläden meistens konserviert oder eingelegt.

Eier kochen

1. Das Ei mit einem Eier-Pieker oder einer Nadel auf der stumpfen Seite einstechen.

2. Das Ei in das kochende Wasser legen und kochen lassen.

Eier pochieren

1. Salzwasser in einem Topf zum Kochen bringen. 1 EL Essig hinzufügen.

2. In einer Tasse das Ei aufschlagen.

Rühreier

1. Eier in eine Schüssel geben.

2. Mit einem Schneebesen gut verschlagen, mit Salz und Pfeffer würzen.

Omelett

Für 1 Omelett:

3-4 Eier
Prise Salz
2 EL Butter

(Siehe auch S. 74/75)

1. Eier in der Schüssel leicht verschlagen und salzen.

2. Butter in der Pfanne auf mittlerer Temperatur erhitzen. Eiermasse hineingeben.

Crepes

Für 12 Crepes

1/4 l Milch
2 Eier
7 EL Mehl
2 EL Zucker
1 Prise Salz
Bratfett

(s. Seiten 76 - 79)

1. Eier in die Milch geben, verschlagen und salzen.

2. Mehl und Zucker eßlöffelweise unterrühren. (Es dürfen keine Klumpen entstehen).

3. Das Ei in kaltem Wasser abschrecken.

4. Ei mit 4 Minuten Kochzeit: Das Ei ist wachsweich.

5. Ei mit 6 Minuten Kochzeit: Dotter ist weich, Eiweiß fest.

6. Ei mit 8 Minuten Kochzeit: Eigelb und Eiweiß sind hart.

3. Das Ei vorsichtig in das nicht mehr kochende Wasser gleiten lassen.

4. Mit Hilfe eines Löffels in Form halten.

5. 4 Minuten gar ziehen lassen.

6. Mit einer Schaumkelle herausnehmen.

3. Butter oder Margarine in einer Pfanne bei mittlerer Hitze zerlassen.

4. Die Eiermasse hineingeben.

5. Die Eier etwas stocken lassen und mit dem Löffel verrühren.

6. Rührei muß locker, weich und großflockig sein.

3. Masse sofort verrühren, damit sich frisches und gestocktes Ei vermischt.

4. Wenn sich eine feste Eierschicht gebildet hat, das Omelett vorsichtig einrollen.

5. Pfanne schräg halten. Omelett mit einem Ruck zum Rand rutschen lassen.

6. Das eingerollte Omelett auf den Teller stürzen.

3. Wenig Fett in einer Pfanne auf mittlerer Stufe erhitzen.

4. Beim Eingießen des Teiges die Pfanne drehen, Boden gleichmäßig dünn bedecken.

5. Crepes mit einem Pfannenmesser wenden.

6. Crepes von beiden Seiten goldbraun backen.

Die Verwandlung einer Vitamin- bombe

Es grenzt schon fast an Küchenhexerei, wie wandlungsfähig ein simples Hühnerei sein kann. Aber das ist ja noch längst nicht alles an guten Eigenschaften. Darüberhinaus sind Eier gesund, sehr dekorativ und gehören seit altersher zu den wichtigsten Hilfs- mitteln des Kochs. Blasse Saucen kann man mit Eigelb färben, dünne legieren, flüs- sige Butter zur köstlichen Sauce Hollandai- se aufschlagen, Olivenöl in Mayonnaise verwandeln. Eischnee macht Cremes leicht, Teigmassen locker, Soufflés erst möglich. Eiweiß klärt trübe Rindsbrühen, und es dient am Ende auch noch als idealer Kleb- stoff für Lebensmittel.

Eier im Glas

(Foto links oben)
Wachsweich gekochte, gepellte Eier in ein Glas geben. Evtl. mit feingehackten Kräu- tern bestreuen, mit Butter und Worcester- shiresauce und geschrotetem Pfeffer ser- vieren.

Eier schneiden

(Foto links unten)
Eier für Garnituren werden mit einem Eier- Schneider dekorativ und gleichmäßig in Scheiben oder Achtel geteilt.

Ostereier

(Foto Mitte oben)
Hartgekochte, buntgefärbte oder bemalte Eier.

Roher Eidotter

(Foto Mitte)
Zum Abrunden von Tatar 1 Eidotter in die Mitte einer Tatar-Portion setzen.

Gefüllte Eier

(Foto Mitte)
Gekochte Eier längs halbieren. Das Eigelb vorsichtig herauslösen, mit Sahne, Crème fraîche oder Mayonnaise oder weicher But- ter, Gewürzen und Kräutern verrühren. In einen Spritzbeutel füllen und dekorativ in die Eiweißhälften verteilen. Garnieren mit Kaviar, Sardellen, Kräutern, Tomaten oder Lachsstreifen.

Soleier

(Foto rechts oben)
Die Schalen von hartgekochten Eiern ringsherum anschlagen. Salzlake unter Zusatz von Kräutern und Gewürzen (Lorbeer, Pfefferkörner, Senfkörner, Rosmarin, Kümmel, Nelken, Rotwein) aufkochen. Abkühlen lassen und die Eier einlegen; sie können nach 1-2 Tagen gegessen werden.

Und so wirds gemacht:
Eier pellen und längs oder quer halbieren. Die Dotterhälften herausnehmen und in die Dottermulde je nach Geschmack Öl, Essig, Senf oder scharfe Gewürze füllen. Die Dotterhälften mit der Rundung nach oben darauflegen.

Sunshine Toast

(Foto rechts unten)
Den Rand einer gebutterten Toastscheibe mit geschlagenem Eiweiß garnieren. In die Mitte den rohen Eidotter geben, den Toast im Backofen bei 220°C 4-5 Minuten überbacken.

Passiertes Eigelb

(Foto kleiner Löffel)
Hartgekochtes Eigelb durch ein feines Sieb streichen. Gut geeignet zum Bestreuen von Salaten, geräuchertem Fisch, Spargel.

Eiweißwürfel

(Foto großer Löffel)
Hartgekochtes Eiweiß in kleine Würfel schneiden. Als dekorative Garnitur von Salaten und anderen Speisen.

Eierstich

(siehe Suppenkapitel S. 158/159)
Zum Verfeinern von Suppen.

Eiereinlauf

(siehe Suppenkapitel S. 158/159)

Eischnee

Eiweiß und etwas Zucker mit dem Schneebesen steif schlagen. Zum Auflockern von Puddings und Cremespeisen und zum Garnieren von Fruchtsuppen.

Schnee-Eier

Eiweiß mit Zucker festschlagen und löffelweise in Milch pochieren. Als Garnitur zu Fruchtpürees oder zu Vanillesauce reichen.

Die 24, die Sie kennen sollten

Es gehört zu den Kuriositäten der Kochkunst, daß gerade die großen Köche eine Schwäche für das Rührei hatten. Vielleicht war es auch einfach die Herausforderung, aus dem Alleralltäglichsten das Allerungewöhnlichste zu machen. So avancierten Trüffel und Kaviar zu Rührei-Zutaten. Solche Luxus-Appetithappen wurden in der Schale serviert. Das sieht dekorativ aus, ist aber für den Hausgebrauch etwas umständlich (die Schalen werden in ein Salzbett versenkt). Sie können unsere Gerichte auch ganz normal servieren wie Altmeister Escoffier, wenn er seiner Freundin, der berühmten Schauspielerin Sarah Bernhard seine noch berühmteren Rühreier auftischte. Das genial-simple Rezept: Escoffier rührte die Eimasse in der Pfanne mit einem Messer, an dessen Spitze eine geschälte Knoblauchzehe aufgespießt war. Probieren Sie's mal!

1. Olivenscheiben und Petersilie in die Ei-masse rühren.
2. Mit geräucherten Lachsstreifen anrichten.
3. Krabben mitbraten, mit Dill garnieren.
4. Champignons anbraten und zu dem Rührei geben.
5. Speckwürfel ausbraten, darin das Rührei zubereiten.
6. Gedünstete Erbsen zum Rührei reichen.
7. Mit Trüffelscheiben garnieren.
8. Rührei mit Paprikastreifen garen und mit Petersilie anrichten.
9. Artischockenböden mit dem Rührei vermischen, mit Kerbel garnieren.
10. Mit Crème fraîche servieren.
11. Sardellenfilets unterrühren, mit Gartenkresse verfeinern.
12. Gedünstete Möhren und Porreestreifen unter das Rührei geben, mit Petersilie anrichten.
13. Gartenkresse hacken, mit dem Rührei vermischen.
14. Fleischwurststreifen anbraten, das Rührei darin garen.
15. Mit kleinen Essiggurken garnieren.
16. Eimasse mit Schnittlauch verschlagen und garen.
17. Geriebenen Käse unter das Rührei mischen.
18. Mit grünem Pfeffer garen.
19. Mit Kaviar vermischen oder getrennt anrichten.
20. Blauschimmelkäse in das Rührei bröckeln und mitgaren.
21. Blanchierten gehackten Spinat mit dem Rührei vermischen.
22. Mit geräuchertem Fisch und Dill verrühren.
23. Tomatenstreifen mit Rührei vermischen und mit frischem Oregano garnieren.
24. Mais mit Rührei vermischen; Petersilie unterrühren.

Der luftige Luxusbissen

Omeletts zählen bereits zum großen Einmaleins der Küche: Fingerspitzengefühl, viel „feeling" und noch mehr Übung sind nötig, damit das, was da aus der Pfanne auf den (vorgewärmten!) Teller gleitet, den Namen Omelett verdient. Aber wenn Sie den Kniff erst mal beherrschen, steht der Feinschmeckerei nichts mehr im Wege. Denn Omeletts haben schon immer einen Hauch von Luxus gehabt — einen Eindruck, den man durch eine entsprechende Füllung natürlich noch verstärken kann!

Die Omelett-Tricks

Fortgeschrittene benutzen eine spezielle, gußeiserne Pfanne mit einem runden Rand, damit die Omeletts besser herausgleiten. Wichtig ist in jedem Fall, daß der Boden glatt und gleitfähig ist. Omelettpfannen werden deshalb auch niemals gespült, sondern nur mit Küchenkrepp gereinigt.
Für Omeletts benötigen Sie die gleichen Zutaten wie für Rührei; sie unterscheiden sich nur durch den Garvorgang: Rühreier brauchen weniger Hitze und werden während des Garens mit einem Teigschaber oder einer Gabel verrührt.
Beim Omelett soll sich eine zusammenhängende Ei-Schicht bilden, die am Pfannenboden fest stockt, auf der Oberseite aber halbflüssig bleibt. Daher benötigt man beim Omelettbacken eine höhere Temperatur als für Rührei.
Faustregel: Nach 1 Minute muß ein Omelett aus der Pfanne.

Omelett Füllung

Omeletts haben einen zarten, feinen Geschmack und eignen sich deshalb für vielfältige Garnituren.
Das Omelett wird nach dem Grundrezept (S. 68/69) zubereitet, mit der glatten Seite nach oben auf einem Teller serviert und der Länge nach in der Mitte aufgeschnitten. Die Füllung wird in die geschnittene Öffnung gelegt.

Kräuter-Omelett

Beim Kräuteromelett werden 2 EL gemischte gehackte Kräuter (Basilikum, Salbei, Petersilie) in die Eimasse gerührt. Danach wird das Omelett nach dem Grundrezept zubereitet. Anschließend mit Kräutern garnieren.

Spargel-Füllung

(für 1 Person)
150 g gekochten Spargel in Stücke schneiden, in 1 EL Butter schwenken, mit Salz und Pfeffer würzen. Die Füllung in das Omelett geben und mit gehacktem Kerbel garnieren.

Krabben-Füllung

(für 1 Person)
50 g Krabben werden in 1 EL zerlassener Butter erhitzt, in das Omelett gefüllt und mit Dill garniert.

Käse-Füllung

(Für 1 Person)
Das aufgeschnittene Omelett wird mit 2 EL geriebenem Gruyère-Käse oder Emmentaler gefüllt.

Pilz-Füllung

(Für 1 Person)
100 g Pilze nach Wahl werden in 1 EL Butter angebraten, mit Salz und Pfeffer gewürzt und in das Omelett gegeben.

Tip: Sie können sich beim Füllen ihrer Omeletts auch von den Rührei-Variationen (S. 72/73) anregen lassen. Alle Rezepte sind übertragbar.
Wenn Sie hingegen eine süße Füllung wünschen, sollten Sie sich die Rezepte für Crepes ansehen (S. 76-79). Die besten sind natürlich die, die Ihnen selbst einfallen.

Die feinen Snacks aus Frankreich

Nicht nur die Pizza aus Italien und der Hamburger aus den USA haben die Welt erobert — als heimlicher Senkrechtstarter der Fast-Food-Szene gelten seit einiger Zeit die Crepes aus Frankreich. Diese Edel-Pfannkuchen kommen in der Creperie als schneller Snack auf den Tisch — doch zuhause können Sie daraus die vielfältigsten Formen zaubern.

Alle Crepes-Tricks

Der Teig soll immer leicht fließen. Wenn er andickt, muß er mit Milch und Eiern wieder geschmeidig gemacht werden. Wenn Sie anstelle von Milch Sahne verwenden, werden Crepes zarter.

Wenn Sie etwas flüssig gemachte Butter in den Teig geben, bekommen die Crepes eine unvergleichlich schöne Farbe. Den Teig immer 30 Minuten ruhen lassen, damit das Mehl ausquillt.

Bei pikanten Füllungen den Zucker weglassen.

Der Grundteig kann auch mit 2 EL feingewiegten Kräutern zubereitet werden. Crepes können eine gute Suppeneinlage sein, wenn man sie in Streifen schneidet.

Für Fortgeschrittene gibt's im Fachgeschäft Spezial-Crepes-Pfannen.

Die fünf Grundformen

1. Zu <u>Tüten</u> geformt (großes Foto) lassen sich Crepes dekorativ füllen und servieren.
2. Als <u>Dreieck</u> geformt eignen sich Crepes besonders gut zum Flambieren.
3. <u>Gerollte Crepes</u> lassen sich leicht füllen oder aber ohne Füllung gut in Streifen schneiden, wenn sie als Beilage verwendet werden.
4. <u>Crepes-Turm</u> aus mehreren Lagen Crepes mit Füllung dazwischen. Der Crepes-Turm kann wie eine Torte aufgeschnitten serviert werden. In diesem Fall die Füllung dünn halten (Marmelade).
5. Crepes als <u>Brieftaschen</u>: Nach dem Füllen zuerst zwei gegenüberliegende Seiten bis zur Mitte zusammenschlagen, dann die anderen Seiten darüberklappen.

Die 12 Arten des süßen Garnierens

1. Puderzucker
2. Kristallzucker
3. Hagelzucker
4. Kokosraspeln
5. Mandeln, gehackt oder gehobelt
6. Pinien- oder Erdnußkerne, gehackt
7. Schokoladenraspel
8. Schokoladenstreusel
9. Ahornsirup
10. Honig
11. Erdnußbutter
12. Mit Likör beträufelt.

Das Dutzend für Fort- geschrittene

Crepes sind für kreative Köche die ideale Spielwiese: Was auch immer Sie sich an abenteuerlichen Füllungen einfallen lassen — es paßt! Das reicht von den sagenhaften und geradezu sprichwörtlichen „Crepes Su- zette" (abgeriebene Orangenschale, Cura- çao, Zucker, flüssige Butter) bis hin zu Insi- der-Rezepten, die sich Crepes-Fans unter- derhand als „das Größte" weitererzählen (Preiselbeer-Konfitüre mit geschrotetem schwarzen Pfeffer). Wir geben Ihnen ein Dut- zend origineller Füllungen als Anregung — wann kreieren Sie Ihre ersten Original- Rezepte?

Pikante Crepes

(Foto links)

1. Crepes mit Hühnerfrikassee (Rezept S. 200) füllen, mit Zitronenspalten und Kerbel garnieren.

2. Crepes mit gebratenen Geflügelleberwürfeln und gehackten Kräutern füllen. Mit Basilikum garnieren.

3. Crepes mit gebratenen Schinkenstreifen und Zwiebelscheiben füllen. Mit Petersilie garnieren.

4. Crepes mit zerflücktem Thunfisch füllen. Mit Zwiebelringen und Dill garnieren.

5. Crepes mit Frühlingsgemüse füllen und mit Brunnenkresse garnieren.

6. Crepes mit gebratenem Hackfleisch, Paprikawürfeln und Zwiebeln füllen. Mit Paprika und Petersilie garnieren.

Süße Crepes

(Foto rechts)

1. Crepes mit in Butter gebratenen Apfelschnitzen und Sultaninen füllen. Mit Calvados beträufeln und mit gehobelten Mandeln bestreuen.

2. Crepes mit Orangenmarmelade bestreichen und mit Orangenlikör beträufeln. Mit abgeriebener, blanchierter Orangenschale und Puderzucker bestreuen.

3. Crepes mit Nuß-Nougatcreme bestreichen und mit Schokoladenraspeln bestreuen.

4. Crepes mit Himbeerkompott (Kompott S. 272-273) und Vanilleeis füllen. Mit Krokant bestreuen.

5. Crepes mit in Butter gebratenen Bananenscheiben füllen. Kokosraspeln darüberstreuen.

6. Crepes mit Zitronensaft beträufeln, mit gehackten Pistazien bestreuen und mit Zitronenscheiben garnieren.

Die rustikalen Cousins der Crepes

Die Sprache beschreibt den Gegensatz am eindrucksvollsten: Crepes — das klingt schon wie ein Hauch von Frankreich. Pfannkuchen — das hört sich handfest, kernig und knusprig an. Und so sind sie auch: Unkompliziert in der Zubereitung, umstandslos zu essen. Da spielt es keine Rolle, ob der eine Pfannkuchen dicker, krummer oder krosser gerät als der andere. So was gehört fast schon zum Image. Wer mag, kann auch die Mehl- und Eiermenge nach eigenem Gusto verändern. Und wenn Sie eines Tages Ihren privaten Pfannkuchen-Spezialteig entdeckt haben, gehören Sie zu den Experten!

Tip: Der Pfannkuchenteig kann mit Buttermilch oder Haferflocken zubereitet werden. Bei der Buttermilch den Milchanteil reduzieren. Bei Haferflocken den Mehlanteil reduzieren.
Der Teig wird durch geschlagenes Eiweiß sehr locker. Dazu die Eier trennen, Eigelb und Eiweiß getrennt verarbeiten.
Zum Braten eignen sich besonders gut gußeiserne Pfannen oder Kupferpfannen.

Das Grundrezept Kirsch-Pfannkuchen

6 Eier

Salz

2-3 EL Zucker

1/2 l Milch

250 g Mehl

500 g entsteinte Süß- oder Sauerkirschen

3 EL Butter zum Braten

1. Eier mit Salz, Zucker und der Milch verschlagen.
2. Das Mehl löffelweise unterrühren. Es dürfen keine Klumpen entstehen. Eventuell den Teig durch ein Sieb streichen.
3. Butter bei mittlerer Hitze in einer Pfanne erhitzen. 1/4 der Masse hineingießen. 1/4 der Kirschen auf dem Teig in der Pfanne verteilen.
4. Vorsicht! Der Teig brennt sehr leicht an. Eventuell die Hitze vermindern. Den Pfannkuchen von der Unterseite goldbraun backen.
5. Mit Hilfe eines Tellers oder Topfdeckels, der die Größe der Pfanne hat, den Pfannkuchen wenden. Dazu den Teller mit der Innenseite auf den Pfannkuchen legen, festhalten und Teller mit Pfanne drehen. Der Pfannkuchen liegt mit der gebackenen Seite nach oben auf dem Teller.
6. Pfanne erneut einfetten. Den Pfannkuchen vom Teller in die Pfanne gleiten lassen. Weiterbacken, Hitze prüfen, damit die Früchte nicht verbrennen. Vor dem Servieren mit Zucker bestreuen.

Heidelbeer-Pfannkuchen

500 g Heidelbeeren waschen, Blätter und Stiele herausziehen, gut abtropfen lassen und nach dem Grundrezept backen.

Speck-Pfannkuchen

150 g durchwachsenen, geräucherten Speck und Ringe von 2-3 Zwiebeln in Butter 3 Minuten anbraten. Wie beim Kirschpfannkuchen auf den Teig in die Pfanne geben.

Pflaumen-Pfannkuchen

750 g Pflaumen entsteinen und halbieren. Nach dem Grundrezept backen.

Apfel-Pfannkuchen

750 g Äpfel schälen, entkernen und in Spalten schneiden. Nach dem Grundrezept backen. Vor dem Servieren mit Zimt und Zucker bestreuen.

Crespelle mit feinem Frikassee

Aus Italien kommt diese Spezialität. Crespelle sind pikant gefüllte Crepes, die mit Käse-Sauce überbacken werden.

1. *Für die Füllung:*
1 EL Butter
1 Zwiebel (in Würfel geschnitten)
1 Knoblauchzehe (gehackt)
je 250 g feingeschnitten:
Kalbszunge
Kalbfleisch
Hühnerbrust
2 EL Mehl
1/2 l Weißwein
1/4 l Sahne
1/2 Zitrone (ausgepreßt)
100 g Champignons (grob gehackt)
Salz
Pfeffer
2. *Für die Crepes:*
1/4 l Milch
2 Eier
7 EL Mehl
2 EL Zucker
1 Prise Salz
Fett zum Braten
(Zubereitung S. 68/69)
3. *Für die Käsesauce:*
35 g Butter
30 g Mehl
1/2 l Milch
2 Eigelb
2 EL geriebener Parmesan
Zubereitung S. 262/263
4. *Zum Backen:*
1 EL Butter
3 EL Parmesan

1. Für die Füllung (Ragout): Butter in einem Topf bei mittlerer Hitze zerlassen. Zwiebel und Knoblauch darin glasig dünsten. Fleisch zugeben, mit Mehl bestäuben und mit Weißwein auffüllen.
Mit Salz und Pfeffer würzen und 1 Stunde bei mittlerer Temperatur schwach kochen lassen.
Mit Sahne auffüllen und mit Zitronensaft abschmecken. Gehackte Champignons untermischen und erhitzen, mit Salz und Pfeffer abschmecken.
2. Crepes backen und mit dem Ragout füllen. In eine gebutterte feuerfeste Form legen.
3. Mit der Käsesauce überziehen.
4. Mit Parmesan bestreuen und im Backofen bei 200°C 15-20 Minuten überbacken.

Palatschinken mit Powidl

»Österreichische Bezeichnung für gefüllte Crepes«
12 Crepes (S. 68/69) backen.

Für die Füllung:
500 g Pflaumenmus
2-3 EL Zwetschgenwasser
100 g flüssige Butter
50 g Puderzucker

1. Pflaumenmus mit Zwetschgenwasser verrühren, auf die Crepes verteilen.
2. Die Crepes aufrollen, nebeneinander in eine gebutterte, feuerfeste Form legen.
3. Mit der flüssigen Butter bestreichen.
4. Die Form in den auf 225°C vorgeheizten Backofen stellen.
5. Die Palatschinken ca. 10 Minuten darin backen lassen.
6. Mit Puderzucker bestäuben.

Salzburger Nockerln

Diese Salzburger Süßspeise ist eine lockere, luftige Eimasse.

6 Eigelb
50 g feiner Kristallzucker
1 Vanillestange
6 Eiweiß
40 g Mehl
1 EL Butter
2 EL Puderzucker

1. Das Eigelb mit 30 g Zucker in ca. 5 Minuten cremig schlagen.
2. Die Vanillestange längs aufschneiden, das Mark herauskratzen und unter die Eigelbmasse rühren.
3. Das Eiweiß mit dem restlichen Zucker sehr steif schlagen. Den Zucker in das schon feste Eiweiß einrieseln lassen.
4. 1/3 des Eischnees mit dem Mehl und der Eigelbmasse verrühren.
5. Den restlichen Eierschnee vorsichtig unterheben.
6. Eine große, feuerfeste Form mit der Butter ausstreichen.
7. Die Masse pyramidenartig mit einem Teigschaber nebeneinander in die Form geben.
8. Die Form in den auf 200°C vorgeheizten Backofen setzen und 15 Minuten goldbraun backen lassen.
9. Mit Puderzucker bestäuben.

Kaiserschmarrn

ist ein zweimal gebackener, in mundgerechte Stücke zerrissener Pfannkuchen.

80 g Mehl
1/4 l Milch
2 Eigelb
1 EL Zucker
3 EL Rosinen
2 Eiweiß
4 EL Butter

1. Mehl, Milch, Eigelb, Zucker und Rosinen zu einem glatten Teig verrühren.
2. Das Eiweiß steif schlagen.
3. 1 EL Butter in einer Pfanne auf mittlerer Stufe erhitzen. Teig hineingießen.
4. Von beiden Seiten goldbraun backen.
5. In der Pfanne mit zwei Gabeln in mundgerechte Stücke reißen.
6. 1 EL Butter hinzufügen und den Kaiserschmarrn nochmals ca. 3 Minuten backen lassen.
7. Mit Puderzucker bestäuben.

Blinis

Aus Rußland kommen die kleinen Pfannkuchen aus Buchweizenmehl.

150 g Buchweizenmehl
100 g Weizenmehl
1/2 Päckchen Trocken-Hefe
2 Eigelb
1/4 l Schlagsahne
1/8 l Milch
2 Eiweiß
4 EL Butter zum Braten

1. Buchweizenmehl und Weizenmehl vermischen.
2. Die Trocken-Hefe gleichmäßig einstreuen.
3. Eigelb, Sahne und Milch hinzufügen. Die Zutaten miteinander verrühren.
4. Den Teig ca. 2 Stunden an einem warmen Ort gehen lassen.
5. Das Eiweiß steif schlagen. Unter den Teig rühren.
6. Sollte der Teig zu fest sein, noch etwas Milch hinzufügen.
7. Butter in einer Pfanne auf mittlerer Temperatur erhitzen und kleine Pfannkuchen backen.
Im Original-Rezept werden die Blinis mit Kaviar und saurer Sahne serviert.

Orangen-Soufflé

Orangensoufflé ist eine berühmte Nachspeise aus der großen französischen Küche.

175 ml Milch
40 g Butter
40 g Mehl
3 Eigelb
3 EL Orangenlikör
abgeriebene Schale einer ungespritzten Orange
3 Eiweiß
50 g Zucker
1 EL Puderzucker zum Bestäuben

1. Milch zum Kochen bringen.
2. Weiche Butter und Mehl vermengen, in die heiße Milch einrühren und einmal aufkochen lassen.
3. Die Eigelbe nacheinander einrühren.
4. Orangenlikör und Schale dazugeben.
5. Eiweiß steif schlagen und Zucker einrieseln lassen.
6. 1/3 vom Eischnee mit der vorbereiteten Masse vermischen.
7. Restlichen Eischnee vorsichtig unterheben.
8. Eine Souffléform leicht ausbuttern und mit Mehl bestäuben.
9. Die Masse einfüllen und in die Mitte des Backofens auf den Rost stellen.
10. Im vorgeheizten Backofen bei 180° C 30 Minuten backen.
11. Ganz wichtig: während des Backens den Backofen nicht öffnen, das Soufflé fällt sonst zusammen.
12. Mit Puderzucker bestäuben und sofort servieren.

Nudeln:
Mehl
mal Phantasie

Sogar die Franzosen, die eigentlich überzeugt sind, daß sie alles erfunden haben, was essenswert ist — bei den Nudeln erkennen sie die Italiener neidlos als Weltmeister aller Klassen an. In der Tat: es ist schon faszinierend, was unsere südlichen Nachbarn aus Mehl und Eiern, Salz und Öl für einen Teigwaren-Kosmos errichtet haben. Nur intime Kenner sind überhaupt in der Lage, annähernd die Sorten und Arten zu benennen und auseinanderzuhalten. Was Urlauber immer wieder beglückt und Zugnummer italienischer Restaurants in aller Welt ist — mit etwas Fingerfertigkeit, Phantasie und Lust läßt sich das auch in der heimischen Küche nachmachen. Schwäbische Hausfrauen sind ohnehin außen vor: sie haben ja die einzigen original-deutschen Nudeln erfunden — die Spätzle.

Der haus-gemachte Teig

Trotz fabelhafter Importware im Supermarkt und guten deutschen Teigwaren — nichts geht über selbstgemachte Nudeln! Wer sie einmal gekostet hat, wird sich mit dem Nudelholz gegen alles andere wehren. Die Sache ist leichter als sie denken. Eine Nudelmaschine brauchen sie dazu nicht, aber sie macht die Sache einfacher.

Nudel-Tips

Nudeln eignen sich als Vorspeise oder kleines Zwischengericht, als Beilage, Suppeneinlage, aber auch — angereichert mit weiteren Zutaten — als komplettes Hauptgericht.

Das i-Tüpfelchen für die meisten Nudelgerichte ist geriebener Käse, möglichst frischer Parmesan. Die Nudeln werden kurz vor dem Servieren oder am Tisch damit bestreut.

Nudeln werden mit der Gabel gegessen, Spaghetti mit Löffel und Gabel.

Und so wird's gemacht:

Wenige Spaghetti auf die Gabel spießen, die Gabelspitzen auf den Löffel setzen und die Gabel in dem Löffel drehen. Die Spaghetti wickeln sich als mundgerechtes Päckchen um die Gabelzinken. Italiener beherrschen dieses Kunststück auch ohne Löffel.

Grundrezept Nudelteig

400 g Mehl
4 Eier
1/2 TL Salz
1-2 EL Öl

Zubereitung s. nebenstehende Phasenfotos.

Tip: Goldgelb und besonders locker werden Nudeln, wenn der Teig statt mit Eiern nur mit Eigelb zubereitet wird. Für 400 g Mehl können dann ca. 8 Eigelb verwendet werden. Evtl. etwas Wasser unterkneten.

1. Geräte und Zutaten zurechtstellen.

2. Eier in eine Schüssel geben.

3. 1/2 TL Salz und Öl hinzufügen

4. Eier, Öl und Salz gut verrühren.

5. 5 EL Mehl hinzufügen.

6. Rühren, bis ein dünner Teig entsteht.

7. Den Teig zu dem restlichen Mehl geben.

8. Teig und Mehl gut vermengen.

9. Teig verkneten, bis er glatt und glänzend ist.

10. Teig in ein feuchtes Handtuch wickeln.

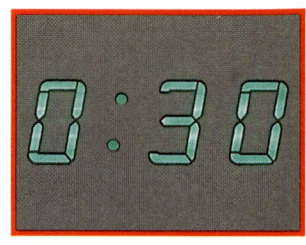

11. Ca. 30 Minuten ruhen lassen.

12. Teig flachdrücken und durch die Nudelmaschine drehen.

13. Anfang und Ende des Teiges zusammenfügen.

14. Maschine auf dünnste Stufe stellen, Teig noch einmal durchdrehen.

15. Zu Nudeln schneiden.

Nudeln perfekt kochen

Nudeln brauchen viel Flüssigkeit (für 100 g Nudeln 1-2 l Salzwasser nehmen). Das Wasser muß sprudelnd kochen, ehe die Nudeln hineingegeben werden. Die Zugabe von 1 EL Öl verhindert Überkochen, gelegentliches Umrühren ein Zusammenkleben.

Ganz entscheidend ist die Kochzeit. Die Italiener kochen Nudeln „al dente", das heißt: sie sollen noch Biß haben.

Am besten: Rechtzeitig eine Nudel herausnehmen und probieren. So kann man mit der Zeit die persönliche Nudel-Garzeit herausfinden. Nudeln, die zu lange kochen, werden pappig und weich. Sie verlieren an Aussehen und Geschmack.

Faustregel:

Dünne Nudeln (Suppennudeln, Bandnudeln) 4-8 Minuten kochen, dickere Nudeln (Makkaroni, Spaghetti, Hörnchen) 8-15 Minuten. Die garen Nudeln können — wie auf den Phasenfotos — eiskalt abgeschreckt und dann in reichlich Butter wieder erhitzt werden. Oder auf die italienische Weise: direkt aus dem Topf auf den Tisch bringen.

1. 3-4 l Wasser in einem großen Topf erhitzen, 1 TL Salz unterrühren.

2. Dem Wasser 1 EL Öl zufügen.

3. Die Nudeln in das kochende Wasser geben.

4. Gut umrühren, damit die Nudeln nicht zusammenkleben.

5. Auf mittlere Hitze herunterschalten.

6. 3 Minuten kochen lassen, erste Garprobe machen.

7. Nudeln auf ein Sieb geben und gut abtropfen lassen.

8. Mit kaltem Wasser übergießen.

9. Butter in einem Topf zerlassen.

10. Nudeln in der Butter schwenken, kurz erhitzen.

Nudeln ohne Maschine

Teig wie in den Phasenfotos angegeben bis Position 11 zubereiten. Dann auf einer bemehlten Arbeitsplatte dünn und gleichmäßig mit dem Nudelholz ausrollen, wobei man auch den Teig hin und wieder fein bemehlt. Zum Trocknen werden die Teigfladen auf Küchentüchern ausgebreitet. Sobald der Teig nicht mehr klebt, können die Platten mit einem Küchenmesser in Streifen von gewünschter Breite, geschnitten werden. Auch jede andere Form ist möglich (siehe Seite 94-95).

Spätzle

300 g Mehl

3 Eier

1/8 l Brühe oder Wasser

80 g Butter

Salz

frisch geriebene Muskatnuß

1. Alle Zutaten vermengen und so lange schlagen, bis sich im Teig Luftblasen bilden.

2. 4 EL von dem Teig auf ein schmales Holzbrett geben, mit einem befeuchteten breiten Küchenmesser glattstreichen. Das Brett mit dem Teig ganz kurz in das kochende Salzwasser tauchen und mit dem Messer den Teig ins Wasser schaben.

3. Ca. 2 Minuten kochen lassen, auf ein Sieb geben und mit kaltem Wasser übergießen.

4. Butter zerlassen, die gut abgetropften Spätzle darin schwenken.

87

Die ständigen Begleiter

Saucenlose Nudeln können zwar kulinarische Leckerbissen sein, wenn sie beispielsweise mit geriebenen weißen Trüffeln serviert werden. Aber fürs alltägliche Nudelglück — und auch fürs festliche — ist eine gute Sauce unabdingbar. Die zahllosen Saucen, die die italienische Nudelküche mit berühmt gemacht haben, sind sämtlich Varianten von drei Grundrezepten: der Sahnebasis, der Tomatenbasis und der grünen (kalten) Saucen. Drei Ausgangspunkte für Ihre eigene Phantasie!

Carbonara

(Foto oben rechts)

500 g Bandnudeln
4 Eigelb
4 EL Schlagsahne
50 g Parmesankäse
100 g durchwachsener Schinkenspeck oder Speck
1 EL Öl

Nudeln nach Grundrezept (s.S. 86-87) herstellen und kochen.

1. Eigelb mit Schlagsahne vermischen und nach und nach die Hälfte des Parmesankäses unterrühren. Mit Salz und Pfeffer abschmecken.
2. Schinken oder Speck in Streifen schneiden. In heißem Öl 3-4 Minuten anbraten, die Nudeln hinzufügen und kurz erhitzen.
3. Herdplatte ausschalten. Die Ei - Sahne - Käse - Mischung zu den Nudeln geben, gut vermischen und mit dem restlichen Parmesankäse bestreuen.

Grundrezept Sahne-Sauce

»alla Panna«

1 Zwiebel
1-2 Knoblauchzehen
2 EL Olivenöl
1/2 l Schlagsahne
40 g Parmesankäse
Salz, Pfeffer
frisch geriebene Muskatnuß

1. Zwiebel fein hacken, mit der durchgepreßten Knoblauchzehe in Olivenöl glasig dünsten.
2. Mit Schlagsahne auffüllen und bei mittlerer Hitze auf die Hälfte einkochen lassen.
3. Von der Herdplatte nehmen und den Parmesankäse unter Rühren hineingeben.
4. Mit Salz, Pfeffer und Muskatnuß abschmecken.

Champignon-Sahne-Sauce

(Foto Mitte unten)
Zubereitung wie Grundrezept Sahne-Sauce.
Zusätzlich: 100 g Champignons in Scheiben geschnitten in die Sahne-Sauce geben und kurz erhitzen.

Kräuter-Sahne-Sauce

(Foto Mitte)
Zubereitung wie Grundrezept Sahne-Sauce.
Zusätzlich: 1/2 Tasse feingehackte Kräuter (Basilikum, Thymian, Oregano, Petersilie) in die Sahne-Sauce geben und kurz erhitzen.

Pesto

(Foto links)
Zutaten und Zubereitung finden Sie auf der Seite 155.

Grundrezept Tomatensauce

2 EL Öl oder 2 EL Butter
1 Zwiebel
1 Knoblauchzehe
800 g frische Tomaten (oder geschälte Tomaten aus der Dose)
1/2 TL Salz
1 Prise Zucker
1 EL Basilikum (feingehackt)

1. Öl oder Butter erhitzen.
2. Die abgezogene Zwiebel und Knoblauchzehe feingehackt hinzufügen und ca. 2 Minuten bei mittlerer Hitze anbraten.
3. Tomaten (frische Tomaten kurz in heißes Wasser legen und enthäuten) grob zerschneiden und hinzufügen.
4. Bei starker Hitze ca. 15-20 Minuten einkochen lassen, bis die Sauce etwas dicklich wird.
5. Mit Basilikum, Salz und Zucker würzen.

Tomatensauce scharf

(Foto unten rechts)
Zubereitung wie Grundrezept Tomatensauce
Zusätzliche Zutaten:

100 g durchwachsener Speck
1-3 Chilischoten
50 g geriebener Parmesankäse

Den durchwachsenen Räucherspeck fein würfeln, mit der Zwiebel und der Knoblauchzehe anbraten und die Chilischoten mit den Tomaten hinzufügen. Den Käse vor dem Servieren unter die Tomatensauce rühren.

Sauce Bologneser Art

(Foto links oben)
(siehe Kapitel Hackfleisch S. 232/233)

Die 30 pikantesten Kombinationen

Kartoffeln lassen sich gut verfeinern, Reis besser — am besten aber Nudeln, weil ihre Formvielfalt sich praktisch jeder Beigabe anzupassen vermag. Die Skala der Kombinationen reicht vom Krustentier bis zum Käserest. Nudeln machen es auch den Anfängern am Herd leicht, eigene Ideen zu entwickeln, neue Zusammenstellungen auszuprobieren.

(Fotos von links nach rechts)

Muscheln in Weißwein garen und aus den Schalen nehmen.
Frische Krabben untermischen.
Tintenfischstücke 3 Minuten in Weißwein garen.
Parmesankäse reiben, darüberstreuen.
Ricottakäse fein zerbröckeln und untermischen.
Gorgonzola fein zerbröckeln und unter die heißen Muscheln mischen.

Salami in Streifen untermischen.
Rohen Schinken würfeln oder in Scheiben schneiden, zu den Nudeln geben.
Bauchspeck würfeln, anbraten und den Nudeln zugeben.
Oliven fein hacken und zu den Nudeln geben.
Chilischoten fein hacken und unter die Nudeln geben.
Feingehackte Kapern zu den Nudeln geben.

Eigelb unter die heißen Nudeln rühren.
Butter zerlassen, mit den Nudeln vermischen.
Sahne unterrühren.
Trüffel schälen, in kleine Stücke schneiden, die Nudeln damit bestreuen.
Champignons, gehackt oder geschnitten zugeben.
Morcheln in den heißen Nudeln erhitzen.

Tomatenmark mit Wein verrühren und untermischen.
Peperoni, grob gehackt unterrühren.
Tomaten enthäuten, vierteln und entkernen,
Broccoli kurz kochen, mit etwas Butter zu den Nudeln geben.
Artischockenherzen vierteln, in den Nudeln erhitzen.
Spinat kurz kochen, grob hacken und untermischen.

Basilikum fein hacken und unter die Nudeln rühren.
Rosmarin fein hacken und unter die Nudeln rühren.
Oregano fein hacken und unter die Nudeln rühren.
Zwiebeln feingewürfelt in Olivenöl erhitzen und untermischen.
Olivenöl erhitzen und die Nudeln zugeben.
Knoblauchzehe durchpressen, in Olivenöl erhitzen und untermischen.

Die Kunst des Nudel-Make-ups

Die Italiener wären nicht das künstlerisch begabte Volk, das sie sind, wenn sie den Nudelteig nur zu neuen Formen modelliert hätten — früh schon entdeckten sie ganz natürliche Methoden, ihre Nationalspeise zu färben. Der Arbeitsaufwand dafür ist kaum der Rede wert — die damit erzielten Effekte aber schon! Gefärbte Nudeln können einfache Gerichte optisch aufwerten — vor allem wenn man verschiedenfarbige Nudeln mischt. Man kann seinen Gästen mit Kontrasten aufwarten: Rote Nudeln zu Broccoli. Oder man kann für Ästheten Ton-in-Ton kochen: gelbe Nudeln zu Eierspeisen. Dies nur als Denkanstoß!

Nudeln nach Grundrezept (s. S. 86) herstellen und kochen.

Kräuternudeln
Ca. 2 EL sehr fein gehackte Kräuter zu den Eiern geben. Mit dem Mehl zu einem glatten Teig verarbeiten.

Tomatennudeln
2-3 TL Tomatenmark mit den Eiern verrühren und zu dem Mehl geben.

Safrannudeln
1 gestr. TL Safranpulver in 1 EL heißem Wasser auflösen und in den Teig arbeiten.

Rote-Bete-Nudeln
Damit die Farbe intensiver wird, 3 EL Rübensaft (Rote-Bete-Saft) auf die Hälfte einkochen, mit den Eiern verrühren und zu dem Mehl geben.

Variationen:
Der Phantasie sind hier keine Grenzen gesetzt. Das Nudel-Grundrezept läßt sich beispielsweise durch folgende Zugaben farblich verändern: Möhrensaft, Paprikapulver, pürierter Spinat.

Das eigene Schnittmuster

Wenn Sie schon Ihren eigenen Nudelteig zubereiten und ihn womöglich noch färben, werden Sie bald auch den Ehrgeiz haben, die klassischen Formen selbst „zuzuschneiden". Ihre Teigwaren bekommen dadurch eine unverwechselbare eigene Note — Gäste schätzen sowas heutzutage wieder! Sie sollten bei Ihrer nächsten Einladung die Probe aufs Exempel machen. Damit's auf keinen Fall schiefgeht — hier noch eine ganz wichtige Faustregel für die Zubereitung: Achten Sie bitte darauf, daß der Teig nicht austrocknet. Sonst wird er brüchig und läßt sich nicht mehr verarbeiten. Am besten mit einem feuchten Tuch abdecken, ehe sie Hand an ihn legen.

Folgende Formen können ganz einfach ohne Nudelmaschine nach dem Grundrezept (s. S. 86) hergestellt werden.

Lasagnes

(Foto links unten)
Teigplatten von ca. 10 x 15 cm ausschneiden. In eine gebutterte, feuerfeste Auflaufform mit einer Hackfleisch-Tomaten-Sauce (Bologneser Sauce s. S. 232-233) und Béchamelsauce (s.S. 262-263) schichten und mit Käse überbacken.

Cannelloni

(Foto links)
Teigplatten von ca. 10 x 15 cm ausschneiden und mit der Füllung (s. S. 96) zu Rollen verarbeiten.

Tortellini

(Foto links oben)
Den Teig auf einem bemehlten Brett dünn ausrollen. In ca. 6 cm große Quadrate schneiden und mit etwas Füllung (Rezepte nebenstehend) belegen. Die Quadrate zu Dreiecken falten, die Spitzen dürfen dabei nicht genau aufeinander liegen. Die Ränder sorgfältig zusammendrücken, die beiden äußeren Ecken zur Mitte biegen und aufeinanderdrücken.

Ravioli
(Foto Mitte)

Mit einem Teigrädchen oder einem gezackten Ausstecher ca. 5 cm große Teigplättchen ausstechen. Mit der Füllung (Rezepte nebenstehend) belegen, den Rand mit Wasser anfeuchten und zusammenklappen.

Ricotta-Spinat-Füllung
für Tortellini und Ravioli
(Foto oben)

400 g Spinat
250 g Ricotta (Käse)
2 Eier
125 g Parmesankäse
Salz, Pfeffer

1. Spinatblätter kurz kochen, auspressen und grob hakken.
2. Ricotta in eine Schüssel bröckeln und mit Spinat, Eiern, Parmesankäse vermischen.
3. Mit Salz und Pfeffer abschmecken.

Zum Füllen aller Nudeltaschen geeignet.
Weitere Füllungen auf den nächsten Seiten.

Fleischfüllung
für Ravioli und Tortellini
(Foto oben)

1 EL Butter
125 g Putenbrust
(fein gewürfelt)
75 g Fleischwurst
(fein gewürfelt)
75 g roher Schinken
(in Streifen)
1 Ei
100 g geriebener
Parmesankäse
Muskat
Salz, Pfeffer

Butter bei mittlerer Hitze in einer Pfanne zerlassen. Putenbrust darin 5 Minuten anbraten. Vom Herd nehmen und in eine Schüssel geben. Mit allen übrigen Zutaten gut vermischen.

Bandnudeln
(Foto rechts unten)

Man kann Bandnudeln mit der Nudelmaschine (s. S. 86) aber auch mit der Hand herstellen.
Den ausgerollten Teig gut bemehlen und aufrollen. Von der Rolle mit einem Messer Scheiben in gewünschter Breite abschneiden und auseinanderrollen. Wenn man gewellte Nudeln wünscht, können von der Teigplatte mit dem Buntmesser oder Teigrädchen schmale Streifen geschnitten werden (Foto Mitte unten).

Die versteckten Beilagen

Aller Nudel-Ruhm den Italienern — aber was die Füllungen angeht, haben sich auch Köche und Köchinnen in anderen Ländern ein paar gute Sachen einfallen lassen: Teigfüllungen, die Sie kennen sollten — ehe Sie selbst was ausknobeln.

Maultaschen

(Foto links oben)

Füllung:

80 g geräucherter, gewürfelter Bauchspeck

1 EL Butter

200 g Hackfleisch
(1/2 Rind, 1/2 Schwein)

1 Zwiebel, gewürfelt

1 TL Thymian

200 g Spinat, blanchiert und grob geschnitten

1 EL Semmelbrösel

Salz, Pfeffer

1/2 l Brühe

3 EL Butter

Nudelteig nach Grundrezept (s. S. 86) herstellen.

1. Bauchspeck in der Pfanne bei mittlerer Temperatur auslassen.

2. Butter zufügen, Hackfleisch und Zwiebeln darin anbraten.

3. Mit Thymian, Spinat und Semmelbrösel vermischen und von der Herdplatte nehmen.

4. Mit Salz und Pfeffer abschmecken und abkühlen lassen.

5. Nudelteig ca. 1 mm dünn ausrollen und Rechtecke von 6 x 13 cm ausschneiden.

6. Füllung auf die Rechtecke geben, den Rand mit Wasser bestreichen, zusammenklappen. So fest andrücken, daß beim Garen die Füllung nicht auslaufen kann.

7. In einem großen Topf die Brühe zum Kochen bringen und die Maultaschen hineingeben. Hitze verringern und 15 Minuten garen (nicht kochen, die Taschen können aufplatzen).

8. Die Maultaschen herausnehmen, gut abtropfen und mit heißer Butter begießen.

Maultaschen können mit geriebenem Käse bestreut werden oder mit in Butter gedünsteten Zwiebeln serviert werden.

Cannelloni

(Foto links unten)

Füllung

1 EL Olivenöl

300 g Rinderhackfleisch

30 g feingewürfelter, durchwachsener Bauchspeck

1-2 Zwiebeln

1-2 Knoblauchzehen

1 EL Mehl

4 TL Tomatenmark

1/2 Tasse Rotwein

1 TL frischer oder getrockneter Thymian

Salz, Pfeffer

1/4 l Béchamelsauce
(s. S. 262/263)

Parmesan oder Gruyère

Butter

1. Olivenöl in der Pfanne erhitzen, Hackfleisch und Speck bei mittlerer Hitze anbraten. Abgezogene Zwiebeln und Knoblauchzehen feingehackt zugeben und 2 Minuten mitbraten. Das Mehl zugeben und unter Rühren 1/2 Minute anschwitzen.

2. Tomatenmark untermischen, Rotwein zugießen, mit Thymian, Salz und Pfeffer abschmecken. Köcheln lassen, bis die Flüssigkeit eingekocht ist. Von der Herdplatte nehmen und warm halten.

3. Nudelteig ausrollen und Rechtecke von 10 x 15 cm schneiden. In einem großen Topf Salzwasser zum Kochen bringen, jeweils 3-4 Teigplatten in das Wasser geben. Nach einigen Sekunden aus dem Wasser auf angefeuchteten Handtüchern nebeneinander legen.

4. Eine feuerfeste Form mit Butter ausstreichen. Je 2 EL der Füllung auf eine Teigplatte geben; aufrollen. Die Cannelloni nebeneinander in die Form legen, mit Béchamelsauce übergießen und mit Parmesankäse bestreuen. Mit Butterflöckchen besetzen.

5. Die Form in den Backofen schieben und 15-20 Minuten backen.

Wan-tan

(Foto rechts)

Füllung:

350 g feingehacktes Schweinefleisch (Schulter)

50 g feingehackte Champignons

2 TL Sojasoße

2 TL trockener Sherry

1 TL Sesamöl

1 Ei

1 Prise Salz

1 Prise Pfeffer

Zucker

Nudelteig nach Grundrezept (s. S. 86) herstellen.

1. Für die Füllung alle Zutaten vermischen.

2. Nudelteig hauchdünn ausrollen und in 5 x 5 cm große Quadrate schneiden.

3. Jeweils 1/2 TL der Füllung in die Mitte setzen, die Teigränder mit etwas Wasser bestreichen und die Teigzipfel nach oben zusammendrükken (s. Foto).

4. Die Taschen in einem Siebeinsatz in einem geschlossenen Topf ca. 30 Minuten dämpfen.

Anstelle des Siebes kann man einen originalen chinesischen Dampfeinsatz aus Span verwenden (s. Foto).

Die verblüffende Vielfalt

Wer nur Spaghetti und Makkaroni, Band- und Suppennudeln, Zöpfli und Hörnchen kennt — der steht ganz am Anfang der Nudelkunde. Jede einfache italienische Hausfrau weiß auf Anhieb mindestens zwei Dutzend Sorten — dabei hat sie vielleicht noch niemals eine chinesische Glasnudel gesehen. Hier ein Digest der gängigsten Fertignudeln — in Wort und Bild. Ein Tip: Ausgefallene Sorten sollten Sie sich auf der nächsten Italienreise besorgen!

Fertignudeln

(Fotos von links nach rechts)

1. Muscheln
2. Ditalini (kleine Makkaroni in Stücken)
3. Gramigna
4. Penne („Schreibfedern", spitze, kurze Hohlnudeln)
5. Pitaloni (Makkaronistücke)
6. Fusili (Spiralen)
7. Tempesta (Suppennudeln)
8. Zöpfli
9. Spaghetti
10. Farfalle (Schmetterlinge)
11. Chinesische Glasnudeln

Die Garzeiten können von Sorte zu Sorte sehr unterschiedlich sein. Faustregel: Garen Sie die Nudeln zunächst nur bis zu der auf der Packung angegebenen Untergrenze. Probieren! Schmeckt die Nudel noch nach Mehl — weitergaren.
Nach 1 Minute die nächste Probe machen. Und so weiter — bis der gewünschte „Biß" erreicht ist.

Reis:
Das Korn aus Fernost

Die alten Griechen waren viel zu konservativ, als daß ihnen diese weißen Körner geschmeckt hätten, die Alexander der Große von seinen fernen Feldzügen mitgebracht hatte. Da waren die Römer schon neugierigere Gourmets. Was da aus Indien als Importware ankam, fanden sie so fabelhaft, daß sie es bald selbst in der Po-Ebene anpflanzten. Reis wurde Bestandteil der klassischen italienischen Hochküche. Freilich: Kein Vergleich mit Japan und China — dort wurde die Kochkunst geradezu um den Reis herum gebaut. 7000 (!) Sorten kennen die fernöstlichen Feinschmecker, ganze neun sind bei uns bekannt. 90 Kilo Reis ißt ein Japaner im Jahr, zwei Kilo ein Europäer. An den Rezepten kann das eigentlich nicht liegen ...

Das Garen und die Sorten

Ist es der Horror vor dem Klumpen, Kleben, Ansetzen, der so viele Köchinnen und Hobbyköche einen Bogen um den Reis machen läßt? Dabei kann gar nichts schiefgehen, wenn man die Grundregeln eisern einhält. Unter uns gesagt: Reiskochen ist einfacher als Bratkartoffeln zuzubereiten! Und für ganz ängstliche Gemüter gibt's ja inzwischen den Kochbeutel. Zum richtigen Garen gehört aber auch die Kenntnis der Sorten und ihrer Eigenschaften.

Das macht Reis so wertvoll

Reis enthält lebenswichtige Ballaststoffe, aber auch Vitamine und Mineralstoffe wie Eisen und Kalzium. Wie bei allen anderen Nahrungsmitteln gilt auch für Reis: je weniger er industriell behandelt wird, desto gesünder ist er.

Reis kochen

Von den verschiedenen Arten des Reisgarens ist die Zubereitung von Quellreis besonders empfehlenswert, da bei dieser Methode die wenigsten Nährstoffe verlorengehen.
Wir zeigen diese Methode in den nebenstehenden Phasenfotos. Die Mengen gelten für 2 Personen.

Wasserreis

Dabei wird der Reis in einer größeren Wassermenge (125 g auf 2 l Wasser) 15-20 Minuten gekocht, auf ein Sieb gegeben, mit kaltem Wasser übergossen und so die Stärke herausgespült, die das Reiskorn umgibt. Der Reis wird dann kurz in Butter geschwenkt und erhitzt.

Kochbeutelreis

Die einfachste Art Reis zu kochen: Kochbeutelreis in kochendem Wasser nach Anweisung auf der Packung garen.

Aufbewahren von gekochtem Reis

Reis läßt sich auf Vorrat kochen und mehrere Tage aufbewahren. Dafür den gekochten Reis gut abtropfen lassen, auf Küchenpapier geben und trockentupfen. Er kann bis zu 3 Tagen im Kühlschrank aufbewahrt werden.

Lagerung von ungekochtem Reis

Reis ist ein ideales Lebensmittel für die Vorratshaltung. Trocken gelagert, ist er über mehrere Jahre haltbar.

1. Eine Tasse Reis sowie 2 Tassen kaltes Wasser abmessen.

5. Herdplatte ausschalten und den Topf mit einem Deckel bedecken.

2. Reis mit Wasser in den Topf geben, einige Minuten quellen lassen.

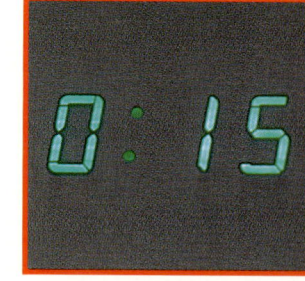

6. Reis 10-15 Minuten quellen lassen, bis er das Wasser aufgenommen hat.

3. 1/2 TL Salz zufügen.

7. Reis zum Auflockern umrühren, zum Verfeinern 1 EL Butter unterrühren.

4. Reis auf höchster Stufe zum Kochen bringen, ca. 2 Minuten kochen lassen.

Kochbeutelreis in reichlich Salzwasser nach Anleitung der Packung garen.

Die verschiedenen Sorten

Reis wird in zwei Grundsorten unterteilt.

Langkornreis, auch Patnareis genannt, hat lange schlanke Körner und wird nach dem Kochen weiß-körnig. Er eignet sich als Beilage zu Fleisch-, Fisch- und Gemüse-Gerichten oder als Hauptgericht mit verschiedenen Zutaten vermischt.

Rundkornreis, auch als Milchreis bezeichnet, hat kleine, dicke und runde Körner, er wird beim Kochen ziemlich weich.

Das geerntete Reiskorn ist von einer harten Schale umschlossen. Die darunterliegende, vielschichtige Haut wird als „Silberhaut" bezeichnet. Sie umschließt den Reiskern und enthält die meisten Anteile an Vitaminen, Mineralstoffen, Eiweiß und Fett.

Je nach Bearbeitung unterscheidet man vier Sorten:

Braun-Reis
Der ungeschliffene Braun-Reis wird auch als „milder Reis" angeboten. Er ist noch von der „Silberhaut" umschlossen. Wegen seines hohen Fettgehaltes ist er nur kurze Zeit lagerfähig.

Weiß-Reis
Der geschliffene Weiß-Reis mit seiner glatten, polierten Oberfläche ist — trocken gelagert — jahrelang haltbar.

Parboiled-Reis
Der vorbehandelte Parboiled-Reis wird nach einer in Amerika entwickelten Methode noch in der Schale mit Druck und Dampf behandelt. Vitamine und Mineralstoffe werden so in das Innere des Kerns gepreßt und bleiben dadurch voll erhalten. Erst nach dieser Behandlung wird der Reis geschliffen. Parboiled-Reis hat eine gelbliche Farbe, wird aber beim Kochen weiß, schön locker und körnig.

Schnellkochender Reis (5-Minuten-Reis)
Schnellkochender Reis ist ein speziell bearbeiteter Weiß-Reis. Er wird industriell vorgegart und dann wieder getrocknet. Durch die Vorgarung hat er eine sehr kurze Garzeit (ca. 5 Minuten).

Rundkornreis

Brauner Reis

Weißer Reis

Parboiled Reis

Schnellkochender Reis

Langkornreis

Brauner Reis

Weißer Reis

Parboiled Reis

Schnellkochender Reis

Wilder Reis

Die geformten Garnituren

Leute, die sich unter Reis beim besten Willen nur einen Haufen weißer Körner vorstellen können, kann man mit geformten Garnituren am meisten verblüffen — und zu Reisfreunden machen. Versuchen Sie es mal! Die Möglichkeiten sind so vielfältig, wie die Gefäße und Gläser, die Sie im Küchenschrank haben. Auch fürs Dekorieren Ihrer Modelle wird Ihnen sicherlich noch die eine oder andere Idee kommen.

Das Grundrezept

Um Reis geformt servieren zu können, wird der heiße, gegarte Reis in ein mit kaltem Wasser ausgespültes Gefäß oder eine Form gefüllt. Mit einem Löffel den Reis fest hineindrücken. Dann auf einen Teller stürzen. Zum Formen eignet sich am besten Quellreis, da er durch die besondere Zubereitungsart mehr Stärke enthält als z.B. Wasserreis. Die Stärke hält die Menge vorzüglich zusammen.

Reisrand

(Foto links oben)
Für den Reisrand wird eine Kranzform in entsprechender Größe benutzt. Gerichte mit viel sämig gebundener Sauce wie Fricassee (s. S. 200/201), Ragout und Gulasch (s. S. 244-245) werden im Reisrand serviert.

Reispapier-Taschen

(Foto links unten)
Reispapier ist in Asiengeschäften erhältlich, es hat die Größe kleiner Pfannkuchen. Dieses hauchdünne Papier zerbricht leicht und muß deshalb vorsichtig behandelt werden. Für die Reistasche wird jedes Blatt ca. 15 Minuten auf ein nasses Handtuch gelegt, damit es weich wird. Auf das vorbereitete Papier gibt man die gekochte Reisfüllung, die zuvor mit Gemüsestreifen und Gewürzen vermischt wurde. Butterflöckchen darauf verteilen und die Enden des Reispapiers zusammenfalten. Die Reistaschen im geschlossenen Topf ca. 5 Minuten dämpfen.

Reisschalen

(Foto Mitte oben)
Die Ostasiaten servieren den Reis in Schalen. Die Reisschalen werden zuerst halb mit Reis gefüllt, darauf kommt gewürztes Fleisch mit Sauce und gedünstetem Gemüse. Der milde Reis bildet einen angenehmen Kontrast zu den meist sehr scharf gewürzten Speisen. Gegessen wird selbstverständlich mit Stäbchen.

Reis-Timbal

(Foto rechts oben und Mitte unten)
Besonders effektvoll wirken kleine, gestürzte Reisportionen. Als Gefäße eignen sich Tassen, hübsch geformte Glasschalen, tiefe Teller oder flache Gläser.

Reisbett

(Foto rechts unten)
Fleischspieße oder andere kurzgebratene Fleischstücke können dekorativ auf einem Reisbett angerichtet werden.

Die 24 beliebtesten Macharten

Daß Reis etwas Eintöniges sei, ein bißchen langweilig, ein bißchen fad — dieses Vorurteil können nur Europäer verbreiten, deren Horizont mit Kartoffeln verstellt ist. Die 24 Macharten, die wir Ihnen hier zeigen — süße und scharfe, bunte und dezente —, sie würden einem japanischen Koch nur ein mildes Lächeln entlocken, von seinem chinesischen Kollegen ganz zu schweigen. Dort sind tausende von Varianten bekannt. Wetten, daß Ihnen im Handumdrehen auch ein Dutzend einfällt?

Kräuter, frisch gehackt untermischen.

Tomatenviertel enthäutet und entkernt unterheben.

Safranfäden mitkochen, oder Safranpulver unterrühren.

Currypulver mitkochen, oder mit dem Reis vermischen.

Geräucherten Speck fein würfeln, anbraten, zu dem Reis geben.

Mandelblättchen in Butter geschwenkt untermischen.

Rosinen unter den Reis rühren.

Ingwerknolle schälen, fein schneiden und mitkochen lassen.

Käse frisch gerieben untermischen.

Krabbenfleisch 5 Minuten im Reis erhitzen.

Spargel in Stücke schneiden, erhitzen und unter den Reis heben.

Erbsen mit dem gekochten Reis vermengen.

Paprikastreifen kurz blanchieren und untermischen.
Knoblauchzehen fein gehackt, in Butter gedünstet, unterrühren.
Porreescheiben in Butter gedünstet unterheben.
Pinienkerne fein gehackt unterrühren.

Champignonscheiben kurz in Butter gedünstet unterheben.
Tomatenmark mit dem Reis verrühren.
Cashewkerne gehackt unterrühren.
Spinatblätter grob hacken, kurz dünsten, mit dem Reis vermischen.

Pistazienkerne fein gehackt unterrühren.
Sojabohnensprossen zum Reis geben und ca. 4 Minuten darin erhitzen.
Aprikosen entsteinen, enthäuten und in Stückchen unter den Reis heben.
Crème fraîche unter den Reis rühren.

107

Die 2 berühmtesten Reistöpfe

Wie Kartoffel und Nudel hat auch der Reis die Bauernküchen zu Eintöpfen inspiriert, die nicht nur preiswert waren, sondern auch himmlisch dufteten und schmeckten. Und die über Generationen hinweg auf dem Speisezettel der Völker blieben, ohne daß ihre Popularität nachgelassen hätte. Die beiden Superstars dieses Genres sind das Risotto und der Pilaw.

Risotto

Eine der köstlichsten Erfindungen der italienischen Küche — doch am besten schmeckt das Risotto im Tessin. Dort beherrschen die Köchinnen den Kniff perfekt, Rundkornreis solange mit Flüssigkeit zu verkochen, bis er breiartig wird, die Körner aber noch Biß haben.

Grundrezept Risotto

1 Zwiebel, gewürfelt
1 Knoblauchzehe, gewürfelt
100 g Butter
400 g Rundkornreis
(z. B. Vialone)
1/8 l trockener Weißwein
1 l Fleischbrühe
100 g Parmesankäse

Risotto kann mit jeder Art Gemüse, Fleisch, Fisch oder Geflügel verfeinert und als Hauptgericht serviert werden. Eine besonders köstliche Art, die von Gourmets geschätzt wird und aus Tessiner Bauernküchen jeden Herbst ihren verführerischen Duft verbreitet: Risotto mit Steinpilzen. Wenn diese Delikatesse zu teuer ist, sollte man Mischpilze oder wenigstens Champignons verwenden.
Weitere Variationen: siehe Phasenfoto und großes Foto.

1. Zwiebel und Knoblauch in 30 g Butter andünsten.

2. Reis zugeben, in 2 Minuten glasig dünsten.

3. Wein zugießen, unter Rühren ankochen lassen.

4. Nach und nach mit der Brühe auffüllen.

5. Aufkochen, nach 2 Minuten herunterschalten.

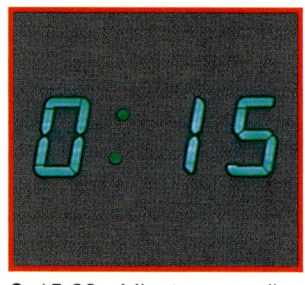

6. 15-20 Minuten quellen lassen.

7. Reis zwischendurch umrühren.

8. Mit der restlichen Butter und Käse vermischen.

Variationen: Krabben, Champignons und Spinat.

1. Reis in kaltes Wasser geben und waschen.

2. Auf ein Sieb geben und abtropfen lassen.

3. Zwiebel und Knoblauch in 30 g Butter dünsten.

4. Reis zugeben, in ca. 2 Minuten glasig werden lassen.

5. Mit Brühe auffüllen, mit Salz zum Kochen bringen.

6. Deckel auflegen, auf kleinste Stufe herunterschalten.

7. Reis ca. 15 Minuten quellen lassen.

8. Restliche Butter zugeben, mit dem Reis vermischen.

Variationen: Mit Aprikosen, Rosinen und Currypulver.

Pilaw

In Pakistan heißt er Pilau, in Indien Pulau, in Persien Polo — gemeint ist in jedem Fall das gleiche, wenn auch mit regionalen Varianten: der orientalische Pilaw. Ein Fleisch-Reis-Eintopf, der immer mit Langkornreis zubereitet wird.

Grundrezept Pilaw

400 g Langkornreis
1 Zwiebel, gewürfelt
1 Knoblauchzehe, gewürfelt
125 g Butter
3/4 l Fleischbrühe
Salz

Im Orient wird Pilaw mit Zutaten wie Lamm- oder Hammelfleisch, Gemüsen, Nüssen, Kreuzkümmel oder Fenchelsamen verfeinert und als Hauptgericht serviert.
Eine besonders preiswerte mitteleuropäische Variante, die zudem den Vorzug hat, schlank zu halten, ist das Pilaw mit Hähnchenfleisch oder Putenschnitzel. Dieser Geflügel-Pilaw kann scharf (mit Paprika und Peperoni) oder mild serviert werden.

(Unsere Variationen s. Phasenfoto 9 und großes Foto)

Zutaten

(Für 4-6 Personen)

500 g Mies- oder
Herzmuscheln

2 kleine, geräucherte
Mettwürste

250 g mageres Schweine-
fleisch

1 küchenfertiges Huhn
(ca. 1 kg) oder Hühnerteile
mit Knochen

2-3 Knoblauchzehen

2 Zwiebeln

1 rote Paprikaschote

3 Tomaten

Salz, Pfeffer

8 EL Olivenöl

4 Artischockenherzen
(Glas oder Dose)

200 g Langkornreis

1/4 l Fleischbrühe

1/8 l Weißwein

1/2 TL Safran

150 g ausgepalte Erbsen

4 Scampi
(Tiefseegarnelen)

1 Zitrone

Die spanische Spezialität

Es ist nicht übermäßig viel, was die spanische Küche zum Speisezettel der Feinschmecker beigetragen hat. Aber auch wenn sie nur dieses eine Gericht hervorgebracht hätte, wäre sie unsterblich. Die Paella (= Pfanne) ist mehr als ein Eintopf einfacher Bauern und Fischer — sie kann ein geradezu phantastisches kulinarisches Kunstwerk sein, das nach Sonne und Mittelmeer schmeckt und dessen Farbenpracht allein schon den Esser überwältigt.

Zubereitung:

1. Muscheln waschen, bürsten und die Bartbüschel entfernen. Geöffnete Muscheln wegwerfen.

2. Würste in Scheiben, das Schweinefleisch in Stücke, Huhn in Portionsstücke schneiden.

3. Die Knoblauchzehen und Zwiebeln abziehen und würfeln. Paprika putzen, waschen, entkernen und in Streifen schneiden.

4. Tomaten überbrühen (1 Minute), enthäuten, vierteln und entkernen.

5. 4 EL Öl in einem Topf erhitzen, das Hühnerfleisch leicht mit Salz würzen und ca. 10 Minuten anbraten. Das Schweinefleisch zufügen, ca. 5 Minuten mitbraten und mit etwas Salz würzen.

6. Knoblauch- und Zwiebelwürfel, Paprikastreifen, Tomatenviertel und abgetropfte Artischockenherzen zufügen und ca. 5 Minuten mitschmoren.

7. Muscheln und Wurstscheiben zufügen und ca. 2 Minuten mitschmoren.

8. Den Backofen auf 180° vorheizen.

9. Öl in einer Paellaform oder in einer großen geeigneten Pfanne stark erhitzen.

10. Reis, Brühe und Weißwein zugeben und Safran unterrühren.

11. Fleisch, Gemüse und Muscheln, Erbsen und Scampi zugeben und zum Kochen bringen.

12. Die Paellaform in den Backofen stellen, das Gericht ca. 15-20 Minuten garen.

13. Wenn die Flüssigkeit vom Reis aufgenommen ist, mit Salz und Pfeffer würzen, mit Zitronenscheiben garnieren und servieren.

Risi e bisi
aus Italien

(Für 6 Personen)

400 g Rundkornreis

(Arborio oder Vialone)

100 g Butter

1-2 Knoblauchzehen

1 Zwiebel

1/8 l Weißwein

1 l Fleischbrühe

200 g ausgepalte Erbsen

150 g gekochter Schinken

80-100 g geriebener
Parmesankäse

Salz

1. Risotto aus Reis, 30 g Butter, Knoblauch- und Zwiebelwürfeln, Weißwein und Brühe herstellen (siehe Grundrezept S. 108).
2. 10 Minuten vor Ende der Garzeit Erbsen und in Streifen geschnittenen Schinken zufügen.
3. Mitgaren, bis das Risotto ausgequollen ist.
4. Mit Parmesankäse und restlicher Butter vermischen, mit Salz würzen.

Serbisches Reisfleisch vom Balkan

500 g Schweinefleisch

(ohne Knochen)

3 abgezogene Zwiebeln

1 abgezogene Knoblauchzehe

4 EL Öl

2 EL Tomatenmark

3/4 l Fleischbrühe

2 TL gerebelter Thymian

1 EL Paprikapulver

Salz, Pfeffer

200 g Langkornreis

2 Paprikaschoten

1 Chilischote

3 Tomaten

Pfeffer

1 EL gehackte Petersilie

1. Fleisch in Stücke schneiden, waschen und trockentupfen. Zwiebeln würfeln, Knoblauchzehe fein hacken.
2. Öl stark erhitzen und das Fleisch darin anbraten.
3. Herunterschalten und bei mittlerer Hitze Zwiebelwürfel und Knoblauchstückchen mitdünsten.
4. Tomatenmark und Brühe zufügen.
5. Mit Thymian, Paprika, Pfeffer und Salz würzen und ca. 30 Minuten garen.
6. Reis waschen und abtropfen lassen, Paprika- und Chilischoten putzen, waschen und in kleine Würfel schneiden. Tomaten überbrühen, enthäuten, vierteln und entkernen.
7. Diese Zutaten mit dem Fleisch vermischen.
8. Ca. 30 Minuten garen, bis der Reis die Flüssigkeit aufgenommen hat. Mit Salz und Pfeffer abschmecken und mit gehackter Petersilie bestreut servieren.

Nasi Goreng
aus Malaysia

300 g Rindfleisch oder
Schweinenacken

3 EL Öl

1-2 abgezogene
Knoblauchzehen

1 abgezogene Zwiebel

300 g gekochter Reis

150 g Krabben

1 EL Currypulver

5 EL Sojasoße

1 EL Rosinen

Salz, Pfeffer

2 Eier

Butter

1 EL feingehackte
Petersilie

geröstete Weißbrotwürfel

Kopfsalatblätter

Sambal Oelek

Tabasco

Sojasauce

1. Fleisch waschen, trocke tupfen, in mundgerech Stücke schneiden. In ein Pfanne Öl erhitzen, da Fleisch darin braun braten.
2. Knoblauch und Zwieb fein würfeln, zufügen und c 1 Minute mitbraten.
3. Reis zugeben und ca. 3 Minuten darin dünsten.
4. Krabben, Curry, Sojaso und Rosinen zufügen un mit Salz und Pfeffer ab schmecken.
5. Von der Herdplatte ne men und warm stellen.
6. Eier mit wenig Salz ve quirlen, in einer Pfanne etwa Butter zerlassen und die ve quirlten Eier ca. 2 Minute stocken lassen.
7. Eimasse aus der Pfann nehmen und in Streife schneiden.
8. Die Mischung aus Re und Fleisch auf einer Platt anrichten und mit Petersil und Eistreifen garnieren.
9. Weißbrotwürfel, Kopfsala blätter, Sambal Oelek, Ta basco und Sojasauce in kle nen Schälchen zu dem Rei gericht servieren.

ried Rice

us Fernost

00 g mageres Rind- oder
chweinefleisch
EL Öl
Scheiben Schinkenspeck
00 g gekochter Reis
00 g Krabben
Frühlingszwiebeln
Eier
alz, Pfeffer

Marinade:
2 abgezogene
noblauchzehen
EL Sojasoße
EL Öl

Für die Marinade Knob-
auch fein hacken, mit Soja-
oße und Öl vermischen.
Fleisch waschen und trok-
entupfen, in Streifen schnei-
en und ca. 1 Stunde in die
arinade legen, nach 1/2
unde das Fleisch wenden.
3 EL Öl in einer Pfanne er-
zen.
In Streifen geschnittenen
peck darin anbraten.
Das marinierte Fleisch
ockentupfen und in dem
eckfett anbraten.
Den Reis zufügen und
urz mitbraten.
Abgezogene Zwiebeln in
nge schneiden, Krabben
d etwas Marinade hinzu-
gen und ca. 5 Minuten mit-
ünsten.
Mit Salz und Pfeffer wür-
en.
Die Eier verquirlen, in die
anne geben und unterrüh-
n, ca. 2 Minuten stocken
ssen.

Milchreis mit Backobst

Deutsche Süßspeise

250 g Rundkornreis
3/4 l Milch
50 g Zucker
Salz
1/2 Zimtstange
1 Vanillestange
Backobst:
200 g gemischtes
Trockenobst
2 EL Zucker
1/2 l Weißwein

1. Backobst 1 Stunde in warmem Wasser einweichen.
2. Reis mit Milch, Zucker, etwas Salz und 1/2 Zimtstange
in einen Topf geben.
3. Langsam zum Kochen
bringen, herunterschalten
und aus der aufgeritzten
Vanillestange das Mark
schaben, zusammen mit der
Stange in den Topf geben.
4. Den Milchreis ca. 20 Minuten quellen lassen. Dabei
häufig umrühren, damit er
nicht anbrennt.
5. In der Zwischenzeit das
Backobst abtropfen lassen,
mit Weißwein und Zucker
zum Kochen bringen und ca.
5 Minuten kochen.
6. Die Vanillestange entfernen, den Milchreis mit dem
Backobst servieren.

Shireen Polo

aus Persien

400 g Langkornreis
3-4 l Salzwasser
2 Orangen (mit unbehandel-
ter Schale)
125 g Mandelstifte
100 g Pistazienkerne
3 Möhren
1 küchenfertiges
Hähnchen (ca. 1 kg)
1 Zwiebel
30 g Butter
100 g Zucker
1/2 TL Safran
4 EL Olivenöl
1/2 l Wasser
1/2 TL Salz

1. Reis in dem Salzwasser
zum Kochen bringen, ca. 7
Minuten sprudelnd kochen.
2. Auf ein Sieb geben und
mit kaltem Wasser abspülen.
3. Orangen dünn schälen,
die Schale in feine Streifen
schneiden und ca. 1 Minute
blanchieren, auf einem Sieb
abtropfen lassen.
4. Mandeln 2 Minuten blanchieren.
5. Pistazien fein hacken,
Möhren in feine Scheiben
schneiden.
6. Hähnchen in 4 Teile
schneiden, waschen und
trockentupfen.
7. Zwiebel abziehen und
vierteln.
8. Butter zerlassen, die Möhren 5 Minuten darin dünsten.
9. Zucker, Orangenschale,
Mandeln, Pistazien und Safran zufügen und rühren, bis
sich der Zucker aufgelöst hat.
10. Hähnchenteile in Öl
goldbraun braten, die Zwie-
belviertel zufügen und mit
1/2 l Wasser und 1/2 TL Salz
zum Kochen bringen. Her-
unterschalten und ca. 5 Minuten garen.
11. Den Reis und die Möhren schichtweise auf dem
Geflügel verteilen und
zugedeckt ca. 20 Minuten bei
niedriger Hitze garen.

Kartoffeln:
Die Trüffel für den Bürger

Sie ist die wahrhaft demokratische Knolle: Erschwinglich für jedermann, gibt die Kartoffel dem Koch alle Freiheiten. Klaglos läßt sie sich in Frittenbuden malträtieren, ruhmreich ziert sie in Drei-Sterne-Restaurants die Beilagentafel. Matthias Claudius machte aus ihr ein frommes Gedicht, Haute-Cuisine-Star Duglère eine frivole Kreation (für die Kokotte Anna Deslion). Was die Inkas "Papas" nannten, kam schon Anfang des 16. Jahrhunderts nach Spanien. Aber erst die publicity-freudigeren Briten-Heroen Sir Walter Raleigh und Francis Drake heimsten 1584 den Ruhm als Erst-Importeure ein. Aberglaube ("Teufelswurzel") und andere Vorurteile (giftig) standen einem Siegeszug der Nachtschatten-Knolle lange im Weg. Der Alte Fritz mußte seine Preußen gar zum Anbau zwingen. Der Agronom Antoine-Auguste Parmentier machte sie dann den Franzosen schmackhaft, Escoffier den Gourmets, Großmutter dem Großvater.

Folienkartoffeln

Kartoffeln aus dem Backofen, auch Folien-
kartoffeln, Alukartoffeln oder Baked Potatoes genannt, werden zu Steaks und anderen kurzgebratenen Fleischsorten serviert.
Im Sommer können sie auch in der Glut des
Holzkohlegrills oder im offenen Feuer
gebacken werden.

1. Die Kartoffeln mit
Holzspieß rundherum
einstechen.

2. Jede Kartoffel fest
in Aluminiumfolie wickeln.

3. Je nach Größe
ca. 1 Stunde bei 250°
im Backofen backen.

Pellkartoffeln

Weil Pellkartoffeln mit Schale gekocht werden, bleiben alle Nährstoffe weitgehend
erhalten. Pellkartoffeln schmecken am
besten als neue Kartoffeln, möglichst klein,
mit zarter Schale.

1. Möglichst gleichgroße
Kartoffeln aussuchen.

2. Unter fließendem kalten
Wasser gründlich waschen.

3. Mit Wasser bedecken,
mit Kümmel, Kräutern und
Salz zum Kochen bringen.

Bratkartoffeln

Zu Sülze, Kotelett oder Schnitzel ... oder einfach mit Spiegeleiern schmecken sie besonders gut. Für gute Bratkartoffeln sollten
die Kartoffeln in der Schale gekocht werden.

1. Gekochte Kartoffeln
pellen.

2. Kartoffeln in Scheiben,
Zwiebeln in Würfel oder
Ringe schneiden.

3. Zwei EL Öl oder durchwachsenen Speck in einer
großen Pfanne erhitzen.

Salzkartoffeln

Salzkartoffeln sind eine beliebte Beilage zu
Fleisch- und Fischgerichten, die mit einer
Soße angerichtet werden.

1. Kartoffeln mit dem
Sparschäler oder Messer
schälen und waschen.

2. Bei unterschiedlichen
Kartoffeln die größten
halbieren.

3. Kartoffeln in einen
Topf geben, Wasser und
etwas Salz hinzufügen.

Pommes Frites

Pommes frites sind neben der beliebten
Version mit Mayonnaise oder Ketchup eine
ideale Beilage zu Kurzgebratenem ohne
Soße.

1. Kartoffeln schälen. Erst in
Scheiben, dann in Stäbchen
schneiden.

2. Waschen, sorgfältig
trockentupfen und Öl
erhitzen.

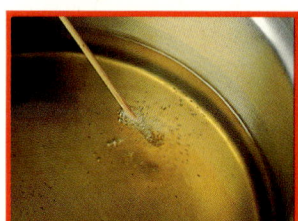

3. Die ideale Hitze ist erreicht, wenn ein Holzspieß
im Öl Bläschen erzeugt.

4. Folie öffnen und die Kartoffeln kreuzweise einschneiden.

5. Jede Kartoffel nach unten etwas zusammendrücken.

6. Die Kartoffeln beliebig füllen.

Sechsmal delikat gefüllte Kartoffeln, weitere Rezepte und Fotos werden auf den Seiten 118/119 gezeigt.

4. Bei mittlerer Hitze 20 - 25 Minuten kochen lassen.

5. Kartoffeln kurz im Topf abdämpfen.

6. Kartoffeln gepellt oder mit Schale servieren.

Pellkartoffeln können gefüllt serviert werden s. S. 118/119, zu Püree s. S. 120/121, zu Knödeln s. S. 122/123 oder zu Kroketten s. S. 124 verarbeitet werden. Es empfiehlt sich eine mehlig-kochende Sorte.

4. Kartoffeln bei mittlerer Hitze 8 - 10 Minuten braten, erst dann wenden.

5. Die Zwiebeln hinzufügen und mitbraten, bis sie goldgelb sind.

6. Mit Salz, frischem Pfeffer und etwas Thymian oder Majoran würzen.

Feine Sahne- und Karamelkartoffeln und ein deftiges Bauernfrühstück werden auf den Seiten 126/127 gezeigt.

4. Zugedeckt zum Kochen bringen, Hitze herunterschalten, 20 Minuten garen.

5. Kartoffeln zur Garprobe mit einer Gabel einstechen.

6. Das Wasser abgießen und die Kartoffeln abdämpfen.

Damit die Nährstoffe nicht zu stark ausgelaugt werden, empfehlen Ernährungswissenschaftler, die Kartoffeln in wenig Wasser zu garen (pro kg ca. 1/2 l Wasser).

4. Portionsweise Kartoffelstäbchen zugeben und ca. 3 Minuten fritieren.

5. Herausnehmen, abtropfen und abkühlen lassen.

6. In heißem Öl die vorfritierten Kartoffeln in ca. 2 Minuten backen.

Wie viele Varianten es gibt, Kartoffeln zu fritieren, wird auf der Seite 125 gezeigt.

117

Fein in Schale: Sechsmal delikat gefüllt

Ein Frühlingsduft wie Flieder — das ist der erdig-sanfte Geruch von frisch aufgeplatzten Pellkartoffeln. Fürs einfache Glück genügt ein Stückchen eisgekühlte Butter und ein bißchen Salz. Doch sind der kulinarischen Phantasie keine Grenzen gesetzt, wenn's um Füllungen geht, die mit warmem Kartoffelfleisch zu wahren Köstlichkeiten verschmelzen . . .

Zwiebel-Speck-Butter

2 Zwiebeln und 20 g Speck in der Pfanne glasig dünsten. Erkaltet mit 4 EL weicher Butter und Schnittlauchröllchen vermischen, mit Salz und Pfeffer würzen.

Kräuterbutter

4 EL fein gehackte Kräuter (z. B. Petersilie, Schnittlauch, Basilikum, Estragon) mit Zitronensaft, Cayennepfeffer und einer zerdrückten Knoblauchzehe unter 4 EL weiche Butter rühren, mit Salz und Pfeffer würzen.

Curry-Quark

1 kleine Banane zerdrücken und mit 1 TL Curry vermengen. Unter 4 EL Quark heben, mit Salz und Pfeffer würzen.

Lachscreme

2 Scheiben Räucherlachs in feine Streifen schneiden, mit 4 EL Crème fraîche und etwas Zitronensaft verrühren. Mit Salz und Pfeffer würzen.

Dillbutter

4 EL Butter mit 1 EL feingehacktem Dill verrühren, mit etwas Zitronensaft abschmecken und mit Salz und Pfeffer würzen.

Sardellenbutter

3 Sardellenfilets fein hacken, mit etwas Zitronensaft unter 4 EL Butter rühren.
Butter läßt sich auch hervorragend mit Meerrettich, Kaviar oder Kümmel verfeinern. Immer mit etwas Zitronensaft abschmecken, das rundet den Geschmack ab.

Mit Quark und Schinken

(Foto links oben)

4 EL Quark mit 2 EL feingehackten Kräutern (z. B. Petersilie, Dill, Schnittlauch, Basilikum, Thymian) verrühren, mit Salz und Pfeffer würzen. 1/2 Scheibe gekochten Schinken in Streifen schneiden, den Quark auf die Kartoffeln geben und mit Schinken und Kräutern garnieren.

Mit Krabben und saurer Sahne

(Foto links Mitte)

50 g Krabben und 4 EL saure Sahne auf die Kartoffeln geben, mit Sauerampferblättchen garnieren.

Mit Remoulade

(Foto links unten)

4 Essiggürkchen (Cornichons), 1 TL Kapern, 2 Sardellenfilets, 3 Perlzwiebeln und das Eiweiß von einem hartgekochten Ei fein würfeln. Mit 2 EL Mayonnaise vermengen, mit Salz und Pfeffer würzen und auf die Kartoffeln geben. Das Eigelb durch ein Sieb streichen und zum Garnieren verwenden. Mit Kapern, Gürkchen und Petersilie belegen.

Mit Butter und grünem Pfeffer

(Foto rechts oben)

4 EL weiche Butter mit etwas Salz verrühren. Auf die Kartoffeln geben und mit grünem, eingelegtem Pfeffer bestreuen.

Mit blauer Käsecreme

(Foto rechts Mitte)

50 g Gorgonzola (oder anderen Blauschimmelkäse) mit 4 EL Crème fraîche und etwas Zitronensaft verrühren. Mit Salz und Pfeffer würzen, auf die Kartoffeln geben und mit Kräutern (Salbei und Rosmarin) garnieren.

Mit Tomate und Cognac

(Foto rechts unten)

4 EL Mayonnaise mit 1 TL Tomatenmark oder 1 EL Tomaten-Ketchup verrühren. Etwas Cognac zugeben und mit Salz und Pfeffer würzen. Auf die Kartoffeln geben und mit den Streifen einer abgezogenen Tomate und Kerbelblättchen garnieren.

119

Die sanfteste Salzkartoffel

Statt die Salzkartoffel einfallslos aufzutischen, wie sie aus dem Topf kommt, wird sie für die kreative Köchin zum Grundprodukt für feines Püree. Püree pur — schon das kann wunderbar sein! Püree kann man aber auch färben, schärfen, süßen, verwandeln. Merke: Das Auge ißt mit!

Vom Kartoffelschnee zum Püree

Werden die gekochten Kartoffeln durch eine Kartoffelpresse gedrückt, erhält man Kartoffelschnee, der die Basis für Püree, Kartoffelklöße (s. Seiten 122/123), Kartoffelkroketten und Kartoffelplätzchen (s.Seite 124) ist. Kartoffelschnee kann beliebig verfeinert werden und bietet sich als Beilage oder Garnierung an. Mit dem Spritzbeutel sind Variationen der Verzierung auf Platten und Tellern möglich.

Es sollten möglichst mehlig-kochende Kartoffeln verwendet werden. Wie Püree optisch und geschmacklich verändert werden kann, zeigen die nebenstehenden Rezepte.

Grundrezept Kartoffelpüree

1 kg rohe, geschälte
Kartoffeln
50 g Butter
1/4 l Milch oder
Schlagsahne
Salz, Pfeffer
1 Prise Zucker

1. Die Kartoffeln kochen.
2. Die heißen Kartoffeln durch eine Kartoffelpresse drücken oder im Topf mit einem Stampfer zerdrücken.
3. Weiche Butter flöckchenweise unterrühren.
4. Milch oder Schlagsahne, oder Milch und Schlagsahne gemischt, erhitzen und nach und nach unter die Kartoffelmasse rühren, bis die gewünschte Konsistenz erreicht ist.
5. Mit Salz, frisch gemahlenem Pfeffer und einer Prise Zucker würzen.

Erbsen-Kartoffelpüree

Zubereitung wie Grundrezept Kartoffelpüree, jedoch nur aus 600 g Kartoffeln. Zusätzliche Zutaten:

400 g ausgepalte Erbsen
1/4 l Fleischbrühe
Salz, Pfeffer
Zitronenmelisse

Erbsen auspalen und 5 Minuten in der Fleischbrühe garen. Im Mixer pürieren, mit dem Kartoffelpüree vermengen und mit Salz und Pfeffer abschmecken. Mit Erbsen und Zitronenmelisse garnieren.

Kräuter-Kartoffelpüree

Zubereitung wie Grundrezept Kartoffelpüree. Zusätzliche Zutaten:

1 EL Schnittlauch
1 EL Petersilie
1 EL Thymian
Salz, Pfeffer

Die Kräuter fein hacken und unter das Püree rühren. Mit Salz und Pfeffer abschmecken und das Püree mit einem Kräutersträußchen garnieren.

Weitere Kartoffelpüree-Varianten

Apfelmus mit Püree verrührt schmeckt sehr gut zu gebratener Leber. Geriebener Käse (z.B. alter Gouda, Parmesan, Gruyère) macht das Püree besonders kräftig.
Geröstete Zwiebeln sind eine beliebte Ergänzung, um das Püree schmackhafter zu machen.
Diese Varianten bieten Möglichkeiten der Veränderung auch für Fertig-Pürees.

Möhren-Kartoffelpüree

Zubereitung wie Grundrezept Kartoffelpüree, jedoch nur aus 600 g Kartoffeln.
Zusätzliche Zutaten:

400 g Möhren

1/4 l Fleischbrühe

Salz, Pfeffer,

Kerbel

Möhren in Scheiben schneiden und 10 Minuten in der Brühe garen. Im Mixer pürieren und mit Salz und Pfeffer abschmecken. Mit dem Kartoffelpüree verrühren, mit Möhren und Kerbel garnieren.

Tomaten-Kartoffelpüree

Zubereitung wie Grundrezept Kartoffelpüree, jedoch nur aus 800 g Kartoffeln.
Zusätzliche Zutaten:

2 - 3 Fleischtomaten

Salz, Pfeffer,

Basilikum

Tomaten kurz in kochendes Wasser legen. Enthäuten, entkernen und durch ein Sieb streichen. Mit dem Kartoffelpüree verrühren und mit Salz und Pfeffer abschmecken. Mit 2 Tomatenvierteln und Basilikum garnieren.

Das kugelrunde Püree

Was da saftig aus dem dampfend-heißen Wasser in die Schüssel geschöpft wird, gefüllt mit Obst, überbacken mit Käse, zum Reinbeißen appetitlich, die schiere Knödellust – das kann man mit ein paar Zutaten und Handgriffen aus Kartoffel-Schnee machen.

Grundrezept Kartoffelklöße

1 kg gekochte Kartoffeln
150 g Mehl
2 Eier
1 TL Salz
1 Prise geriebene Muskatnuß
1 Scheibe Weißbrot
1 TL Butter

1. Kartoffeln durch eine Presse drücken.
2. Mit Mehl, Eiern, Salz und einer Prise Muskatnuß durchkneten.
3. Den Teig auf einer bemehlten Arbeitsplatte zu einer ca. 5 cm dicken Rolle formen.
4. In ca. 4-5 cm gleichgroße Stücke schneiden und daraus Nester formen.
5. Weißbrotwürfel in eine[r] Pfanne mit Butter anrösten und in die Mitte der Teig-Nester ca. 3 Weißbrotwürfel legen.
6. Den Teig zu Klößen formen.
7. 2 l Wasser mit etwas Salz zum Kochen bringen, her[unter]schalten und die Klöße ca. 20 Minuten ziehen lassen.

Variationen:
Die Knödel können auch m[it] Zwetschgen, Pflaumen ode[r] einigen Pfirsichstückchen gefüllt werden.
Statt des Kerns wird ei[n] Stück Würfelzucker hinein[ge]geben. Der Zucker kann[n] mit Alkohol (alle Obstler[) aromatisiert werden.

Aprikosenknödel

Zubereitung wie Grundrezept Kartoffelklöße, jedoch ohne Muskatnuß und Weißbrot.

Zusätzliche Zutaten:

8 Aprikosen

8 Stückchen Würfelzucker

2 EL Butter

2 EL Paniermehl

1 EL Zucker

1 Messerspitze
gemahlener Zimt

In die Mitte eines jeden Kloßes eine entsteinte Aprikose geben, die mit einem Stück Würfelzucker gefüllt ist. Knödel ca. 20 Minuten in Salzwasser ziehen lassen. Butter in der Pfanne erhitzen, Paniermehl und Zucker darin bräunen. Mit etwas Zimt würzen und über die Knödel geben.

Knödel aus Italien

»Gnocchi, sprich: Nocki« Zubereitung wie Grundrezept Kartoffelklöße, jedoch mit der doppelten Menge Mehl (300 g), aber ohne Eier.

Zusätzliche Zutaten:

150 g geriebener
Parmesankäse

150 g Mozzarella

30 g Butter

Aus dem Teig 1 cm dicke Rollen formen und in 4 cm lange Stücke schneiden. Die Stücke mit dem Daumen über einen Gabelrücken rollen. In kochendes Salzwasser geben und bei mittlerer Hitze 5 Minuten ziehen lassen. Mit geriebenem Parmesankäse, Mozzarella und Butterflöckchen in eine gefettete, feuerfeste Form geben und in ca. 20 Minuten im Backofen bei 200° goldbraun backen.

Die krosse Klasse: Kroketten

Das Kartoffel-Klein für fortgeschrittene Feinschmecker verlangt weder künstlerische Schnitzbegabung, noch ausgefallene Küchenmaschinen. Was Sie brauchen, sind entweder geschälte rohe Kartoffeln oder pürierte Salzkartoffeln und das Know-how.

Grundrezept Kartoffelkroketten

700 g gekochte Kartoffeln

2 Eigelb

Salz

1 Prise geriebene Muskatnuß

Zum Panieren:

3 EL Mehl

2 Eier

3 EL Paniermehl

Pflanzenöl (Sonnenblumenöl) zum Fritieren

1. Kartoffeln noch warm durch die Presse drücken.
2. Mit dem Eigelb verkneten und mit Salz und Muskatnuß würzen.
3. Zu einer ca. 2 cm dicken Rolle formen, davon 4 cm lange Stücke abschneiden.
4. Jede Krokette zuerst in Mehl, dann in verquirltem Eigelb und zum Schluß in Paniermehl wenden.
5. In heißem Fett schwimmend goldbraun fritieren.

Kroketten platzen beim Fritieren auf, wenn die Masse nicht fest genug ist. Daher sicherheitshalber nur eine Krokette panieren und zur Probe fritieren. Ist das Ergebnis nicht zufriedenstellend, 1 EL Speisestärke unter die Krokettenmasse rühren.

Formen von Kroketten

(Fotos von oben nach unten) Die klassische Krokette hat eine längliche Form. Außer Rollen können auch Bällchen aus der Masse geformt werden.

Weitere Panaden:

Mit Mandelblättchen

Krokettenbällchen in Mehl wenden, dann durch verschlagenes Eigelb ziehen. In Mandelblättchen und zum Schluß in Paniermehl wälzen.

Mit Glas- oder Fadennudeln

Erst in Mehl und Ei wenden, dann in zerdrückten Glas- oder Fadennudeln wälzen.

Kartoffel-Plätzchen

Zubereitung wie Grundrezept Kartoffelkroketten, jedoch nur aus 350 g Kartoffeln.

Zusätzliche Zutaten:

60 g durchwachsener Speck

2 Zwiebeln

2 EL gehackte Petersilie

1 Eigelb

Fett zum Braten

Gewürfelten Speck ausbraten und die gewürfelten Zwiebeln darin glasig dünsten. Das Fett abgießen, den Speck mit den Zwiebeln, der Petersilie und dem Eigelb unter die Krokettenmasse rühren. Die Masse zu kleinen Plätzchen formen. Mit wenig Fett kräftig anbraten und bei mittlerer Hitze goldbraun braten.

Herzogin-Kartoffeln

»Pommes Duchesse«
(Foto unten links)
Zubereitung wie Grundrezept Kartoffelkroketten.

Zusätzliche Zutaten:

2 Eigelb

1 EL weiche Butter

2 EL zerlassene Butter

Krokettenmasse mit Eigelb und weicher Butter verrühren, in einen Spritzbeutel geben und auf ein gefettetes oder mit Backpapier ausgelegtes Backblech spritzen. Mit zerlassener Butter beträufeln. Bei ca. 200° im Backofen in 5-10 Minuten goldbraun backen.

Pommes frites und ihre Verwandten

Hier kann man sehen, wie vielseitig rohe Kartoffeln in den verschiedensten Formen fritiert werden können. Die Zubereitung der Pommes frites wird ausführlich auf den Seiten 118/119 beschrieben.

Von oben nach unten:

Kartoffelchips

»Pommes chips«
Kartoffeln in hauchdünne Scheiben raspeln oder schneiden, nur einmal fritieren.

Kartoffelstäbchen

»Pommes mignonettes«
Kartoffeln in ca. 0,5 cm dicke und 5 cm lange Stäbchen schneiden, nur einmal fritieren.

Strohkartoffeln

»Pommes pailles«
Kartoffeln in hauchdünne Streifen schneiden, nur einmal fritieren.

Waffelkartoffeln

»Pommes gaufrettes«
Kartoffeln mit dem Buntschneidemesser in Scheiben schneiden und die Kartoffeln dabei drehen, nur einmal fritieren.

Streichholzkartoffeln

»Pommes allumettes«
Kartoffeln in Streichholzgröße schneiden, nur einmal fritieren.

Pommes frites

Kartoffeln in ca. 1 cm dicke und 5 cm lange Stäbe schneiden. Nach Belieben mit dem Buntschneidemesser zackig schneiden.

Das delikate Verhältnis

Mit Speck fängt man Mäuse, mit Bratkartoffeln Männer. Daran haben auch emanzipierte Zeiten nichts geändert — allenfalls dies: Wer heute als Mann die Kunst beherrscht, Kartoffeln in die Pfanne zu hauen, kann Frauen damit mehr imponieren als mit Kaviar. Wie hätten Sie's denn gern: Sahne- oder Karamelkartoffeln? Oder gleich ein zünftiges Bauernfrühstück zu zweit?

Sahnekartoffeln

»Creamed Potatoes«

600 g Pellkartoffeln

3 EL Pflanzenöl

1/8 l Milch

1/8 l Schlagsahne

Salz, Pfeffer

1. Die gepellten Kartoffeln in Stücke schneiden.
2. Öl in der Pfanne erhitzen, die Kartoffeln darin goldgelb braten.
3. Milch und Schlagsahne zugeben und etwas einkochen lassen, bis die Milch-Sahne-Verbindung dickflüssig wird, dabei öfter umrühren.
4. Mit Salz und Pfeffer kräftig würzen.

Als Beilage zu gebratenem Geflügel und Hackbraten.

Karamelkartoffeln

600 g kleine Pellkartoffeln

2 EL Zucker

2 EL Pflanzenöl

1. Öl in einer Pfanne erhitzen.
2. Den Zucker gleichmäßig hineinstreuen und bräunen.
3. Die gepellten Kartoffeln hinzufügen und unter Wenden braten, bis sie goldbraun sind.

Als Beilage zu Grünkohl und anderen Kohl- und Fleischgerichten.

Bauernfrühstück

(Für 1 Person)

2 mittelgroße Pellkartoffeln

2 EL Pflanzenöl

2 Zwiebeln

50 g Schinkenspeck

Salz, Pfeffer

5 mittelgroße Champignons

2 Eier

1. Die gepellten Kartoffeln in Scheiben schneiden oder grob würfeln.

2. Öl erhitzen und die Kartoffeln darin goldbraun braten.

3. Zwiebeln in Ringe schneiden und mit dem in Streifen geschnittenen Schinken zu den Kartoffeln geben.

4. Mit Salz und Pfeffer würzen und ca. 5 Minuten braten.

5. Champignons putzen und waschen, in feine Scheiben schneiden und mit den verquirlten Eiern unterrühren und zwei Minuten stocken lassen.

Mit Salatblättern, Gurken oder Tomaten garnieren.

Rösti

(ohne Foto)

1 kg Pellkartoffeln

Salz, Pfeffer

4 EL Butter

1. Kartoffeln pellen, auf einer Küchenreibe in Streifen raspeln. Mit etwas Salz und Pfeffer würzen.

2. Butter in der Pfanne erhitzen, Kartoffeln zugeben, über den Pfannenboden verteilen und gut andrücken.

3. Bei mittlerer Hitze von jeder Seite goldbraun braten. Zum Wenden die Pfanne mit einem passenden Deckel oder Teller abdecken, den Inhalt stürzen und wieder in die Pfanne gleiten lassen.

Der gehobelte Luxus

In Gourmet-Tempeln werden sie ebenso selbstverständlich serviert wie in Elsässer Bauernhäusern: In dünne Scheiben gehobelte Kartoffeln, dachziegelartig in Auflaufformen hineingeschichtet, mit Butter, Schlagsahne und Käse verfeinert, mit Knoblauch, Pfeffer und Muskat gewürzt. Ideale Beilagen für saucenlose Fleischgerichte — Fans essen sich satt daran!

Grundrezept Kartoffel Gratin

(großes Foto)

1 Knoblauchzehe
30 g Butter
4-8 kleine, rohe, geschälte Kartoffeln
Salz, Pfeffer
1/4 l Schlagsahne
1 Prise geriebene Muskatnuß

1. Eine flache und feuerfeste Form mit der Knoblauchzehe ausreiben und mit 1 TL Butter ausstreichen.
2. Die gewaschenen, in dünne Scheiben geschnittenen Kartoffeln fächerartig in der Form anrichten.
3. Jede Schicht kräftig mit Salz und wenig Pfeffer würzen.
4. Mit Sahne übergießen, bis die oberste Kartoffelschicht erreicht, aber nicht bedeckt ist.
5. Mit einer Prise frisch geriebener Muskatnuß würzen und mit Butterflöckchen bestreuen.
6. Im vorgeheizten Backofen bei 200° in ca. 25 Minuten goldbraun backen.

Kartoffel-Käse-Gratin

»Gratin Dauphinoise«
(Foto oben)
Zubereitung wie Grundrezept Kartoffel Gratin.

Zusätzliche Zutaten:

2 EL geriebener Gruyère

Die oberste Kartoffelschicht mit geriebenem Gruyère und Butterflöckchen bestreuen. Bei 200° in ca. 25 Minuten im Backofen goldbraun backen.

Anna-Kartoffeln

»Pommes Anna«
(Foto unten)

1 TL Butter
4-8 rohe, geschälte Kartoffeln
125 - 200 g Butter
Pfeffer, Salz

Eine flache, feuerfeste Form mit Butter ausstreichen. Die Kartoffeln in dünne Scheiben schneiden, die Butter in einer kleinen Pfanne erhitzen bis Schaum entsteht, dann den Schaum mit einem Löffel entfernen. Kartoffelscheiben fächerartig in der Form anrichten, dabei jede Schicht kräftig mit Salz und Pfeffer würzen und mit der erhitzten Butter beträufeln. Bei 200° in ca. 25 Minuten im Backofen goldbraun backen.

Mit Gemüse große Wirkung

Gratin läßt sich je nach Geschmack und Phantasie verändern.
Möhren und Zucchini, Teltower Rübchen und Kohlrabi können in die Auflaufform geschichtet werden. Das Gemüse mit etwas Zitronensaft, Salz und Pfeffer würzen.

Gemüse:
Die Vielfalt der Vitamine

Kein noch so modern gestyltes Food-Center mit Musikberieselung und keimfrei abgepackten Produkten kann den Zauber aufwiegen, der von einem Wochenmarkt ausgeht. Schon die Fülle des Gemüses macht glücklich: die aufgeschütteten Berge von Zwiebeln und Zucchini, Karotten und Kohl, Kraut und Rüben. Dazu kommen die Farben, die knallig wie auf einem naiven Bild nebeneinanderstehen: Aubergine neben Zitrone, Radicchio zwischen Kopfsalat, Paprika in grün, rot und gelb, Spargel in einem Dutzend feiner Tönungen. Und dann noch die Düfte: scharf, krautig, süßlich, erdig — die Nase darf rustikal schwelgen. Kaum zu glauben, daß diese ganze bunte Pracht auch noch gesund ist. Und so gut schmeckt, wie sie aussieht!

Die 5 Programme der Profis

Die weitverzweigte Gemüsefamilie hat derart unterschiedliche Mitglieder, daß man eigentlich mit einem komplizierten System von Zubereitungsarten rechnen müßte. Weit gefehlt! Wenn Sie die fünf Arten einprogrammiert haben, derer sich die Profis am Herd bedienen − dann können Sie anfangen, Ihre eigenen Gemüse-Kreationen aufzusetzen.

Was Sie über Gemüse wissen sollten.

Gemüse enthält Vitamine, Mineralstoffe, Spurenelemente, pflanzliches Eiweiß, wenig Fett und Kohlenhydrate.
Die Zellwände der Pflanzen bestehen aus Cellulose. Unser Körper kann die Cellulose nicht verdauen, sie dient aber als Ballaststoff und regelt die Verdauungstätigkeit.
Um den Vitaminverlust des Gemüses möglichst gering zu halten, beachten Sie bitte folgende Regeln:
1. Gemüse immer frisch verwenden.
2. Ist ein Lagern unvermeidlich, sollte Gemüse in Papier oder in ein feuchtes Tuch gewickelt, kühl und dunkel aufbewahrt werden.

Das Vorbereiten des Gemüses

1. Putzen
2. Waschen
3. Zerkleinern

Geputztes Gemüse sollte niemals zerkleinert, sondern im ganzen gewaschen werden, um die wasserlöslichen Vitamine nicht auszulaugen.
Zerkleinertes Gemüse nicht offen stehen lassen, immer mit einem feuchten Tuch abdecken.
Die wichtigsten Regeln über die Schonung von Vitaminen finden Sie auf Seite 18/19.
Gleich − ob Gemüse blanchiert, gedünstet, gekocht oder gebraten wird − wichtig ist, die Garzeit so kurz wie möglich zu halten. Gemüse, gleich welcher Art, sollte noch „Biß" haben, wenn es serviert wird.
Die folgenden Zubereitungsarten sind unter den Gemüsesorten austauschbar, so kann man zum Beispiel Bohnen auch dünsten oder dämpfen.

Blanchieren
Kurzes Garen in kochendem Wasser

500 g Bohnen
2 l Wasser
1/2 TL Salz
1 EL Butter

1. Grüne Bohnen putzen und waschen.

2. Salz dazugeben und das Wasser auf Stufe 3 zum Kochen bringen.

Dämpfen
Garen im Wasserdampf im Siebeinsatz bei geschlossenem Topf, Nähr- und Wirkstoffe bleiben erhalten.

1. 500 g geputzten Broccoli in den Siebeinsatz legen.

2. Topf mit soviel Wasser füllen, daß der Topfboden 2 cm bedeckt ist.

Dünsten
Garen im eigenen Saft unter evtl. Zugabe von Fett im geschlossenen Topf.

500 g Möhren
1 EL Butter
evtl. 1/8 l Wasser

1. Fett in einem Topf auf Stufe 3 zerlassen.

2. Gemüse hineingeben und umrühren.

Kochen
Garen in viel siedender Flüssigkeit bei 100°C im fest verschlossenem Topf.

1 Blumenkohl
2 l Wasser
1/2 TL Salz
1 EL Butter

1. Den Blumenkohl zum Reinigen 20 Minuten in kaltes Salzwasser legen.

2. Blumenkohl mit dem Wasser in einen Topf geben und fest verschließen.

Braten
Garen unter Bräunen in Fett.

500 g Zucchini
1 EL Butter
Salz, Pfeffer

1. Zucchini schälen, in Stücke schneiden und vierteln.

2. Herd auf Stufe 3 erhitzen. Butter in die Pfanne geben und schmelzen lassen.

3. Bohnen in das kochende Wasser hineingeben.

4. Nach 5 Minuten eine Garprobe machen, evtl. 3 Minuten weitergaren.

5. Bohnen aus dem kochenden Wasser nehmen und in kaltem Wasser abschrecken.

6. In Butter schwenken.

3. Siebeinsatz in den Topf stellen.

4. Topf fest verschließen.

5. Auf Stufe 3 zum Kochen bringen, auf Stufe 2 weitergaren.

6. Nach 8 Minuten eine Garprobe machen und evtl. 2-4 Minuten weitergaren.

3. Mit wenig Wasser auffüllen.

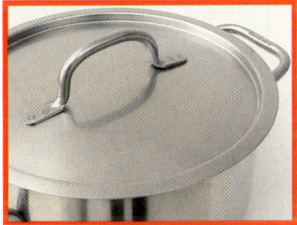

4. Den Topf fest verschließen.

5. Auf Stufe 2 zurückschalten.

6. Nach 4 Minuten eine Garprobe machen und evtl. einige Minuten weitergaren.

3. Auf Stufe 3 ankochen und auf Stufe 2 weitergaren.

4. 15 Minuten kochen lassen.

5. Den Blumenkohl herausnehmen.

6. Mit Butter servieren.

3. Auf Stufe 2 zurückschalten.

4. Zucchini in die Pfanne geben.

5. Unter Rühren braten.

6. Nach 3 Minuten Zucchini würzen und servieren.

Die Bestseller des Wochen- markts

Aus exotischen Produkten eine ungewöhnliche Mahlzeit zuzubereiten — nichts einfacher und teurer als das! Aber der kreative Könner am Herd zeigt sich erst darin, wie er die Grundgemüse auf den Tisch bringt. Hier hat die Nouvelle Cuisine wirklich neue Maßstäbe gesetzt, die sowohl Ernährungswissenschaftler wie Gourmets gutheißen: das kurze, Vitamine und Aromastoffe schonende Blanchieren. Probieren Sie es aus! Sie werden an Ihren gewohnten Gemüsen neue Seiten entdecken. Sie brauchen ja keine Weltanschauung daraus zu machen — denn das Kochen, das Dünsten und das Braten hat auch seine Vorzüge.

Kohlrabi

Kohlgemüse mit blaßgrauer oder blauer Sproßknolle.
Erhältlich: Ab März aus den Gewächshäusern, von Mai bis November — Freiland-Kohlrabi.
Vorbereitung: Die Knolle dünn schälen, am Stengel etwas dicker, evtl. harte Stellen entfernen.
Die Knolle waschen, halbieren oder vierteln, in dünne Scheiben oder Stifte schneiden.
Zubereitung: 3 bis 6 Minuten blanchieren.
Das Gemüse in zerlassener Butter schwenken, sparsam mit Salz und geriebener Muskatnuß würzen. Mit Petersilie oder Schnittlauch bestreuen oder mit Béchamel- oder Käse-Sauce (s. S. 262/263) servieren.
Kohlrabi-Gemüse kann auch gedämpft oder in Sahne gedünstet oder als Gratin (s. S. 128/129) gereicht werden.

Spinat

Man unterscheidet Wurzel- oder Blattspinat. Beim Wurzelspinat wird die gesamte Pflanze unmittelbar unter dem Wurzelhals abgeschnitten, beim Blattspinat die einzelnen Blätter oberhalb vom Wurzelhals. Spinat hat einen relativ hohen Anteil an Vitamin C.
Es gibt Frühjahrsspinat von April bis Juni; Herbstspinat von September bis November und Winterspinat von März bis April.
Spinat sollte immer frisch zubereitet gegessen werden!
Vorbereitung: Spinat sorgfältig verlesen, die Wurzeln und harten Stengel entfernen und den Spinat mehrmals waschen. Den abgetropften Spinat möglichst im ganzen oder nur grob zerkleinert weiterverarbeiten.
Zubereitung: Ca. 3 Minuten blanchieren. Dann ausdrükken, in Butter anschwenken, und mit einer Knoblauchzehe, die auf eine Gabel gesteckt wird, umrühren.
Variationen:
1. Blanchierten Spinat in angebratenen Speck-Zwiebel-Würfeln erhitzen oder in Sahne schwenken.
2. Spinat eignet sich gut als Füllung, pur oder in Verbindung mit Hackfleisch für Blätterteig oder Nudeln (s. S. 96/97) oder Käse.
3. Spinat mit Gruyère überbacken oder mit gekochten Schinkenwürfeln mischen.
4. Die klassische Art Spinat zu essen: mit Salzkartoffeln und Spiegelei oder pochiertem Ei.

Broccoli

ist ein naher Verwandter des Blumenkohls mit grünen Blütenknospen. Dieses Gemüse italienischer Herkunft hat einen hohen Gehalt an Vitamin C.
Erhältlich: Februar bis April und von August bis Ende Oktober.
Broccoli, der eine leicht gelbliche Farbe hat, ist nicht mehr ganz frisch und blüht schon. Der Geschmack ist beeinträchtigt; sie sollten ihn nicht mehr kaufen.
Vorbereitung: Blätter entfernen, den Stengel am Strunk schälen.
Zubereitung: 3-4 Minuten blanchieren. In Butter mit gehobelten gebräunten Mandeln schwenken, mit Salz und Pfeffer würzen (s. S. 258/259).

Paprika

Nachtschattengewächs, dessen Früchte je nach Art als Gemüse, Gewürz oder Gewürzextrakt verwendet werden.

Jede Paprikaschote ist erstmal grün. Wenn die Schoten länger an der Pflanze reifen, werden sie erst rot, dann gelb.

Erhältlich: ganzjährig, besonders großes Angebot August bis Oktober.

Vorbereitung: Früchte entstielen, entkernen und weiße Trennwände entfernen, waschen. Zum Enthäuten die Paprika in heißem Öl fritieren. Im ganzen, in Stücke, in feine Streifen oder in Würfel geschnitten weiterverarbeiten.

Zubereitung: 3-5 Minuten blanchieren.

Variationen:

1. Im ganzen mit Fleisch und Reis füllen (s. S. 230/231) in einer Sauce dünsten.

2. Zerkleinert in Suppen servieren.

3. Als Beilagengemüse in Butter oder Speck-Zwiebel-Knoblauchwürfeln schwenken und mit Salz, Pfeffer und Paprikapulver würzen.

4. Paprikaschoten in Streifen oder Würfel schneiden, mit Maiskörnern, Tomaten, Frühlingszwiebeln und Blattsalaten mit Vinaigrette-Sauce (s. S. 146/147) servieren.

Tomaten

Fleisch-, Kugel-, Cocktail- oder Eiertomaten unterscheiden sich durch Form und Festigkeit des Fruchtfleisches und können in Salaten, Suppen, Saucen und ganz einfach pur gegessen werden.

Erhältlich: Ganzjährig.

Fleischtomaten zeichnen sich durch festes Fleisch, wenig Kerne und fruchtigen Geschmack aus.

Kugeltomaten sind kernreich, saftig, aber nicht sehr aromatisch. Wegen der schönen Form eignen sie sich gut zum Garnieren.

Eiertomaten werden zumeist als Konserven angeboten.

Cocktail- oder Kirschtomaten haben einen intensiven Geschmack und eine dicke Schale.

Vorbereitung: Die Tomaten waschen, Stielansatz und grüne Stellen herausschneiden. Weitere Verarbeitung siehe rechts.

Das Enthäuten von Tomaten zeigen wir in Phasenfotos auf den Seiten 30/31.

Für das Zubereiten von Saucen ist es nicht erforderlich Tomaten zu häuten. Tomaten halbieren, entkernen und verkochen. Die Schale rollt sich zusammen und kann dann entfernt werden.

Rosenkohl

Auch Brabanter oder Brüsseler Sprossen genannt. Die in den Achseln der Stengel gebildeten Triebknospen werden als etwa walnußgroße Röschen geerntet.

Die vom Strauch abgetrennten Röschen vertragen keine lange Lagerung. Rosenkohl wird durch Frosteinwirkung zarter, schmackhafter und leichter verdaulich. Erhältlich: Von August bis April.

Vorbereitung: Fleckige und äußere Rosenkohlblättchen entfernen. Den Strunk etwas kürzen und die Röschen hier kreuzförmig einschneiden, mehrmals waschen.

Zubereitung: 7-8 Minuten blanchieren. Den Rosenkohl in etwas zerlassener Butter schwenken, mit Salz, Pfeffer und geriebener Muskatnuß würzen.

Variationen:

1. Mit geriebenem Käse und mit Butterflöckchen bestreut überbacken.

2. Mit einer feinen Käse-Sauce servieren (s. S. 262/263).

3. Gedünstet, in gebratenen Schinkenwürfeln und mit Petersilie bestreut anrichten.

Die Verfeinerungen

Blanchiertes Gemüse kann ohne weitere Umstände serviert werden — allenfalls eine Prise Salz ist vonnöten. Besser freilich schmeckt es, wenn das Gemüse vor dem Servieren noch kurz in Butter oder Sahne geschwenkt und mit Kräutern und Gewürzen verfeinert wird.

Eine weitere Stufe auf der Skala der Verfeinerungen ist die Béchamel-Sauce für Gemüse wie Schwarzwurzeln, Kohlrabi oder Blumenkohl. Man kann die gleichen Gemüse auch mit einer Käse-Sauce überbacken (für beide Saucen siehe Seiten 262/263).

Noch feiner sind die Buttermischungen, die aus den Alltagsgemüsen Delikatessen machen: Haselnuß-Mandel-Semmelbutter oder — wenn's pikant sein soll — Knoblauchbutter (siehe Seiten 258/259).

Die Lieblingssauce der Neuen Küche ist freilich die Beurre Blanc. Sie paßt zu allen Sorten, hat eine delikate Säure und ist leicht verdaulich (siehe Seiten 256/257). Die feinste von allen ist aber die Sauce Hollandaise (siehe Seiten 260/261).

Die 5 Vorzüge des Blanchierens

1. Das Gemüse bleibt knackig und hat Biß.

2. Die Vitamine und andere wichtige Spurenelemente werden weitgehend geschont.

3. Der natürliche Geschmack des Gemüses wird erhalten.

4. Die Farben laugen nicht aus.

5. Es ist die einfachste aller Zubereitungsarten.

Die Kernigen aus der Schote

Sie gelten als die klassischen Gemüse für Eintöpfe — daher auch ihr Ruf, ohne stundenlanges Kochen seien sie gar nicht gar zu kriegen. Dieses Image stammt allerdings aus Zeiten, als normalerweise mit Trockengemüsen in der Küche gearbeitet wurde. Heute ist Frische zu jeder Jahreszeit greifbar: direkt beim Gemüsehändler oder aus der Tiefkühltruhe. Und blanchiert schmekken Erbsen und Bohnen unvergleichlich besser!

Zuckererbsen

auch Kaiserschoten mit Hülsen ohne zähe Innenhaut und erst gering entwickeltem Kern. Wird im ganzen mit Hülsen gegessen.
Erhältlich: Mai bis Juli.
Vorbereitung: Die Enden der Zuckerschoten abschneiden und die Fäden abziehen, waschen und im ganzen zubereiten.
Blanchieren: 2-3 Minuten.

Erbsen

Palerbsen und Markerbsen. Die süßeren und zarten Markerbsen sind etwas runzlig und haben eine leicht kantige Form. Sie müssen jung geerntet und verzehrt werden, da sie im vollreifen Zustand hart und bitter werden. Palerbsen haben große, glatte Körner und sind in der Vollreife leicht mehlig.
Erhältlich: Von April bis August.
Vorbereitung: Die Erbsen auspalen, waschen und abtropfen lassen.
Blanchieren: 3 Minuten.

Filet- oder Kenia-Bohnen

Eine spezielle Sorte zarter Buschbohnen, die in sehr jungem Stadium geerntet werden.
Erhältlich: ganzjährig.
Vorbereitung: Die Enden abschneiden, die Bohnen waschen und abtropfen lassen.
Blanchieren: 3-5 Minuten.

Grüne Bohnen

Werden unterteilt in niedrige Buschbohnen (wie Fisolen, Strauchbohnen) und in Stangenbohnen (Kletterbohnen). Die gelben Bohnen beider Sorten sind als Wachsbohnen bekannt.
Erhältlich: Mai/Juni-Oktober.
Vorbereitung: Die Stiele abschneiden und dabei die Bohnen abfädeln, waschen und abtropfen lassen.
Im ganzen oder in Stücke geschnitten verwenden.
Blanchieren: 5-8 Minuten. Mit Speck und Zwiebeln in der Pfanne kurz erhitzen.

Dicke Bohnen

Auch große Bohnen oder Puffbohnen. Sie sind am schmackhaftesten, wenn die Körner noch milchig-weiß sind.
Erhältlich: Von Juni bis September.
Vorbereitung: Die Schale öffnen, die Bohnen auspalen, verlesen, waschen und abtropfen lassen.
Blanchieren: 10-15 Minuten.

Die Würzigen aus dem Untergrund

Gemüse, das unter der Erde wächst, ist unterschiedlicher kaum denkbar. Die Geschmacksskala reicht von der Zwiebel bis zum Spargel, und die Farbabstufungen gehen von Weiß über Weißviolett bis hin zum satten Grün oder Rot. Was aber die Zubereitung angeht, haben diese Gemüsesorten eine gemeinsame Eigenschaft: Blanchiert entwickeln sie ihre besonderen Geschmacksnuancen am besten.

Fenchel

Die fleischige, dicke Knolle wird als Gemüse oder Salat verwendet.
Erhältlich: Von August bis April.
Vorbereitung: Das Grün und eventuell holzige Stengelteile sowie fleckige Stellen entfernen. Die Knolle waschen, der Länge nach halbieren, vierteln oder in feine Streifen schneiden.
Zubereitung: 3-4 Minuten blanchieren. Die Fenchelscheiben in gebräunter Butter schwenken, mit Salz und Pfeffer würzen, mit Fenchelgrün oder Dill bestreuen.
Variationen:
1. Fenchelknollen halbiert blanchieren und aushöhlen. Mit gewürztem Hack, dem gehackten Fenchel und Crème fraîche vermischen und in die Hälften füllen. Mit Käse ca. 20 Minuten überbacken.
2. Fenchel halbieren und ca. 8 Minuten dünsten. Mit ausgebratenen Speckwürfeln, enthäuteten, gewürfelten Tomaten vermischen und mit Petersilie bestreuen.
3. Fenchel kann roh geschnitten für einen bunten Salat verwendet werden.

Spargel

Angeboten wird grüner und weißer Spargel. Grüner Spargel hat einen kräftigen Geschmack und einen höheren Vitamin-C-Gehalt.
Erhältlich: April bis Juni.
Vorbereitung: Weißen Spargel vom Spargelkopf sorgfältig nach unten hin schälen und holzige Enden abschneiden. Den grünen Spargel nicht schälen, nur die holzigen Enden entfernen. Spargel waschen und im ganzen — nur für Suppen oder Salate in Stücke schneiden — weiterverarbeiten.
Zubereitung: 8-10 Minuten blanchieren. Den Spargel mit reichlich gebräunter Butter beträufeln.
Variation:
Mit Buttersaucen (s. S. 260/261) servieren.

Staudensellerie

oder Bleichsellerie. Die kräftigen Blattstiele werden zu Salaten, Rohkost und Gemüsegerichten verwendet.
Erhältlich: September bis April.
Vorbereitung: Die Stengel am Wurzelende abschneiden, das Blattgrün ebenfalls. Die einzelnen Stengel waschen, in ca. 5 cm große Stücke oder in 1-2 cm dicke Scheiben schneiden.
Zubereitung: 3-5 Minuten blanchieren; anschließend in zerlassener Butter schwenken.
Variationen:
1. In Sahne/Crème fraîche erhitzen.
2. Mit Salz, Pfeffer mit Petersilie, Schnittlauch oder Basilikum bestreuen.
3. In Tomatenmus erhitzen und mit kleingeschnittenen Frühlingszwiebeln vermischen.
4. Überbacken (s. S. 148/149).

Schwarzwurzeln

oder auch Winterspargel. Schwarzwurzeln sind ein leicht verdauliches Gemüse.
Erhältlich: Von November bis März.
Vorbereitung: Die Stangen unter fließend kaltem Wasser bürsten, schälen und kurze Zeit in Essig-Wasser legen, damit die Stangen weiß bleiben.
Im ganzen oder in Stücke geschnitten weiterverarbeiten.
Zubereitung: 8-10 Minuten blanchieren. In zerlassener Butter schwenken.
Variationen:
1. Mit rohem Schinken umwickeln und mit Käse ca. 15 Minuten überbacken.
2. In Petersilienbutter (s. S. 258/259) erhitzen.

Möhren

Mohrrüben, gelbe Rüben oder Wurzeln; rundliche Sorte: Karotten. Möhren haben von allen Gemüsesorten den höchsten Gehalt an Carotin, das unter Zugabe von Fett in Vitamin A umgewandelt wird.
Erhältlich: ganzjährig, sie eignen sich gut zur Einlagerung.
Vorbereitung: Möhren putzen, schälen, waschen. Im ganzen, in Scheiben, Würfeln oder in Stiften geschnitten verwenden (s. S. 36/37).
Zubereitung: 3-5 Minuten blanchieren. Das Gemüse in Butter oder Sahne schwenken, mit Salz und Pfeffer würzen, mit Petersilie, Dill, Kerbel oder Zitronenmelisse bestreut servieren.
Variationen:
1. Ganze Möhren in Butter und Zucker karamelisieren. Möhren lieben den Zucker, deshalb können sie mehr gesüßt werden als alle anderen Gemüsesorten.
2. Möhren ca. 10 Minuten dünsten, siehe Phasenfotos Seite 132/133, mit Kerbel oder Schnittlauch vermischen.

Knollensellerie

mit knollig verdecktem Wurzelkörper. Wird mit und ohne Grünzeug als Gemüse, Suppengewürz oder Rohkost verwendet. Knollensellerie ist gut lagerfähig.
Erhältlich: September bis März/April.
Vorbereitung: Sellerie dick schälen, waschen, in Zitronenwasser legen, damit die Knolle sich nicht verfärbt. In Würfel, Scheiben oder Stifte schneiden.
Zubereitung: 5 bis 7 Minuten blanchieren, anschließend in Butter schwenken, mit Salz, Pfeffer, geriebener Muskatnuß und Selleriesalz würzen, mit Petersilie, Schnittlauch und wenig Liebstöckel bestreuen.
Variationen:
Blanchierte Selleriescheiben und Speckscheiben in eine

feuerfeste Form schichten, mit Käse bestreuen. Butterflöckchen daraufgeben und 15 Minuten bei 225°C überbacken.

Frühlingszwiebeln

auch Lauch- oder Grünzwiebel. Sehr frühe Zwiebelsorte mit mildem, feinwürzigem Geschmack. Wird im ganzen oder zerkleinert als Gemüsebeilage und roh in Salaten serviert.

Erhältlich: Juni bis September.

Vorbereitung: Das Grün bis auf 12-15 cm abschneiden. Die kleine Knolle putzen, eventuell abziehen. Die Frühlingszwiebel waschen, vierteln ode in dünne Scheiben geschnitten verwenden.

Zubereitung: 2-3 Minuten blanchieren, dann in Butter schwenken und mit gehacktem Knoblauch servieren oder in Crème fraîche oder kleingewürfeltem Speck erhitzen.

Lauch/Porree

Gemüsepflanze mit zwiebelähnlicher Verdickung im unteren Drittel.

Erhältlich: ganzjährig.

Vorbereitung: Lauch putzen, welkes, fleckiges Grün abschneiden. Die Lauchstange längs halbieren und gründlich waschen. Lauch in Stükke, Scheiben oder Stifte schneiden.

Zubereitung: 3-5 Minuten blanchieren. Gemüse in ausgelassenem Speck oder Sahne erhitzen, mit Salz, Pfeffer, geriebener Muskatnuß würzen oder nur mit Petersilie bestreuen.

Variation:

Blanchierten Porree mit gekochtem Schinken umwikkeln und in einer feuerfesten Form mit Käse oder Käse-Sauce (s. S. 262/263) überbacken.

139

Weißkohl

Weißkraut, Kraut, Kappes. Kopfkohl mit glatten Blättern und festem, rundem und geschlossenem Kopf.
Erhältlich: Juni bis März.
Vorbereitung: Welke Blätter entfernen, Kohl halbieren oder vierteln, den Strunk herausschneiden. Den Kohl in grobe oder feine Streifen schneiden oder die zerkleinerten Blätter voneinander lösen, die Rippen etwas flach schneiden.
Zubereitung: 1 kg Weißkohl mit Salz, Pfeffer und 1/2 TL Kümmel oder 100 g Speckwürfeln vermischen oder in 1 EL Schweineschmalz 30 - 40 Minuten bei mittlerer Hitze dünsten.

Variationen:
1. Kleine geräucherte Würstchen zusammen mit dem Weißkohl dünsten.
2. Grob gehobelten Weißkohl mit Schweinefleisch dünsten, mit Salz, Pfeffer und Essig würzen.
3. Weißkohl eignet sich besonders gut für herzhafte Eintöpfe (s. S. 166/167).
4. Gehobeltes Weißkraut wird unter Zugabe von Salz durch Gären zu Sauerkraut.
5. Kohlrouladen (s. S. 232/233).

Wirsing

Savoyer Kohl, Welschkohl. Kopfkohl mit gekrausten, welligen Blättern, nicht so dicht wie Weißkohl. Helle bis dunkelgrüne Blattfarbe.
Erhältlich: ganzjährig.
Vorbereitung: Welke oder beschädigte Blätter entfernen, den Kohl halbieren oder vierteln, den Strunk herausschneiden, Kohl in grobe oder feine Streifen schneiden.
Zubereitung: 20 Minuten dünsten. 1 kg Kohl mit 1-2 EL Crème fraîche verrühren und mit gebratenem, durchwachsenen Speckstreifen anrichten. Mit Salz und Pfeffer würzen.
Variationen:
1. Wirsing zusammen mit Kasseler oder Räucherwürstchen dünsten.
2. Die Kohlblätter 2 Minuten blanchieren, mehrere zusammenlegen und mit einer Hackfleischmasse (s. S. 220/221) füllen.
3. Alle Eintöpfe bekommen durch Wirsing einen herzhaften Geschmack (s. S. 166/167).

Der Kohl ist das beste Kraut

Wenn die Deutschen von Ausländern gelegentlich als „Krauts" bezeichnet werden, dann schwingt darin immer ein guter Rest kulinarischen Neids mit: Nirgendwo auf der Welt wird nämlich der weiße, der grüne und der rote oder blaue Kohl besser zubereitet als in good Old Germany. Dabei schmekken Sauerkraut und Rotkohl nicht nur gut — sie sind obendrein gesund und sie machen Schweinebraten oder fette Würste bekömmlicher. Und entgegen allen Gerüchten: Kohl ist ein kalorienarmer Schlankmacher. Die Nouvelle Cuisine hat sogar den Wirsing als eines ihrer Lieblingsgemüse entdeckt.

Rotkohl

Rot- oder Blaukraut. Kopf-kohl mit glatten, dunkelroten oder bläulichen Blättern, die dicht aneinander liegen.
Erhältlich: von Juni/Juli bis April.
Vorbereitung: wie Weißkohl und Wirsing in feine oder grobe Streifen schneiden.
Zubereitung: 2 Zwiebeln in 1 EL Gänseschmalz glasig werden lassen, 1 kg Rotkohl hinzufügen, mit 1/8 l Rotwein auffüllen und mit 2 Piment-körnern, 4 Nelken und 1 zer-kleinerten Apfel 60 Minuten dünsten.
Nach Geschmack mit 1 EL Johannisbeergelee oder Preiselbeermarmelade binden.
Rotkohl mit gedünsteten Apfelringen oder Rotweinbirnen zu Wild, Rinderbraten oder Geflügel reichen.

Chinakohl

auch Peking- oder Blätter-kohl. Chinakohl hat ge-schlossene, längliche Köpfe mit leicht gewellten, rauhen Blättern und nur schwachem Kohlgeschmack.
Erhältlich: Von August bis März.
Vorbereitung: Die welken Blätter entfernen, die Strünke abschneiden, die Blätter waschen und abtropfen las-sen. Zum Weiterverarbeiten in grobe oder feine Streifen schneiden.
Zubereitung: 3 bis 6 Minuten dünsten. 1 kg Kohl in 2 EL Butter und 1/8 l Wasser dün-sten. Mit Salz, Pfeffer und Zitronensaft würzen, mit Petersilie, Kerbel oder ge-hackten Nüssen bestreuen.

Variationen:
1. Den Chinakohl mit einer Käse-Sauce (s. S. 262/263) überbacken.
2. Mit gedünsteten Möhren, Erbsen oder Spargel ver-mischen.
3. Chinakohl hat einen herz-haften Geschmack und kann als Salat mit Radicchio, Fri-sée-, Eisbergsalat in einer Vinaigrette (s. S. 146/147) serviert werden.

Grünkohl

Braun-, Kraus- oder Winter-kohl. Blattkohl mit gekrau-sten, dunkelgrünen Blättern. Hat einen hohen Gehalt an Vitamin A und C.
Grünkohl schmeckt am be-sten, wenn er Frost bekom-men hat.
Erhältlich: November bis März.
Vorbereitung: welke, beschä-digte Blätter und Rippen ent-fernen, mehrmals gründlich waschen und grob schnei-den.
Zubereitung: 1 kg Grünkohl mit Salz, Pfeffer, geriebener Muskatnuß würzen, mit 100 g ausgelassenen Speckwür-feln oder 1 gedünsteten Zwiebel 60 Minuten dünsten, eventuell 1-2 EL Haferflocken zum Binden oder 1-2 TL Senf dazugeben.
Eine besonders herzhafte Geschmacksnote bekommt der Grünkohl, wenn Kasse-ler, Grützwurst, Räucher-speck oder Rauchfleisch mit-gedünstet wird.

Das Sextett für Spezialisten

Eine halbes Dutzend Gemüsesorten, die von Feinschmeckern besonders geschätzt werden. Das gilt auch für den Blumenkohl, der wegen seiner hohen Bekömmlichkeit leider in den Ruch der Krankenhauskost gekommen ist. Wieviel mehr gilt das erst für den kernigen Mais, die exotischen Okra oder die altmodischen Teltower Rübchen. Die Artischocke schließlich ist geradezu das Lieblingsessen für Liebespaare geworden — man kann endlos daran zupfen, ohne je satt zu werden. Ob dieses Gemüse auch eine aphrodisiakische Wirkung hat, muß jeder selbst ausprobieren ...

Blumenkohl

Blütenkohl, Karfiol. Der Blütenkopf sollte weiß, ohne Flecken und geschlossen sein.
Erhältlich: ganzjährig.
Vorbereitung: Äußere grüne Blätter entfernen, den Blumenkohl in kaltes Salzwasser legen, im ganzen oder in Röschen geteilt verarbeiten.
Zubereitung: siehe Phasenfotos (S. 132/133).
Variationen:
1. Mit in Butter gebräunter Semmelbröseln (s. S. 258/259), Sauce Hollandaise (s. S. 260/261) oder mit Butterflöckchen servieren.
2. Mit Käse überbacken.

Mais

Kolben mit süßen, zarten Körnern. Mais hat einen hohen Anteil an Vitamin B 1 und Kalium. Maiskolben in reichlich Salzwasser 8-10 Minuten kochen. Anbraten oder in Alufolie (pro Person 1 - 2 Kolben) grillen.
An jede Seite des Kolbens eine Kuchengabel stecken und die Körner von dem Kolben nagen.
Variationen:
1. Maiskörner von dem Kolben lösen und mit Kidney Beans, Speck und Paprikaschoten kurz braten.
2. Kalte gekochte Maiskörner als Salatzutat.

Artischocke

Die Artischocke ist eine faustgroße Blüte, die nur gekocht verzehrt werden kann.
Erhältlich: von September bis Juni.
Zubereitung: Stiel abschneiden, die Schnittfläche mit einer Zitronenscheibe belegen und kreuzweise binden (s. S. 30/31). In reichlich Zitronenwasser 35 Minuten kochen. Die Blätter werden einzeln abgezupft, in Saucen getunkt und mit den Zähnen abgezogen. Als Saucen eignen sich Vinaigrette (s. S. 146/147), Hollandaise, Bearnaise (s. S. 260/261). Das feinste ist der Artischockenboden, der als Garnitur bekannt ist.

Okra

Gemüse-Eibisch oder Gumbo. Fingergroße, sechseckige, fleischige Früchte.
Erhältlich: von September bis Mai.
Vorbereitung: Waschen, Stiel entfernen und eventuell halbieren oder in Scheiben schneiden.
Zubereitung: in reichlich Salzwasser je nach Größe 5-10 Minuten kochen.
Mit Zwiebel und Knoblauchwürfel in Butter anschwenken und zu Lamm (s. S. 248/249) und Fisch reichen.
Okraschoten mit gedünsteten Möhren, Paprikaschoten, Garnelen, Currypulver und Koriander vermischen.

Rote Bete

Rote Rüben, Salatrüben. Knolle mit braunroter Schale und tiefrotem Fruchtfleisch.
Erhältlich: August bis März.
Vorbereitung: Blätter bis auf 2 cm über den Knollen abschneiden, unter fließend kaltem Wasser bürsten.
Zubereitung: Die Knollen ungeschält 60-70 Minuten in reichlich Salzwasser kochen. Mit kaltem Wasser abschrecken, die Schale abziehen und schneiden. Rote Bete als Gemüsebeilage in Butter oder Sahne, mit Salz, Pfeffer und Dill gewürzt servieren oder als Salat anmachen.

Weiße Rüben

Teltower Rübchen, Mairüben.
Erhältlich: Juni/Juli.
Vorbereitung: Wurzelenden und Blätter abschneiden, die Rübchen dünn schälen, in Scheiben, Streifen oder Würfel geschnitten verarbeiten.
Zubereitung: 500 g Rübchen je nach Größe 10-20 Minuten in reichlich Salzwasser kochen. In 1 EL Butter oder 2 EL Sahne geschwenkt als Beilage zu Fleisch, Gänse- oder Entenbraten reichen.
Tip: Rübchen können mit den folgenden Kräutern verfeinert werden: Kerbel, Dill, Petersilie, Schnittlauch.

Die Pilze und andere Pfannen

Dies ist ein Wald- und Wiesenduft wie aus den Küchen in der französischen Provinz: Gemüse und Pilze aus der Pfanne, gewürzt mit kräftigen Kräutern, gebraten in Olivenöl oder Butter — ein Hochgenuß. Als Beilage oder solo — wenn man noch ein paar Zutaten hineintut wie Speck, Schinken oder Sahne. Von den Franzosen stammt übrigens auch der Brattrick des „Sautierens": dabei wird das Bratgut im heißen Fett unter ständigem Schwenken gebräunt.

Auberginen

oder Eierfrüchte. Ohne besonderen Eigengeschmack. Ihr Aroma entwickelt sich erst bei der Zubereitung.

Vorbereitung: Stielansatz der Aubergine abschneiden, waschen, schneiden, eventuell mit Salz bestreuen, einige Minuten stehenlassen. Die Bitterstoffe werden so aus dem Fruchtfleisch gelöst und können beim Braten nicht mehr so viel Fett aufnehmen. Anschließend kalt abspülen.

Zubereitung:

1. 500 g Auberginen mit Pfeffer würzen, leicht in 2 EL Mehl wenden und 3-4 Minuten in reichlich Fett braten, mit Thymian würzen und als Beilage zu Fleischgerichten reichen.

2. Auberginen mit Knoblauchwürfeln braten und mit abgezogenen Tomatenwürfeln vermischen, mit Basilikum bestreuen.

3. Auberginen füllen (s. S. Hackfleisch 230/231).

Sojasprossen

Keimlinge aus grünen Sojabohnen. Weiß-gelb bis rotbräunliche Farbe. Sie verderben leicht und sollten sofort aus der Verpackung genommen werden. Sojasprossen enthalten viel pflanzliches Eiweiß. Sie sind ein Grundprodukt der ostasiatischen Küche und lassen sich mit allen erdenklichen Gemüsesorten kombinieren.

Vorbereitung: Sojasprossen in kaltem Wasser waschen und abtropfen lassen.

Zubereitung: mit Salz, Pfeffer und Sojasauce würzen und 3-5 Minuten braten.

Variationen:

1. Mit gebratenen Fleischstreifen, gedünsteten Erbsen und mit Lauchstreifen vermischen.

2. Zu kräftig angebratenem Hackfleisch (s. S. 220/221) geben und kurz mitdünsten.

3. Mit Sojasauce, Tabasco und Pfeffer abschmecken.

Zucchini

Zucchetti, Courgettes, Gemüsekürbis. Eine gurkenähnliche hell-dunkelgrüne Frucht mit feinem, delikatem Fruchtfleisch.

Erhältlich: Juni bis Januar.

Vorbereitung: große Früchte schälen, kleine mit Schale verwenden. Früchte unter fließendem kalten Wasser waschen, längs halbieren, in fingerdicke Scheiben oder in Würfel schneiden.

Zubereitung: 500 g Zucchini nach Belieben in 2 EL Mehl wenden und mit Zwiebelwürfeln ca. 5 Minuten braten. Mit Salbeiblätter bestreuen.

Variationen:

1. Dünne Zucchinischeiben in eine gebutterte Auflaufform schichten und mit süßer Sahne und geriebenem Käse 10-15 Minuten backen.

2. Zucchini sind ein fester Bestandteil der Ratatouille (s. S. 148/149) und eignen sich als Beilage zu vielen Fleischgerichten.

3. Zucchini können gut mit Kräutern wie Thymian, Oregano, Salbei verfeinert werden.

Steinpilze

Herrenpilze. Steinpilze haben ein besonders feines Aroma. Ziemlich selten geworden und dementsprechend teuer.
Erhältlich: Von Mai/Juni bis Anfang September.
Zubereitung nach Grundrezept.
Variation:
. Steinpilze in einer heißen Pfanne ohne Fett kurz anbraten und nur mit Salz und Pfeffer würzen.

Austernpilze

uch Austernsaitlinge oder Kalbfleischpilze genannt, werden bei uns hauptsächlich gezüchtet. Das Fleisch ist weiß, weich und zart.
Erhältlich: ganzjährig durch Zucht oder im Spätherbst im Laubholz.
Zubereitung wie Grundrezept.

Champignons

oder Egerlinge.
Erhältlich: ganzjährig.
Zubereitung wie Grundrezept.
Variationen:
1. Champignons mit anderen Gemüsen wie Möhrchen, Zuckerschoten oder Frühlingszwiebeln braten und mit Kräutern würzen.
2. Große Champignonköpfe mit Kräuter-Tatar füllen und kurz mit Käse überbacken.
3. In Scheiben geschnittene Champignons und Bleichsellerie mit gemischten Kräutern und einer mit Senf oder Tomatenmark gewürzten Vinaigrette (s. S. 146/147) als Salat reichen.

Pfifferlinge

Eierschwämme, Rehlinge. Von dottergelber Farbe, trichterförmig.
Erhältlich: von Juni bis Oktober.
Pfifferlinge haben einen intensiven Geschmack.
Zubereiten nach Grundrezept.
Variationen:
1. Pfifferlinge mit Scampi vermischen oder auf gedünstetem Spinat anrichten.
2. Sahnepfifferlinge mit Knödeln (s. S. 122/123) und Schnittlauch servieren.

Pilze

gibt es fast ganzjährig zu kaufen. Sie sind in der Küche vielseitig zu verwenden und sollten ganz vorsichtig behandelt werden, da sie zu ca. 80% aus Wasser bestehen.
Vorbereitung: Nur stark verschmutzte Pilze in Zitronenwasser waschen, Schmutzteilchen mit dem Pinsel entfernen. Das Stielende abschneiden, die Oberhaut eventuell abziehen und bei Champignons ganz dunkle Lamellen entfernen. Pilze ganz, halbiert, geviertelt oder in Scheiben geschnitten verwenden.
Grundrezept: 500 g Pilze in 2 EL Butter kurz angebraten mit 1 Zwiebel, 1 Knoblauchzehe oder 1 EL gehackten Kräutern verfeinert. Pilze immer erst nach dem Braten salzen. Verfeinern kann man Pilze noch mit 80 g ausgelassenen Speck- oder Schinkenwürfeln und mit 2 EL Sahne oder Crème fraîche. Pilze nicht aufwärmen!
Alle Pilze eignen sich zur Verfeinerung von Saucen und Suppen, können aber auch kalt in einer Vinaigrette (s. S. 146/147) mariniert werden.
Pilze kann man in Scheiben geschnitten für Salat verwenden und mit Blattsalaten, Frühlingszwiebeln, Radieschen, Brunnen- oder Gartenkresse kombinieren.

145

Das A und O der Rohkost

Über Salate kann man mehrbändige Werke schreiben — und ihre unglaublichen Variationsmöglichkeiten wären damit immer noch nicht erschöpft. Das beginnt mit den Ölsorten — von der Olive bis zur Haselnuß. Das geht weiter mit den Spezial-Essigen — aus Sherry bis zum italienischen Aceto balsamico. Dann können Sie süße, saure oder scharfe Dressings zubereiten. Sie können als besondere Geschmacksnote dem Dressing ungewöhnliche Würzstoffe zugeben — vom Bratenjus bis zum Champagner-Senf. Sie können mit Salat alles machen. Salat ist ein weites Feld — für Anfänger und Fortgeschrittene.

Alle Blattsalate kann man miteinander oder mit verschiedenen Gemüsen kombinieren. Fast alle Salate werden ganzjährig angeboten. Preiswerter und schmackhafter sind sie in der Saison, da sie aus dem Freiland kommen und nicht aus dem Treibhaus.

Die 10 Grundregeln des Salatmachens

1. Salate immer frisch zubereiten.
2. Blattsalate putzen, welke Blätter entfernen.
3. Vom Strunk lösen oder oberhalb der Wurzel abschneiden.
4. Blätter ganz lassen und in kaltem Wasser waschen, so werden die Vitamine nicht zu stark ausgelaugt.
5. Herausnehmen und gut abtropfen lassen. Besser noch im Salatkorb ausschütteln.
6. Blätter in Stücke rupfen oder in Streifen schneiden (Eisbergsalat oder Chicorée).
7. Salat darf nie gedrückt werden, da er braune Stellen bekommt.
8. Alle Blattsalate erst kurz vor dem Servieren mit dem Dressing vermischen, sie fallen sonst zusammen.
9. Zerkleinerten Salat nie längere Zeit stehen lassen, weil er sonst Vitamine verliert.
10. Salat darf beim Servieren nie ein „Fußbad" haben. Das Dressing soll am Gemüse haften.

Radieschen

Kugelige bis langovale Frucht mit scharfem Geschmack. Sie sind Verwandte des Rettichs.
Erhältlich: ganzjährig, bundweise.

Rettich

Radi, runde oder längliche Form mit weißer, rötlicher oder schwarzer Schale und scharfem Geschmack.
Erhältlich: ganzjährig, einzeln.
Geschälten, geschnittenen oder geraspelten Rettich mit Salz bestreuen und ziehen lassen. Das mildert die Schärfe.

Salatgurken

Die schlanken grünen Salat- oder Schlangengurken gehören zu den Kürbisgewächsen.
Erhältlich: ganzjährig.
Tip: immer von der Blüte zum Stiel schälen, so werden die im Stiel befindlichen Bitterstoffe nicht über die ganze Gurke verteilt. Zur Gurke gehört immer Dill. Gurken erst kurz vor dem Servieren salzen. Das Salz entzieht sonst das Wasser und jedes Dressing wird dünn.

Rote Zwiebel

Tiefrote bis violette Schale und mildem, würzigem Geschmack, besonders geeignet als Salatzwiebel.
Erhältlich: Im Sommer und Herbst.

Kopfsalat

Grüner Salat, Blattsalat. Fest geschlossener Kopf mit hellgrünen Blättern, die Schnittfläche am Strunk muß weiß sein, nur dann ist der Salat frisch.
Erhältlich: ganzjährig.

Frisée-Salat

Winterendivie, mit hellgelben, großen, stark gekrausten Blättern und leicht bitterem Geschmack.
Erhältlich: in den Wintermonaten.

Eisbergsalat

Eis- oder Krachsalat, hat einen runden Kopf mit dicht sitzenden, spröden, hellgrünen Blättern. Die festen Blätter fallen beim Anrichten nicht so schnell zusammen wie Kopfsalat. Eisbergsalat hat einen herzhaften und kräftigen Geschmack.
Erhältlich: ganzjährig.

Radicchio

stammt aus der italienischen Provinz Treviso. Radicchio ist ein kleiner, fester, runder Salatkopf von hellroter bis violetter Farbe mit leicht bitterem Geschmack.
Erhältlich: ganzjährig, besonders günstig von September bis April.

Feldsalat

Ackersalat oder Rapunzel ist eine Wildpflanze mit kleinen hellen oder großen dunkelgrünen, ovalen Blättern, die eine kleine Wurzel haben. Er enthält viel Vitamin A.
Erhältlich: ganzjährig, im Frühjahr und Herbst besonders günstig.
Vorbereitung: Blätter oberhalb der Wurzel abschneiden und gut waschen, da am Feldsalat viel Erde haftet.

Brunnenkresse

oder Wasserkresse. Küchenkraut mit dunkelgrünen, saftigen Blättern und kräftigem, säuerlichem Geschmack.
Erhältlich: ganzjährig, wird gezüchtet.

Chicorée

oder Zichorie hat durch ent haltene Bitterstoffe einen kräftigen, herzhaften Ge schmack. Die länglich-ova len Stauden sind weiß bis gelblich und bestehen aus fleischigen, fest geschlosse nen Blättern.
Erhältlich: ganzjährig, in der Wintermonaten besonders günstig.
Vorbereitung: Die äußerer schlechten Blätter lösen und den bitteren Strunk m einem spitzen Küchenmes ser keilförmig herausschnei den. Chicoree kann ma auch dünsten und überbak ken (s. S. 148/149).

Gartenkresse

Wird im Handel in kleiner Schachteln angeboten. Die aus dem Samen getriebe nen jungen Sprossen mi den Keimblättern werden mi einer Schere knapp über de Erde abgeschnitten; si haben einen leicht scharfer Geschmack. Die Garten kresse kann man ganz ein fach selber züchten Kressesamen auf feuchte Watte oder Erde legen, gu gießen. Nach 3 - 4 Tager kann man schon ernten. Brunnen- und Gartenkresse eignet sich sehr gut zum Würzen von Suppen und Saucen und wird oft als Dekoration verwendet.

Grundrezept Sahne-Dressing

1/4 l Schlagsahne
Saft 1/2 Zitrone
Salz
Pfeffer

1. Gewürze mit Zitrone ver mischen.
2. Sahne dazugeben.
Die Sahne-Sauce kann mar beliebig verfeinern mit Sen Tomatenmark, Meerrettich und Walnüssen, Mandariner oder Orangenspalten, Kräu ter oder Zwiebelwürfel.

Grundrezept Vinaigrette-Sauce

2 EL Essig

8 EL Öl (Olivenöl)

Salz, Pfeffer

3 EL feingehackte Kräuter
(Petersilie, Schnittlauch,
Estragon, Kerbel, Basilikum)

2 EL kleine Tomatenwürfel
(aus abgezogenen
Tomaten)

1. Essig, Salz und Pfeffer verrühren.
2. Öl mit dem Schneebesen
hineinrühren.
Wichtig: Immer das Öl zur
Säure geben, nicht beides
gleichzeitig, da das Öl die
Gewürze wie einen Mantel
umschließt; sie lösen sich
dann nicht.
3. Tomatenwürfel und Kräuter dazugeben, verrühren.
Bei einer Salatsauce ist das
Mengenverhältnis von Essig
zu Öl 1:2 oder 1:3 — je nach
Geschmack.

Grundrezept Thousand-Island-Dressing

2 Eigelb

2 EL Essig oder Zitronensaft

1/4 l Öl

3 EL Tomatenketchup

1-2 EL Weinbrand

1/8 l Schlagsahne

1 EL feingehackte Kräuter
(Petersilie, Schnittlauch)

Salz

Pfeffer

1. Eigelb mit Essig, Salz und
etwas Pfeffer vermischen.
2. Das Öl tropfenweise mit
dem Schneebesen unterrüh-
ren. Damit die Mayonnaise
nicht gerinnt, sollten alle Zutaten Zimmertemperatur
haben.
3. Die Mayonnaise mit Tomatenketchup und Wein-
brand vermischen.
4. Die steifgeschlagene Sahne unterziehen.
5. Feingehackte Kräuter dazugeben und das Dressing
mit Salz und Pfeffer ab-
schmecken.

Ratatouille

3 EL Olivenöl
3-4 Zwiebeln
2 Knoblauchzehen
1 rote Paprikaschote
2 grüne Paprikaschoten
4 mittelgroße Tomaten
1 Aubergine (ca. 300 g)
1 Zucchini (ca. 300 g)
Salz
Pfeffer
1 EL gehackte Kräuter
(Petersilie, Basilikum,
Thymian)

1. Öl auf mittlerer Stufe erhitzen.
2. Gehackte Zwiebeln und Knoblauchzehen andünsten.
3. Die in Streifen oder in Würfel geschnittenen Paprikaschoten und die enthäuteten, entkernten, grob geschnittenen Tomaten hinzufügen.
4. Unter Rühren ca. 10 Minuten dünsten.
5. Auberginen und Zucchini in Scheiben schneiden, zu dem übrigen Gemüse geben.
6. Mit Salz und Pfeffer würzen, etwa 10 Minuten ohne Deckel dünsten, damit die Flüssigkeit verdampft.
7. Ratatouille mit den gehackten Kräutern vermengen.
Um eine bessere Bindung der Ratatouille zu erreichen, das Gemüse weitere 15-20 Minuten dünsten.

Sauerkraut

2 EL Schweineschmalz
2 Zwiebeln
750 g Sauerkraut
3/8 l Weißwein
1 Lorbeerblatt
5-6 Wacholderbeeren oder
2 Nelken
Salz
Pfeffer
Zucker
1 rohe, geriebene Kartoffel

1. Schmalz erhitzen.
2. Die gewürfelten Zwiebeln andünsten.
3. Das Sauerkraut locker zupfen und hinzufügen.
4. Mit Weißwein auffüllen.
5. Lorbeerblatt und Wacholderbeeren hinzufügen.
6. Das Ganze 30 Minuten dünsten.
7. Mit Salz, Pfeffer und Zucker abschmecken und die geriebene Kartoffel unterrühren.

Baked Beans

2 Tassen getrocknete
schwarze Bohnen
2 große Zwiebeln
2 Knoblauchzehen
3 EL Öl
1 Lorbeerblatt
3/4 l Fleischbrühe
100 g Tomatenmark
2 EL Senf
3 EL Rotwein-Essig
3 Möhren
3 EL Butter
3-4 Äpfel
Salz
schwarzer, gemahlener
Pfeffer

1. Die Bohnen über nacht kaltes Wasser einweichen
2. Gehackte Zwiebeln u Knoblauchzehen in dem hitzten Öl glasig werden la sen.
3. Die abgegossenen Bo nen mit dem Lorbeerbl hinzufügen, mit Salz würze
4. Mit der Brühe auffülle zum Kochen bringen und 2 Stunden weiterkochen la sen.
5. Tomatenmark, Senf u Rotwein-Essig unterrühre
6. Die Möhren in Scheib schneiden, in der zerlass nen Butter etwa 5 Minut dünsten.
7. Äpfel in Spalten schn den.
8. Möhren und Äpfel zu d Bohnen geben, mit Pfe würzen und in eine feuerfe Form füllen.
9. Die geschlossene Fo auf den Rost stellen und Backofen bei 180°C ca. 1 Stunden backen.

ebackene
audensellerie

Staudensellerie (ca. 1 kg)
1 l Weißwein
EL gehackte Kräuter
lz
effer
L weiche Butter
L Paniermehl

Die Staudensellerie je
ch Formgröße in gleich
oße Stücke schneiden.
Staudensellerie 5 Minuten
anchieren (s. Phasenfotos
132/133).
Weißwein und Kräuter in
e feuerfeste Form geben.
Die Staudensellerie hin-
legen.
Mit Salz und Pfeffer wür-
n.
Paniermehl mit Butter ver-
schen und auf die Stau-
nsellerie geben.
Die Form in den vorge-
izten Backofen stellen und
-25 Minuten bei 200°C
cken.

Nudel-Gemüse-Auflauf

250 g Nudeln
150 g Broccoli
150 g Kaiserschoten
3 große Tomaten
2 Zwiebeln
1 EL Butter zum Aus-
streichen
1 Knoblauchzehe
Salz
Pfeffer
150 g Crème fraîche
1/8 l Schlagsahne
3 Eigelb
3 Eiweiß
1 EL gehackte Petersilie
1 EL gehacktes Basilikum
3 EL geriebener Käse

1. Die Nudeln in reichlich
Salzwasser 5 Minuten ko-
chen und mit kaltem Wasser
abschrecken.
2. Broccoli und Kaiserschoten getrennt 3 Minuten blanchieren (s. Phasenfotos S.
132/133).
3. Tomaten enthäuten.
4. Zwiebeln und Knoblauchzehe fein würfeln.
5. Nudeln und Gemüse ab-
wechselnd in eine gebutterte, feuerfeste Form schichten.
6. Die einzelnen Schichten
mit Salz und Pfeffer würzen.
7. Crème fraîche, Sahne und
Eigelb miteinander verrühren, mit Salz und Pfeffer würzen.
8. Das Eiweiß steif schlagen
und mit den gehackten Kräutern unter die Sahne-Mi-
schung ziehen.
9. Die Mischung über die Zutaten gießen und mit dem
Käse bestreuen.
10. Die Form auf den Rost in
den vorgeheizten Backofen
schieben und 45 Minuten bei
180-200°C backen.

Überbackener Chicorée

8 Stauden Chicorée
2 EL Butter
1/8 l trockener Weißwein
8 Scheiben gekochter
Schinken
8 Scheiben Emmenthaler
oder Gruyère-Käse
Butter zum Ausstreichen
Salz
Pfeffer

1. Chicorée putzen, waschen und den bitteren Kern
keilförmig rausschneiden.
2. Bei mittlerer Hitze 2-3 Minuten in 2 EL Butter anbraten.
3. Mit Weißwein auffüllen
und im geschlossenen Topf
15 Minuten dünsten.
4. Chicorée herausnehmen
und mit jeweils 1 Scheibe
Schinken umwickeln.
5. In eine gebutterte Form
legen.
6. Jede Staude mit einer
Käsescheibe belegen.
7. Mit Salz und Pfeffer würzen.
8. Die Form in den vorgeheizten Backofen stellen und
10-15 Minuten bei 200°C
überbacken.

Suppen:
Die heißgeliebten
Magenwärmer

Was man in der Tüte oder Dose nach Hause tragen kann, verblaßt in unserer Vorstellung allmählich als kulinarisches Lust-Objekt. Zudem ist die Suppe in den Ruch des Dickmachers geraten. Mit einem Wort: Ihr Image ist ziemlich versalzen. Dabei gibt es kaum einen anderen Menügang, der uns derart buntgewürfelt und vielfältig duftend serviert wird. Die Skala reicht vom Arme-Leute-Süppchen bis zu Bocuse' berühmter, blätterteig-überbakkener Trüffelsuppe — von der Gulaschkanone bis zum k.u.k.-österreichischen Nationalheiligtum, der Rindersuppe mit Tafelspitz. Niemals wieder sind herrlichere Brühen gekocht worden als im alten Wien, niemals wieder raffiniertere „Potages" als zu Escoffiers Zeiten in Paris. Suppen sind zudem Erinnerungsträger par exzellence: Großmutters Erbsensuppen, eine Minestrone in der Toscana, Zwiebelsuppe auf dem Montmartre, Bouillabaisse in einer lauen Mittelmeernacht. . . Vom deftigen Eintopf bis zur delikaten Nouvelle-Cuisine-Kreation kann jeder die Suppe auslöffeln, die er sich einbrockt.

Die Königin der tiefen Teller

Man nennt sie Gemüsesuppe, Rindfleischtopf oder auch Brühe mit Inhalt — gemeint ist jedesmal die klassische Rindfleischsuppe, die bei den Franzosen »Pot au feu« heißt. Alle Zutaten und die Flüssigkeit möglichst reich bemessen — am besten einen Riesentopf voll kochen. Einen Teil der fertigen Suppe gleich essen, den Rest einfrieren und für Fleischbrühe (s. S. 154/155) und weitere Suppen-Abwandlungen verwenden.

Grundrezept Rindfleischsuppe
»Pot au feu«

750 g - 1 kg Rindfleisch zum Kochen (mit Knochen, zum Beispiel Ochsenbein, Querrippe, Hochrippe)
2 Markknochen
1 Bund Suppengrün (Möhre, Porree/Lauch, Petersilienwurzel, Sellerie)
1 Zwiebel
3 l Wasser
1 Bund glatte Petersilie
1/2 TL Salz
schwarzer Pfeffer

1. Das Fleisch und die Markknochen kalt abwaschen.

3. Alle Zutaten in den Topf geben. Kaltes Wasser zugießen (mindestens 3 l), bis die Zutaten bedeckt sind.

2. Die Zwiebel abziehen und quer halbieren. Die beiden Hälften an den Schnittflächen in einer Pfanne ohne Fett anrösten — in einer beschichteten Pfanne geht es am einfachsten.

4. Langsam auf Stufe 2 erhitzen, aber noch nicht kochen lassen.

152

5. Den nun aufsteigenden Schaum mit einer Schaumkelle abschöpfen. Vorgang öfter wiederholen, damit die Suppe nicht trüb wird.

6. Zum Kochen bringen, herunterschalten. 2 Stunden bei geringer Hitze köcheln lassen. Die Oberfläche soll sich nur leicht bewegen.

7. Das Rindfleischstück und die zerkochten Teile des Suppengrüns mit einer Schaumkelle entfernen.

8. Die beiden Markknochen mit der Schaumkelle herausheben. Restliches Gemüse aus der Suppe nehmen, in Stücke schneiden. Die Suppe eventuell mit etwas Salz würzen. Fleisch- und Gemüsestücke wieder darin erhitzen. Mit frisch gemahlenem Pfeffer (aus der Mühle) abschmecken.

Das gibt der Suppe zusätzlichen Pfiff

Eine Zwiebel mitkochen. Die Röststoffe, die dabei frei werden, intensivieren den Geschmack der Suppe. Außerdem können noch mitgekocht werden: Kräuterstengel, Gemüsereste oder Hühnerklein. Je länger die Suppe köchelt, desto kräftiger wird sie. Sie kann Stunden auf der Herdplatte bleiben oder sogar einen ganzen Tag. Wenn sie ohne Deckel gegart wird, verdichtet sich der Geschmack noch mehr. Im Schnellkochtopf wird Rindfleischsuppe in ca. 20 Minuten gar. 5-10 Minuten vor Ende der Garzeit wird kleingeschnittenes Gemüse zugegeben. Am Anfang nur vorsichtig mit Salz würzen: Die Flüssigkeit kocht immer etwas ein und kann dadurch salzig werden.

Hühnersuppe

Sie wird nach dem Grundrezept Rindfleischsuppe zubereitet. Zum Hühnerklein die gleiche Menge Flüssigkeit und die gleichen Gemüsezutaten nehmen. Für Hühnersuppe aus ganzen Hühnern entsprechend mehr Flüssigkeit verwenden, dann können jedoch die Markknochen entfallen. Garzeit: Mit Poularde ca. 1 Stunde, mit Suppenhuhn ca. 2 1/2 Stunden. Nach Belieben etwas gemahlenen Zimt mitkochen.

Bolliti Misti

»Gemischter Fleischtopf«
Diese italienische Spezialität besteht aus Rinderzunge, Wurst, Rinderkamm oder -rippe, Kalbskeule und Huhn. Wie Grundrezept Rindfleischsuppe, jedoch ohne Markknochen, wird alles nacheinander in einem großen Topf gegart.
Zuerst kommt die Zunge hinein, die drei Stunden kochen muß, eine halbe Stunde später dann zum Beispiel das Suppenhuhn, das in 2 1/2 Stunden gar ist, und anschließend 2 Stunden vor Ende der Garzeit, zum Beispiel der Rinderkamm.
Das Fleisch wird in Italien in Scheiben geschnitten, mit einer grünen Sauce »Pesto« (s. S. 155) aufgetragen. Bolliti Misti kann aber auch als kräftiges Suppengericht serviert werden.

153

Die Geheimnisse der Bouillon

Rindfleischsuppe ist die Basis für Fleischbrühe (Bouillon), Kraftbrühe (Consommé), doppelte Kraftbrühe (Consommé double), Fleischessenz und -gelee.
Die durchgesiebte, entfettete Flüssigkeit dient dabei unreduziert oder in halbkonzentrierter Form als Basis für weitere Suppen. Konzentriert, beispielsweise als Essenz, macht sie Saucen erst richtig gut.

Einfache Fleischbrühe
»Bouillon«
ist passierte, entfettete Rindfleischsuppe, die mit verschiedenen Einlagen (s. S. 158/159) serviert wird.

Kraftbrühe
»Consommé«
entsteht, wenn einfache Fleischbrühe unter Zugabe von Fleisch- und Suppengrün nochmals ca. 1 Stunde bei schwacher Hitze gekocht und entfettet wird. Sie ist dann goldgelb und schmeckt kräftig.

Doppelte Kraftbrühe
»Consommé double«
wird wie Kraftbrühe zubereitet, jedoch mit der doppelten Menge Fleisch (z.B. gehacktem Rindfleisch). Sie ist dann goldbraun. Doppelte Kraftbrühe ist der ideale Auftakt für ein klassisches Menü.

Fleisch-Essenz
ist eine stark eingekochte (reduzierte) doppelte Kraftbrühe. Sie kann in kleinen Tassen als Zwischengang eines Menüs serviert werden. Vorrangig allerdings dient Essenz als Fond für feine Saucen oder wird geschmacksverstärkend Schmorgerichten beigegeben.

Fleisch-Gelee
»Aspik«
wird aus Kraftbrühe oder doppelter Kraftbrühe, Gelatine, Wein, Sherry oder Madeira hergestellt (3/8 l Brühe, 1 Päckchen Gelatine, ca. 1/8 l Wein, Sherry oder Madeira). Fleisch-Gelee/Aspik kann zum Ausgießen von Pasteten, oder in Würfel geschnitten als Garnierung (Beilage) verwendet werden.

Aus dem Grundrezept Rindfleischsuppe (s. S. 152/153) entsteht Fleischbrühe, wenn alle Zutaten herausgenommen und die Flüssigkeit durch ein mit Küchenpapier oder Mull ausgelegtes Sieb gegossen (passiert) wird.

Zum Entfetten Küchenpapier oder eine Papierserviette über die Oberfläche der heißen Brühe ziehen oder die Brühe erkalten lassen und die festgewordene Fettschicht mit einer Schaumkelle abheben.

Gut zu wissen:
Entfettete Brühe hält sich — tiefgefroren — bis zu 6 Monaten

Was der Fleischbrühe noch mehr Geschmack gibt

1. Die fertige Brühe mit Salz, Pfeffer oder etwas Cayennepfeffer abschmecken.
2. Mit etwas Sambal Oelek (aus Chilischoten) würzen.
3. Portionsweise 1-2 TL Sojasauce zugeben.
4. Mit Safran (1 Messerspitze auf 1 l Brühe) würzen.
5. Etwas gemahlenen Zimt unterrühren.
6. Mit geriebener Muskatnuß (1 Messerspitze auf 1 l Brühe) abschmecken.
7. Eine abgezogene Knoblauchzehe kurz in der heißen Brühe ziehen lassen.
8. 1 EL provenzalische Kräutermischung (im Mullsäckchen) ca. 5 Minuten in die heiße Brühe geben.
9. Kurz vor dem Servieren Tomatenmark unterrühren (1 TL auf 1 l Brühe).
10. Kleingeschnittene Waldpilze zum Aromatisieren ca. 1 Stunde vor Ende der Garzeit zugeben, die Brühe passieren.
11. Kurz vor dem Servieren etwas Portwein, Sherry oder Cognac in die Brühe geben.

Eine Sauce
für die Suppe

In Frankreich und Italien werden Suppen und Brühen oft mit ölhaltigen Soßen oder kräftig gewürzten Mayonnaisen serviert.

Aus Frankreich stammt die „Aioli", die Gemüsesuppen noch würziger macht und die man auch aufs Brot streichen kann.

Pesto ist eine italienische Spezialität, die auch als Sauce zu Nudeln (s. S. 88/89) abgebildet ist.

Aioli

1 EL Semmelbrösel	
2 EL Zitronensaft	
2 Knoblauchzehen	
2 Eigelb	
1/2 Tasse Olivenöl	
1/2 TL Salz, Pfeffer	

Semmelbrösel mit Zitronensaft und gepreßtem Knoblauch in einer Schüssel zu einer glatten Masse verrühren. Eigelb unterrühren. Mit einem Schneebesen das Olivenöl tropfenweise unterrühren, mit Salz und Pfeffer würzen.

Pesto

1 1/2 Tassen frische	
Basilikumblätter	
1 Knoblauchzehe	
1 EL Pinienkerne	
2 EL Parmesankäse	
2-3 EL Olivenöl	

Basilikumblätter von den Stielen zupfen, Stiele fein hacken. Knoblauchzehe abziehen, in Scheiben schneiden. Basilikum (Blätter und Stiele), Knoblauch und Pinienkerne in einem Mörser zu einer Paste zerreiben, Parmesan und Olivenöl unterrühren.

Die 30 schnellsten Variationen

Eine klare Brühe kann ein festliches Menü einleiten, kann heißer Auftakt zu einem kalten Abendessen sein, kann aber auch zum Hauptgang einer Diät werden. Es kommt nur darauf an, das Grundrezept phantasievoll zu variieren. 30 Vorschläge finden Sie hier — wie viele fallen Ihnen noch ein?

(Fotos von links nach rechts)

Rindermark in Scheiben 5 Minuten in der Brühe miterhitzen.

Sellerie, feingeschnitten, 5 Minuten in der Brühe garen.

Rote Bete, gehackt, 2 Minuten garen und auf die Suppe streuen.

Reis, pro Person 1 EL gekochten Reis in die Brühe geben.

Sahne, 1 EL geschlagene Sahne auf jede Tasse Brühe setzen.

Safranfäden in die Brühe streuen, 10 Minuten ziehen lassen.

Kopfsalat — Streifen vor dem Servieren einstreuen.

Tomaten enthäuten, entkernen und geschnitten 15 Minuten garen.

Champignonscheiben und Schnittlauchröllchen kurz darin erhitzen.

Schinkenstreifen vor dem Servieren einstreuen.

Möhrenscheiben 5 Minuten mitgaren, mit Petersilie garnieren.

Blumenkohlröschen gegart, mit Sellerieblättern in der Brühe servieren.

Fadennudeln 15 Minuten in der heißen Brühe garen.

Staudensellerie und Lauchstreifen andünsten, mit Kerbelblättchen in die Brühe geben.

Sternchennudeln in der Brühe garen.

Möhren-, Sellerie- und andere Gemüsewürfel in der Brühe garen.

Spargelspitzen, gekocht, 5 Minuten in der Brühe erhitzen.

Kräuter, frisch gehackt, in die heiße Brühe geben.

Tomatenwürfel mit Basilikumblättchen in der Brühe erhitzen.

Würstchenscheiben und Rotkohl darin erhitzen.

Erbsen, Spargel und Möhren kurz blanchieren, in die Brühe geben.

Paprikastreifen und Reis, gegart, in die Brühe geben.

Pfannkuchen, in feine Streifen geschnitten, zugeben.

Tortellini 15 Minuten in der Brühe garen.

Champignonscheiben, Apfel- und Tomatenstückchen und Nudeln in die Brühe geben.

Erbsen, fein ausgepalt, 20 Minuten in der Brühe mitgaren.

Gruyèrekäse, frisch gerieben, vor dem Servieren auf die Brühe streuen.

Sauerampfer und Schnittlauch 2 Minuten in der Brühe ziehen lassen.

Lauchscheiben 10 Minuten mitgaren.

Ei-Einlauf (s. S. 158) in die heiße Brühe geben.

Die fünf liebsten Einlagen

Sie können beinahe jede Suppe und jede Brühe noch weiter verfeinern. Zum Beispiel, wenn Sie einem fertig gekauften Produkt mehr Pfiff geben möchten. So wird die Wild- oder Ochsenschwanzsuppe aus der Dose zur delikaten Vorspeise. Die bekanntesten Einlagen sind Eierstich, Kalbfleisch- und Markklößchen sowie geröstete Weißbrotwürfel (Croûtons).

Eierstich

(Fotos links)

2 Eier
1/2 Tasse Milch
Salz

1. Eier verquirlen.
2. Mit einem Schneebesen heiße Milch unterrühren, mit Salz würzen.
3. In eine mit heißem Wasser gefüllte Wasserbadform geben (oder Schüssel in einen Topf mit heißem Wasser hängen, ohne daß sie den Topfboden berührt).
4. Bei mittlerer Hitze 30-40 Minuten stocken lassen, den Topf geschlossen halten.
5. Mit dem Messer aus der Form lösen.
6. Erst in Scheiben, dann in Stücke schneiden.

Variationen:
Eine zusätzliche Verfeinerung wird erreicht durch Vermischen der Eierstich- oder Klößchenmasse mit:
— gehacktem Spinat
— gehackten Pistazienkernen
— gehackten Kräutern
— kleingeschnittener Trüffel
— gehackten Mandeln
— Paprika- oder Currypulver
— Safranpulver

Ei-Einlauf

1 Ei
2 EL Mehl
Salz
geriebene Muskatnuß

1. Ei verquirlen.
2. Das Mehl mit einem Schneebesen unterrühren.
3. Eimasse mit Salz und Muskatnuß würzen. Durch ein Sieb streichen, um Klümpchen zu entfernen.
4. Durch eine Schaumkelle, Spätzlepresse oder ein feinmaschiges Sieb in die heiße Suppe geben.

Mark-Klößchen

(Fotos links)

1/2 Tasse Rindermark
1/2 Tasse Weißbrot
1 EL gehackte Petersilie
1/2 Tasse Eier
Salz, Pfeffer
Mehl

1. Rindermark aus dem Knochen lösen.
2. Entrindetes, zerbröckeltes Weißbrot mit gehackter Petersilie vermengen. Eier hinzufügen.
3. Gut vermengen.
4. Kleingehacktes Rindermark mit der Masse verkneten, mit Salz, Pfeffer würzen. Sollte die Masse zu weich sein, etwas Mehl unterkneten.
5. Arbeitsplatte mit Mehl bestäuben. Aus der Markmasse dünne Rollen formen, in Scheiben schneiden und zu Kugeln formen.
6. In der Brühe (oder in Salzwasser) 15 Minuten gar ziehen lassen.

Kalbfleisch-Klößchen

(Fotos links)

120 g mageres, gekühltes Kalbfleisch
4-6 EL Schlagsahne
Salz, Pfeffer

1. Fleisch fein schneiden, mit 2 Eßlöffeln Sahne vermischen. Mit Salz und Pfeffer würzen.
2. In die Küchenmaschine geben.
3. Feinschneiden (oder mit dem Pürierstab pürieren).
4. Mit der restlichen Sahne zu einer lockeren Masse verrühren.
5. Mit einem Teelöffel Klößchen abstechen.
6. In Salzwasser 15 Minuten pochieren.

Geröstete Weißbrot-Würfel

»Croûtons«

3 Scheiben Weißbrot
1 EL Butter
Salz

1. Weißbrot entrinden und in kleine Würfel schneiden.
2. Kurz in der Pfanne ohne Fett anrösten, dann die Butter hinzufügen.
3. Weißbrotwürfel unter Wenden goldbraun rösten.
4. Mit Salz würzen.

Überbacken von Suppen

Für 4 Tassen Suppe 4 EL geschlagene Sahne mit 1 Eigelb verrühren. Die Suppe in feuerfeste Tassen füllen, und je 1 Sahnehaube auf die Oberfläche setzen. Die Tassen unter den vorgeheizten Grill setzen und die Suppe goldbraun überbacken. Überbacken werden kann die Suppe auch mit frisch geriebenem oder in dünne Scheiben geschnittenem Käse.

Suppe mit Blätterteighaube

Den Backofen auf 230° vorheizen. Blätterteig ausrollen und 4 Kreise, etwas größer als die Suppentassen-Oberfläche, ausstechen. Die heiße Suppe in feuerfeste Tassen füllen, den Tassenrand mit Eigelb einstreichen, auf jede Tasse einen Blätterteigkreis legen und festdrücken. Das restliche Eigelb auf den Blätterteig streichen. Die Tassen in den Backofen stellen und den Teig goldbraun backen.

Die Drei-Sterne-Methode

Escoffier, der Altmeister der Haute Cuisine, vollendete das Thema Suppen auf seine Weise: Er kreierte die endgültige Version der Creme-, Sahne- oder Rahmsuppen. Dazu zählen auch die „Veloutés", die man mit dem Begriff „Samtsuppen" anschaulich übersetzt hat; sie werden mit einem hellen „Roux" (Mehlschwitze) sämig gemacht. Aber es gibt noch andere Tricks . . .

Champignon-Cremesuppe
(Foto)

100 g Champignons
1 Schalotte
(oder 1 Zwiebel)
1 EL Butter
3/4 l Fleischbrühe
1/8 l Schlagsahne
1 Eigelb
Salz
schwarzer Pfeffer
aus der Mühle
Thymian zum Garnieren

1. Champignons und Schalotte fein hacken, einige Champignonscheiben zum Garnieren zurücklassen.
2. In Butter kurz glasig dünsten.
3. Mit Brühe auffüllen und 3 Minuten kochen lassen.
4. Von der Herdplatte nehmen und legieren. Sahne und Eigelb verquirlen, unter Rühren in die Flüssigkeit geben.
5. Kurz erhitzen, aber nicht mehr kochen lassen und mit Salz und Pfeffer abschmecken.
6. Mit restlichen Champignonscheiben und Thymian garnieren.

Blumenkohl-Cremesuppe
(Foto)

1/2 Blumenkohl
3/4 l Wasser/Fleischbrühe
3 EL Butter
2 EL Mehl
1/4 l Schlagsahne
1-2 Eigelb
Salz
schwarzer Pfeffer
aus der Mühle
Kerbel zum Garnieren

1. Blumenkohl in Röschen teilen. Kleinschneiden, einige Röschen zum Garnieren zurücklassen. In der Fleischbrühe 5 Minuten kochen.
2. Butter erhitzen. Mehl zugeben. Sofort mit der Gemüsebrühe auffüllen.
3. Mit dem Schneebesen verrühren, 1 Minute kochen lassen.

4. Vom Herd nehmen. Schlagsahne und Eigelb verquirlen und in die Flüssigkeit rühren.
5. Kurz erhitzen, aber nicht kochen lassen, mit Salz und Pfeffer abschmecken.
6. Mit restlichen Blumenkohlröschen und Kerbel garnieren.

Spargelcreme-Suppe wird genauso zubereitet. Den Spargel 10 Minuten garen. Die Suppe mit Spargelspitzen garnieren.

Tomaten-Cremesuppe

1 Frühlingszwiebel oder
1 Stange Porree (Lauch)
1 Möhre
1 Zwiebel
3 Fleischtomaten
2 EL Butter
1/2 EL Mehl
3/4 l Fleischbrühe
3 EL Schlagsahne
Salz
schwarzer Pfeffer
Zucker

1. Die Frühlingszwiebel oder Porree (bei Porree nur das Hellgrüne verwenden) kleinschneiden.
2. Die Möhre in Scheiben schneiden.
3. Zwiebel abziehen und würfeln.
4. Tomaten halbieren und kleinschneiden.
5. Gemüse in der Butter andünsten, mit Mehl bestäuben, mit Brühe auffüllen. Ca. 20 Minuten köcheln lassen.
6. Durch ein Sieb streichen.
7. Mit der Schlagsahne verrühren, erhitzen und würzen. Nach Belieben 1 TL Crème fraîche auf jede Portion setzen oder die Tomaten-Cremesuppe mit Krabben verfeinern.

Das Prinzip des Legierens
Suppen legieren heißt, sie mit Schlagsahne und Eigelb sämiger und feiner zu machen. Für 1 l Suppe ca. 1/4 l Schlagsahne mit 1 Eigelb verquirlen. Die heiße Suppe von der Herdplatte nehmen und die Sahne-Eigelb-Mischung unterrühren. Die Suppe wieder erhitzen aber nicht kochen lassen, da sonst das Eigelb gerinnt.

Der Trick mit der Mehl-Butter
Jede Suppe und Sauce kann mit Mehl-Butter gebunden werden. Es ist empfehlenswert, Mehl-Butter auf Vorrat herzustellen. Zum Beispiel 100 g Mehl und 100 g weiche Butter miteinander verkneten, zu Kugeln formen und im Gefrierschrank aufbewahren. (Haltbarkeit mindestens 4 Monate.) Bei Bedarf die Mehl-Butter flöckchenweise in die heiße Suppe rühren und einige Minuten kochen lassen.

Fertigsuppen verfeinert
Alle Instant- und Halbfertigprodukte können durch Zugabe von Schlagsahne, Mehl-Butter, Butterflöckchen, Sherry, Wein, Madeira verfeinert werden.
Zum Beispiel kann eine fertige Hühnersuppe legiert oder mit Sherry abgerundet werden, eine klare Ochsenschwanzsuppe mit Schlagsahne und Madeira abgeschmeckt werden. Hummercreme- und Krebssuppen werden durch Zugabe von einem Stückchen Butter noch edler im Geschmack.

Der Nouvelle-Cuisine-Trick

Hier geht's um Suppen, die garantiert nicht dick machen, obwohl sie dick aussehen. Doch ihre Grundzutaten bestehen nur aus püriertem Gemüse und aus Brühe. Die Neue Küche hat diesen Püreesuppen wieder zu Popularität verholfen. Natürlich können Sie sie noch mit Sahne gehaltvoller machen und geschmacklich verbessern — aber es muß nicht sein.

Grundrezept für pürierte Gemüse-Suppen

400-500 g Gemüse
1/2 l Fleischbrühe
Salz, Pfeffer

1. Das Gemüse kleinschneiden.
2. Mit gut 1/8 l Fleischbrühe zum Kochen bringen und je nach Gemüseart 5-10 Minuten dünsten lassen.
3. Durch ein Sieb streichen oder mit dem Pürierstab pürieren.

4. Das Gemüse-Püree mit der restlichen Brühe erhitzen mit Salz, Pfeffer würzen.

Verfeinerungen
für Gemüsesuppen:

Frische, gehackte Kräuter Schlagsahne oder saure Sahne, Crème fraîche oder Butterflöckchen unterrühren

Alle Arten von Früchten

önnen nach dem gleichen rinzip wie pürierte Gemüse-uppen zur Obstsuppe ver-rbeitet werden.

tatt Gemüse wird die glei-he Menge Obst genom-en, die Fleischbrühe wird urch Wasser oder Wasser nd Wein ersetzt und etwas ucker zugegeben. Die Gar-eit beträgt je nach Obstart -8 Minuten (nicht kochen). as gegarte Obst wird durch n Sieb gestrichen oder mit em Pürierstab püriert, und it Milch aufgefüllt.

Nach Belieben etwas nach-süßen und heiß oder kalt ser-vieren.

Verfeinerungen
für Obstsuppen:
Obstsuppen können statt mit Milch mit Sahne aufgefüllt werden.

Zu den Fotos

Hellgrün: Pürierte, frische Erbsen mit Minzeblättern ge-gart, ergibt eine interessante Geschmacksnote.
Weiß: Pürierter Blumenkohl mit wenig geriebener Mus-katnuß gewürzt, intensiviert den Geschmack.
Rot: Pürierte Rote Bete mit etwas Zitronensaft säuerlich abschmecken.
Orange: Pürierte Möhren und Orangen machen diese Sup-pe farblich so leuchtend.

Dunkelgrün: Broccoli und Kräuter püriert — gesund und vitaminreich.
Pink: Himbeeren, roh püriert und durch ein Sieb gestri-chen, mit Milch und Schlag-sahne aufgefüllt.

Der Stolz der italienischen Küche

Gemüsesuppen sind in jedem Land dieser Erde bekannt, doch die italienische „Minestrone" schlägt sie alle: Diese abenteuerliche Mischung aus getrockneten Bohnen, vielen frischen Gemüsen und Kräutern und Speck entbehrt jeder neuen Küchen-Logik. Die Gründe: Getrocknete und frische Zutaten zu mischen gilt schon als etwas Absonderliches. Und knackige Gemüse werden sonst nie so lange gegart. Dabei müssen Basilikum und Petersilie von Anfang an mit dabei sein.

Minestrone

Italienische Gemüsesuppe für 6 Personen

100 g getrocknete Bohnen weiß oder rot
200 g durchwachsener Speck
2 Zwiebeln
1 Knoblauchzehe
1 Stange Porree
2 Möhren
1 Stück Staudensellerie
2 Kartoffeln
2 Zucchini
je 100 g Wirsingkohl, Erbsen grüne Bohnen
4 Fleischtomaten
je 1 Bund Petersilie und Basilikum
2 EL Butter
1 1/2 l Fleischbrühe
100 g Rundkornreis
Salz und schwarzer Pfeffer
50 g Parmesankäse

1. Getrocknete Bohnen über Nacht einweichen.

2. Speck und Gemüse fein schneiden, Kräuter hacken.

3. Butter in einem großen Topf zerlassen.

4. Speck darin auslassen, Zwiebel- und Knoblauchwürfel zugeben und andünsten.

5. Gemüse und Kräuter hinzufügen.

6. Unter Rühren ca. 10 Minuten andünsten lassen.

7. Mit Brühe auffüllen und ca. 1 Stunde bei schwacher Hitze köcheln lassen.

8. Reis einstreuen, ca. 15 Minuten mitgaren lassen. Mit Salz und Pfeffer abschmekken. Mit Parmesankäse bestreut servieren.

Das satte Glück im Kessel

Je dicker eine Suppe ist, desto heißer wird sie geliebt und deftig als Eintopf bezeichnet. Eintöpfe können ganz schreckliche, aber auch ganz köstliche Eßerlebnisse sein — es kommt eben darauf an, was man rein tut und wie man das bunte Vielerlei mischt und würzt. Eintöpfe sind in jedem Fall komplette Mahlzeiten, die satt machen. Ob sie auch glücklich machen, hängt von Ihnen ab. Hier finden Sie vier berühmte National-Rezepte und jede Menge Anregungen.

Was die Küche hergibt . . .

. . . kann für Eintöpfe verwendet werden, denn Reste sind dafür ideal. Grundsätzlich können in jeden Eintopf alle Fleisch- und Gemüsereste gegeben werden, auch Grünes aus der Dose (erst zum Schluß, damit es nicht zerkocht). Geräucherter Speck ergibt den deftigen Rauchgeschmack. Reste von Hühnerfleisch oder Braten passen auch hinein. Hier einige Anregungen:

Grundrezept Eintopf

500 g Gemüse

500 g Fleisch zum Kochen

1-2 Bund Suppengrün

Pflanzenfett

Butter

1 Bund Kräuter

Salz, Pfeffer

1. Zuerst das kleingeschnittene Fleisch in erhitztem Fett anbraten.
2. Das Fleisch mit dem Suppengrün nach Grundrezept Rindfleischsuppe (s. S. 152/153) insgesamt 1 1/2 Stunden garen.
3. In der Zwischenzeit Gemüse einzeln in Butter andünsten. Je nach Gardauer der einzelnen Zutaten (s. Gemüsekapitel) nach und nach in die Fleischbrühe geben (ca. 20 Minuten vor Ende der Garzeit).
4. Frische, gehackte Kräuter unterrühren, mit Salz und Pfeffer würzen.

Provenzalischer Gemüse-Topf

500 g Rind- oder Hammelfleisch

1 Bund Suppengrün

1 Knoblauchzehe

1 Zwiebel

je 1 Zucchini, Paprikaschote, Peperoni, Aubergine

2 Tomaten

3 EL Pflanzenöl

1 TL Tomatenmark

Salz, Pfeffer

Thymian, Rosmarin, Basilikum

1. Fleisch mit Suppengrün nach Grundrezept Rindfleischsuppe (s. S. 152/153) ca. 1 1/2 Stunden garen.
2. Knoblauch, Zwiebel und Gemüse grob zerkleinern, in dem Öl andünsten, ca. 10 Minuten in der Suppe mitgaren lassen.
3. Tomatenmark unterrühren, mit Salz, Pfeffer würzen, mit den Kräutern abschmekken.

Linsen-Eintopf

500 g Rindfleisch

Suppengrün

250 g Linsen

4 Möhren

1 Stange Porree

2 Zwiebeln

2 EL Pflanzenöl

5 Kartoffeln

Salz, Pfeffer

Petersilie

1. Fleisch, Suppengrün und die über Nacht eingeweichten Linsen nach Grundrezept Rindfleischsuppe (s. S. 152/153) ca. 1 1/2 Stunden garen.
2. 20 Minuten vor Ende der Garzeit in Öl angedünstetes Gemüse und geschälte kleingeschnittene Kartoffeln hinzufügen.

3. Mit Salz, Pfeffer würzen und mit gehackter Petersilie bestreuen.

Variationen:

Durchwachsenen Speck oder geräucherte Schinkenreste mitgaren lassen.

Frühlings-Eintopf

500 g Hühner- oder

Kalbfleisch

1 Bund Suppengrün

3/4 l Fleischbrühe

1 Kohlrabi

5 Möhren

2 EL Pflanzenöl

1 Kopf Blumenkohl

200 g Erbsen

Salz, Pfeffer

1 Bund Schnittlauch

1 Bund Petersilie

1. Hühner- oder Kalbfleisch mit Suppengrün und der Fleischbrühe nach <u>Grundrezept Rindfleischsuppe (s.S. 152/153)</u> 1 1/2 Stunden garen.

2. In Scheiben geschnittene Gemüse in dem Öl andünsten.

3. 20 Minuten vor Ende der Garzeit Blumenkohlröschen und Erbsen in die Suppe geben.

4. Mit Salz und Pfeffer würzen, gehackte Kräuter unterrühren.

Herbstlicher Eintopf

500 g Kasseler

3/4 l Fleischbrühe

je 1/4 Kopf Wirsing und

Weißkohl

150 g grüne Bohnen

5 Kartoffeln

2 EL Pflanzenöl

1 TL Kümmel

Salz, Pfeffer

1. Kasseler in der Fleischbrühe ca. 30 Minuten kochen.

2. Kohl putzen und in Streifen schneiden, grüne Bohnen in Stücke und Kartoffeln in Würfel schneiden.

3. Kohl und Bohnen in Öl andünsten, mit restlichem Gemüse und Kümmel ca. 10 Minuten vor Ende der Garzeit in die Brühe geben und mitgaren.

4. Mit Salz und Pfeffer abschmecken.

Vichyssoise

Mulligatawny

Zuppa Pavese

Vichyssoise
aus Frankreich

300 g Kartoffeln

1 Stange Porree/Lauch

2 EL Butter

1 l Fleischbrühe

1/4 l Schlagsahne

Salz

schwarzer Pfeffer

Schnittlauch zum Bestreuen

1. Kartoffeln schälen, waschen und in grobe Würfel schneiden.
2. Porree putzen, halbieren, waschen und in Scheiben schneiden.
3. Butter in einem Topf erhitzen, Porree und Kartoffeln darin 3 Minuten dünsten.
4. Mit Fleischbrühe auffüllen, mit Salz würzen.
5. 20-30 Minuten köcheln lassen, bis die Kartoffeln zerfallen.
6. Die Suppe pürieren und durch ein feines Sieb streichen.
7. Schlagsahne einrühren.
8. Mit Salz und Pfeffer abschmecken.
9. Suppe kalt stellen.
10. Mit Schnittlauchröllchen bestreut servieren.

Mulligatawny
aus Indien

1,5-2 kg Suppenhuhn

3 EL Öl

3 Zwiebeln, in Scheiben geschnitten

1 Knoblauchzehe, fein gehackt

200 g Quark (oder Joghurt)

1 l Wasser

Salz

1 TL Chilipulver

1/2 TL Ingwerpulver

1/2 TL gemahlener Koriandersamen

1 Messerspitze gemahlener Kreuzkümmel

3 Nelken

80 g Langkornreis

Saft von 1/2 Zitrone

1. Suppenhuhn zerteilen und waschen.
2. Öl in einem großen Topf erhitzen.
3. Geflügelteile anbraten.
4. Zwiebeln und Knoblauch hineingeben, kurz andünsten.
5. Quark hinzufügen und anbraten, bis sich eine Kruste auf dem Topfboden bildet.
6. 1 l Wasser zugeben, Bratensatz ablösen, mit wenig Salz würzen und erhitzen.
7. Gewürze in eine Pfanne geben, ohne Fett bei mittlerer Hitze anrösten. In den Topf streuen.
8. So lange garen, bis sich das Fleisch von dem Knochen löst (ca. 2 1/2 Stunden).
9. In der Zwischenzeit Reis kochen (s. S. 102/103), warm stellen.
10. Hühnerfleisch herausnehmen, kleinschneiden, wieder in den Topf geben.
11. Kurz erhitzen, dann von der Herdplatte nehmen.
12. Zitronensaft zugießen, alles gut verrühren, abschmecken und mit dem Reis servieren.

Zuppa Pavese
aus Italien

3/4 l Fleischbrühe

4 Scheiben Weißbrot

1 EL Butter

4 Eigelb

4 EL geriebener Parmesankäse

1. Brühe erhitzen.
2. Weißbrot von beiden Seiten in Butter anrösten.
3. Heiße Suppe in die Teller gießen.
4. Je 1 rohes Eigelb auf eine Portion Suppe setzen.
5. Geröstetes Weißbrot zugeben und mit Parmesankäse bestreuen.

Borschtsch
aus Rußland

400 g Rinderbrust, Hochrippe oder Querrippe

1 Stange Porree/Lauch

1/2 Sellerieknolle

2 Möhren

1 Lorbeerblatt

1 Nelke

Salz

1 küchenfertige Ente oder Poularde

5 EL Öl

2 Knollen rote Bete

1 Petersilienwurzel

1 Zwiebel

1/2 Kopf Wirsing

3 EL Butter

1/4 l rote Bete-Saft

1 EL Essig

Saft von 1 Zitrone

Pfeffer

250 g Chipolatas (kleine Perl- oder Knoblauchwürstchen)

, Fleisch mit Wasser be-
eckt in einem großen Topf
im Kochen bringen.
, Von der geschälten Selle-
eknolle ein ca. 5 cm breites
tück abschneiden und
einwürfeln.
, Porree und Möhren put-
en, waschen und klein-
chneiden. Mit Sellerie, Lor-
eerblatt und Nelke zu dem
leisch geben, mit wenig
alz würzen und ca. 2 Stun-
en köcheln lassen.
, Geschälte rote Bete, Pe-
rsilienwurzel, Zwiebel, Wir-
ng und den restlichen Sel-
rie in Streifen schneiden.
, 1 EL Butter zerlassen, Ente
der Poularde von allen Sei-
n anbraten und in der Brü-
e garen lassen, Gemüse in
er restlichen Butter andün-
en, rote Bete-Saft und Essig
errühren. Mit 1/2 TL Salz zu
em Fleisch geben.
, Weitere 30 Minuten
chwach kochen lassen.
, Zitronensaft unterrühren,
it Pfeffer abschmecken.
, Rindfleisch herausneh-
en und in Stücke schnei-
en.
, Die Würstchen mit den
leischstücken wieder in die
uppe geben und erhitzen.

Gazpacho
aus Spanien

| 1 Knoblauchzehe |
| 1 Zwiebel |
| 2 rote Paprikaschoten |
| 1 kl. Salatgurke |
| 1 Scheibe Toastbrot |
| 4 Tomaten |
| 3 EL Olivenöl |
| 1 EL Essig |
| 1/4 l Eiswasser |
| Salz und Pfeffer |

1. Knoblauchzehe abziehen
und in eine große Schüssel
pressen.
2. Zwiebel abziehen, in feine
Würfel schneiden.
3. Paprika halbieren, entkernen, waschen und in feine
Würfel schneiden.
4. Salatgurke schälen, mit einem kleinen Löffel entkernen. Die Gurke in feine Würfel
schneiden.
5. Von Gurken, Paprika und
Tomaten jeweils 2 Eßlöffel
zurückbehalten.
6. Toastbrot fein zerbröckeln.
7. Knoblauchzehe und Zwiebel an dem Schüsselrand mit
einem Holzlöffel zu einer
Paste zerdrücken.
8. Tomaten 10 Sekunden in
kochendes Wasser tauchen,
kalt abspülen und Schale abziehen. Tomaten halbieren,
entkernen, Tomatenfleisch in
Würfel schneiden.
9. Öl mit Essig in die Schüssel geben.
10. Gemüsewürfel hineingeben und umrühren.
11. Eiswasser hinzugießen
und mindestens 1/2 Stunde
kalt stellen.
12. Vor dem Servieren mit
Weißbrot vermischen. Mit
Salz und Pfeffer abschmekken.
13. Zurückbehaltenes Gemüse getrennt zur Suppe reichen.
Die Suppe kann mit dem
Pürierstab stärker zerkleinert
werden.

Zwiebelsuppe
aus Frankreich

| 3 Zwiebeln |
| 2 EL Butter |
| 1/2 l Fleischbrühe |
| 1/4 l Weinwein |
| 1/2 TL gemahlener Kümmel |
| Salz, Pfeffer |
| 4 Scheiben Weißbrot (in |
| Tassengröße geschnitten) |
| 100 g geriebener Gruyère |

1. Zwiebeln abziehen und in
Scheiben schneiden.
2. Butter zerlassen, Zwiebelscheiben darin glasig dünsten.
3. Fleischbrühe und Wein
hinzugießen, Kümmel unterrühren, etwa 5 Minuten
schwach kochen lassen.
4. Mit Salz und Pfeffer würzen.
5. Suppe in 4 Suppentassen
verteilen, mit je 1 Scheibe
Weißbrot bedecken, mit dem
Käse bestreuen.
6. Unter dem vorgeheizten
Grill goldbraun überbacken.

Borschtsch

Gazpacho

Zwiebelsuppe

169

Fisch Leckerbissen aus dem Wasser

Erst allmählich schwimmt sich der Fisch frei vom schlechten Ruch, der ihm in Deutschland jahrzehntelang anhing. Mittelmeerländer wie Frankreich und Italien war diese Einstellung immer unverständlich. Kunststück! Da galten Hecht und Zander, Lotte und Loup de mer seit altersher als Delikatessen, die sich zudem jeder leisten konnte. Und um die richtigen Rezepte war niemand verlegen: Regionalküchen und Haute Cuisine hatten tausendundeine Zubereitung ersonnen. Erst mit dem Aufkommen moderner Kühlketten und dem Schnuppern an fremden Herden wuchs bei uns das Interesse an den Leckerbissen aus dem Wasser. Daß Fisch fischig rieche, erwies sich plötzlich als Gerücht. Und was Urlauber an Erinnerungen mitbrachten von einfachen Fischern und aus Feinschmecker-Lokalen — und das machte Lust aufs Selberkochen. Schwimmen Sie mit auf der neuen Fisch-Welle — wir geben Ihnen Unterricht!

Die 5 Grundarten des Garens

Gleich für welche Zubereitungsart Sie sich entscheiden — eins gilt immer: Fisch muß frisch sein! Es ist ein weitverbreiteter Irrglaube, man könne durch Säuern oder kräftiges Würzen und Braten mangelnde Frische überdecken. Sie merken's trotzdem! Wenn nicht mit der Nase, dann spätestens im Magen, was Sie sich da geangelt haben. Wieviel mehr gilt das erst für die feineren Arten des Garens, bei denen die zartesten Aromastoffe des Fischfleischs geweckt werden. Also: Suchen Sie zuerst eine gute Fischhandlung. Die erkennen Sie daran, daß es darin nicht nach Fisch riecht . . .

Der Einkauf

Woran erkennt man, ob ein Fisch frisch ist? Merken Sie sich die folgenden vier Faustregeln:
1. Die Kiemen sind hellrot und liegen fest an.
2. Die Augen sind prall, klar und glänzend.
3. Die Schleimhaut ist glatt und nicht schmierig.
4. Der Geruch hat den Duft von Meer und Wasser, darf keinesfalls fischig sein.
Jeder gute Fischhändler wird Ihnen den Fisch für die gewünschte Zubereitungsart fachmännisch vorbereiten, wenn Sie den Wunsch äußern (Ausnehmen, Schuppen, Entgräten, Filieren).

Die Vorbereitung

Den Fisch ausnehmen und unter fließend kaltem Wasser gründlich säubern. Wenn der Fisch pochiert wird, brauchen Sie nichts weiter zu tun — nicht säuern, nicht salzen! Wenn der Fisch gedünstet oder gebraten wird, kurz vor dem Garen salzen und mit Zitrone beträufeln. Das Fleisch wird dadurch fester. Vorsicht: Den gesalzenen Fisch auf keinen Fall stehen lassen! Das Salz entzieht ihm die Flüssigkeit. Ergebnis: Ein trockener Fisch ohne Geschmack.

Pochieren

Gar ziehen in heißer Flüssigkeit

1. Saft einer Zitrone in 1 l kochendes Wasser geben.
2. 1/2 TL Salz hinzufügen.

Pochieren im Gemüsesud

Zutaten:
1 Möhre, 1 Zwiebel, 5 Stiele Petersilie, 1 kleine Stange Lauch (Porree), 1/2 Zitrone, 1/2 TL Pfefferkörner, 1 l Wasser.

1. Alle Zutaten in einen Topf geben.
2. Auf großer Hitze 1 Minute aufkochen.

Dünsten im Gemüsebett

Zutaten:
1 Möhre, 1 kleine Stange Lauch (Porree), Staudensellerie (ca. 250 g), 1/4 trockener Weißwein, 1 EL Butter, Salz und Pfeffer.

1. Gemüse in feine Streifen schneiden und in eine feuerfeste Form legen.
2. Wein zugießen.

Dämpfen

ist für den Fisch die schonendste Art zu Garen. Man verwendet dazu einen Topf mit Siebeinsatz (Fischtopf).

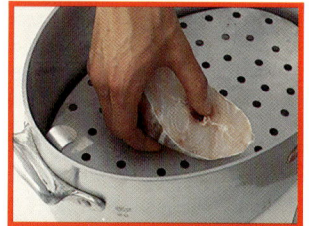
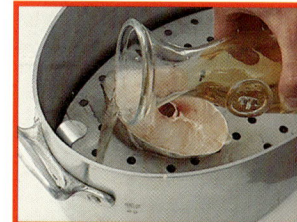

1. Fisch auf den Dampfeinsatz legen.
2. 1/2 l trockenen Weißwein in den Topf gießen.

Braten

Zutaten:
Salz und Pfeffer, 3 EL Mehl, 1 EL Butter.

1. Fisch würzen und in Mehl wenden.
2. Butter in einer Pfanne erhitzen.

3. Topf vom Herd nehmen.

4. Nun den Fisch mit der Schaumkelle in das heiße Wasser legen.

5. 10-15 Minuten gar ziehen lassen.

6. Fisch herausnehmen und anrichten.

3. Topf vom Herd nehmen, den Gemüsesud 10 Minuten ziehen lassen.

4. Fisch in den Sud geben.

5. Topf wieder auf die Herdplatte stellen.

6. Auf kleinster Flamme 15 Minuten gar ziehen lassen.

3. Butterflöckchen auf das Gemüse verteilen.

4. Den Fisch auf das Gemüsebett legen und würzen.

5. Backofen auf 200°C vorheizen. Die Form hineingeben.

6. Den Fisch 20 Minuten dünsten lassen.

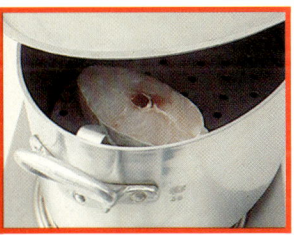

3. Den Topf mit dem Deckel fest verschließen.

4. Flüssigkeit zum Kochen bringen.

5. Bei mittlerer Hitze 20 Minuten dämpfen lassen.

6. Fisch herausnehmen und anrichten.

3. Den Fisch in die heiße Butter geben.

4. Von jeder Seite 1 Minute anbraten.

5. Fisch unter mehrmaligem Wenden 10 Minuten braten.

6. Fisch herausnehmen.

Die Kniffe des Kombinierens

Kein Wunder, daß die Nouvelle-Cuisine-Köche den Fisch zum Favoriten erkoren haben. Erstens ist er ein leichtes Gericht. Und zweitens macht er einem das kreative Kochen leicht. Das ist der Grund, der auch dem Anfänger das Kochen einfach macht: Man kann praktisch alle Garungsarten für alle Fische anwenden (siehe Seiten 172/173). Und — man kann alle Saucen, Garnituren und Beilagen austauschen und kombinieren! Wenn Sie diese Freiheit nun noch mit Ihrer eigenen Phantasie würzen, werden Sie bald auf Fisch schwören — Ihre Familie und Ihre Gäste auch.

Die zwei Fisch-Familien

Jenseits aller großen und kleinen Unterschiede zwischen den einzelnen Fischarten unterscheidet man zwei Hauptarten:

Seefische

Dazu zählen fast alle preiswerten Konsumfische unseres Alltags (Kabeljau, Schellfisch, Rotbarsch etc.). Sie werden — ebenso wie der inzwischen zur Delikatesse gewordene Hering — in der Nordsee gefangen. Von dort und aus dem Atlantik kommen auch Feinschmecker-Fische wie Seezunge und Steinbutt. Die feinsten und teuersten Seefische stammen jedoch aus dem Mittelmeer. Meist sind Lotte, St. Peterfisch und Loup de mer nur in Delikatessenhäusern und in den Lebensmittel-Abteilungen guter Kaufhäuser zu horrenden Preisen zu bekommen.

Süßwasserfische

Sie werden in den einheimischen Flüssen und Seen geangelt, kommen aber oft auch — wie Forellen und Karpfen — aus Zuchtteichen. Im Geschmack sind sie zarter und milder als die kernigeren Seefische, die im Salzwasser leben. Hecht und Aal, Zander und Bachforelle gelten heute als beste Sorten. Die populärsten sind Karpfen und Zuchtforelle.

Was Fisch so wertvoll macht

Fische sind hochwertige Eiweißträger; ihr Fleisch hat ein lockeres Gewebe und ist daher leicht verdaulich. Obwohl sie den Körper nicht belasten, sättigen sie lange. Fischfleisch enthält viele Mineralstoffe (Kalium, Eisen, Phosphor), Spurenelemente (Jod, Fluor) und Vitamine der B-Gruppe. Fische haben unterschiedlichen Fettgehalt. Fettfische (Heringe, Aal, Lachs) enthalten außerdem die fettlöslichen Vitamine H und D, was der Bekömmlichkeit dient. Magere Fische (Seezunge, Steinbutt z.B.) sind vorzüglich für Diäten geeignet, aber auch das richtige für Feinschmecker, die schlank bleiben wollen.

Die Garzeiten

Man muß nicht soweit gehen wie die avantgardistischen Nouvelle-Cuisine-Köche, die Fische so kurz pochieren, daß sie an der Gräte noch rosa schimmern. Aber eins gilt gewiß:
Fisch sollte so kurz wie möglich gegart werden, um Geschmack und Inhaltsstoffe zu erhalten. Außerdem soll ein gut zubereiteter Fisch saftig sein. Zu lange gegarter Fisch zerfällt, ist trocken, faserig und geschmacklos.
Es muß nicht immer Frischfisch sein. Inzwischen gibt es ein breites Angebot an tiefgefrorenen Fischen, die sich nach allmählichem Auftauen (Kühlschrank) wie Frischfisch weiterverarbeiten lassen.
Lagerdauer für tiefgekühlten Fisch: Fettarme Fische bis zu 8 Monaten. Fettreiche Fische bis zu 4 Monaten.

Kabeljau-Kotelett mit Senfsauce und Spinat

4 Kabeljaustücke (je 2 cm dick)
1 Zitrone
500 g Spinat
1 EL Butter
Salz, Pfeffer, Dill

1. Fisch wie auf den Phasenfotos pochieren.
2. Spinat putzen, waschen. In kochendem Salzwasser 1 Minute gar ziehen lassen. Anschließend mit kaltem Wasser abspülen und die Flüssigkeit ausdrücken. Spinat in heißer Butter kurz erwärmen und würzen.

3. Senfsauce nach Rezept im Saucenkapitel zubereiten. (s. S. 262/263)
4. Kabeljau mit halben Zitronenscheiben und Dill garnieren. Als Beilage eignen sich Dillkartoffeln (Salzkartoffeln mit heißer Butter und 1/2 TL gehacktem Dill vermischen).

Variationen:
Rotbarsch, Schellfisch

Schollenfilets mit Kräutersauce und Champignons

2-4 Schollenfilets pro Person (je nach Größe)
500 g Champignons
2 EL Butter
Salz, Pfeffer
Petersilie, Estragon, Basilikum (nach Belieben zum Garnieren)

1. Schollenfilets je nach Größe 2-4 Minuten pochieren (s. Seite 172/173).
2. Champignons putzen, in Scheiben schneiden und in Butter 2-3 Minuten bei mittlerer Hitze braten. Mit Salz und Pfeffer würzen.

Das Garnieren

Alle Fische lieben eine leichte Säure. Darum gehören zur Grundgarnitur Zitronen oder Limetten, in Scheiben oder in Achteln.
Dill, Estragon und Kerbel sind die beliebtesten Kräuter, die fast zu jedem Fisch geschmacklich passen. Dill muß allerdings sehr vorsichtig dosiert werden.
Verwenden Sie immer Gemüse mit feinem Geschmack, damit das Aroma des Fisches gehoben und nicht erschlagen wird.
Besonders geeignet: Blattspinat, Spargel, Champignons, Möhren, Staudensellerie und Lauch.
Gemüse zum Fisch wird nur kurz blanchiert und dann in Butter gar geschwenkt.
Geschälte Gurkenstücke werden kurz in Weißwein gedünstet.
Die feinste — und passendste — Garnitur sind in jedem Fall Schalen- und Krustentiere, die separat gegart werden (s. Seiten 178/179).

Die Beilagen

Die beliebteste Beilage zu Fisch ist die Kartoffel; obwohl sie relativ grob schmeckt. Verfeinern Sie Salzkartoffeln deshalb durch Zugabe von Butter und/oder feingehackten Kräutern.
Wegen seines neutralen Geschmacks ist Reis eine ideale Ergänzung zu allen Fischgerichten. Besonders dekorativ ist immer ein Reistimbal (s. S. 104/105).
Im Reiskapitel finden Sie aber noch andere Anregungen.
Aus der neuen italienischen Küche kommt die Kombination mit verschiedenen farbigen Nudeln, die nur kurz in Butter gewendet werden (s. S. 92/93). Siehe auch das Kapitel „Nudeln".

Die Saucen

Die einfachste, schon klassische Art, Fisch zu servieren: Mit frisch zerlassener heißer Butter.
Die Feinschmecker-Art: Mit hellen, zarten Wein-Sahne-Saucen (siehe Saucenkapitel S. 264/265).
Die Fischer-Art: Einen Allerweltsfisch wie Kabeljau mit einer deftigen Tomatensauce aufwerten (s. S. 88/89).

Der Wein

Auch wenn Snobs in Pariser Nobellokalen neuerdings leichten Rotwein als Dernier cri zu Fisch trinken, sollten Sie sich an die alte Feinschmecker-Regel halten:
Am besten paßt ein spritziger säurereicher Weißwein wie Riesling oder Muscadet. Wenn's ganz festlich-fein sein soll: Chablis oder Champagner!

3. Kräutersauce nach Rezept im Saucenkapitel herstellen (s. S. 264/265).
4. Schollenfilets nach Belieben mit Kräutersträußchen garnieren. Als Beilage: Butterkartoffeln oder Reis.

Variationen:
Seezungenfilets, Rotzungenfilets.

Seezungenröllchen mit Safransauce und Krabben

2-4 Seezungenfilets pro Person (je nach Größe)
200 g Krabben
2 EL Butter
Salz, Pfeffer, Kerbel

1. Seezungenfilets mit der glatten Seite nach innen aufrollen und eventuell mit einem Holzstäbchen feststecken. Wie auf den Phasenfotos pochieren (s.S. 172/173).
Wichtig: Die Garzeit verringert sich auf 5-7 Minuten.
2. Krabben in heißer Butter 3 Minuten erhitzen.
3. Safransauce nach Rezept im Saucenkapitel zubereiten (s. S. 264/265)
4. Seezungenfilets mit Krabben und Kerbelblättchen garnieren. Als Beilage eignet sich am besten Reis.

Lachsschnitte mit Buttersauce und Gemüsestreifen

200 g filierte Lachsschnitte pro Person
2-3 Möhren
1 Stange Lauch
1 EL Butter
Salz, Pfeffer
Estragon

1. Lachsschnitte je nach Dicke 3-5 Minuten pochieren (siehe Phasenfotos S. 172/173).
2. Gemüse putzen, waschen und in feine Streifen schneiden. In kochendem Salzwasser 3 Minuten garen lassen. Mit kaltem Wasser abspülen.

Vor dem Servieren kurz in heißer Butter schwenken und würzen.
3. Die Buttersauce (beurre blanc) wie im Saucenkapitel (s. S. 256/257) zubereiten.
4. Lachsschnitten mit Gemüse und Estragonblättern anrichten. Als Beilage eignen sich kleine Butterkartoffeln.

Variation:
Lachs wird auch als Kotelettstück mit Mittelgräten und Haut angeboten. Die Garzeit verlängert sich bei einem ca. 2 cm dicken Stück um 2 Minuten.

Die ganze, große Attraktion

Zugegeben: Einfacher ist es, Filets, Röllchen oder Tranchen zu garen. Zudem benötigt man für ganze Fische eine längliche Fischform mit gelochtem Bodeneinsatz. Und überhaupt sind die Vorbereitungen umfangreicher — angefangen vom Beschaffen eines Prachtexemplars von Fisch bis zum Tournieren (Zurechtschneiden) des Gemüses. Aber das Ergebnis rechtfertigt allen Aufwand! Es gibt für Gäste kein größeres Aha-Erlebnis.

Das Grundrezept

Um einen Fisch im ganzen zu garen, benötigt man einen länglichen Fischtopf mit Siebeinsatz, der das Hineinlegen und Herausnehmen des Fisches erleichtert.

Vorbereitung:
Den ausgenommenen Fisch kurz mit kaltem Wasser abspülen. Zur Verfeinerung des Geschmacks den Fisch mit feingehobeltem Gemüse (Möhren, Lauch, Frühlingszwiebeln) oder mit verschiedenen Kräutern füllen. Vorsichtig mit Küchengarn umwickeln.

Damit auch große Fische vom Sud durchtränkt werden, kann man den vorbereiteten Fisch längs der Rückengräte einschneiden. Beim Sieden sollte der Fisch knapp mit Flüssigkeit bedeckt sein, da er sonst nicht gleichmäßig gar wird.

Gemüsesud

1-1 1/2 l Flüssigkeit
(1/2 Wasser, 1/2 trockener
Weißwein) je nach Größe
des Topfes
2 Möhren
1 Zwiebel
1 Stange Lauch
2 Stangen Staudensellerie
2 Lorbeerblätter
1 Bund Petersilie
1/2 Bund Dill
1/2 TL Pfefferkörner
1 TL Salz
1 ungespritzte Zitrone

1. Die Zutaten mit der Flüssigkeit einmal aufkochen.
2. Von der Herdplatte nehmen und 10 Minuten ziehen lassen.
3. Fisch auf den Siebeinsatz legen, in den Topf stellen und den Sud mit dem Gemüse darüber gießen.
4. Bei kleiner Hitzezufuhr etwa 30 Minuten ziehen lassen (nicht kochen!).

5. Den passierten Sud bei großer Hitze stark reduzieren; mit Sahne zu einer Soße verkochen. Mit etwas Cognac abschmecken und würzen.
6. Den Fisch erst vor dem Servieren mit Salz und Pfeffer würzen. Salzfaß, Pfeffermühle und Zitronenstücke auf dem Tisch zum Nachwürzen bereitstellen.

Sud aus Kokosmilch

Kokosmilch

Zitronensaft

weißer Pfeffer

Ingwer

Salz

Kokosmilch kann man frisch oder aus der Dose verwenden. Oder aus Kokosraspeln selbst herstellen. Dafür Kokosraspeln 10 Minuten in heißem Wasser ziehen lassen, in ein Sieb geben und auspressen.

Rotweinsud

Anstelle von Weißwein Rotwein nehmen. Alle Zutaten wie beim Gemüsesud.

Sud aus Hühnerbrühe

Fisch ohne Zutaten nur in Hühnerbrühe garen.

177

Sud für Krustentiere

5 l Wasser	
5 TL Salz	
1 EL Kümmel	
1 Bund Dill	
Nach Belieben:	
1 Bund Suppengrün	

1. Flüssigkeit mit den Zutaten aufkochen.
2. Krustentiere mit dem Kopf voran in das kochende Wasser hineingeben (Garzeit siehe unten, 4.).

Sud für Schalentiere

1 Zwiebel	
1 Knoblauchzehe	
2 Möhren	
1 kleine Stange Lauch	
1 kleines Stück Sellerieknolle	
1 EL Butter	
1/2 l Weißwein	
Salz, Pfeffer	

Alle Zutaten in Würfel schneiden. In 1 EL Butter andünsten, mit Wein auffüllen und würzen.
Der Sud ist ausreichend für ca. 1 kg Muscheln = 2 Personen.
Wichtig: Frische Muscheln müssen fest geschlossen sein; offene Muscheln sofort wegwerfen!
1. Muschelschalen nur unter fließendem Wasser kräftig abbürsten.
2. Muscheln in kaltes Salzwasser legen (20 Minuten), damit sie Sand- und Schmutzstoffe absondern.
3. Muscheln nochmals kurz abbrausen und abtropfen lassen.
4. Mit den Schalen in den stark kochenden Sud geben und den Topf fest verschließen. Ihre Muscheln sind gar, wenn sie sich geöffnet haben (5-8 Minuten). Muscheln, die sich beim Garen nicht öffnen, sind ungenießbar.

Die vornehmen Verwandten

Wenn sie rot werden, dann jedenfalls nicht aus Scham über die Preise, zu denen sie gehandelt werden: Hummer, Languste, Krebs — das sind Begriffe aus den obersten Gourmet-Regionen. Ihr Prestige ist womöglich noch größer als ihr Wohlgeschmack — und das will schon was heißen. So hat man die brave Tiefseegarnele jahrelang durch die Bezeichnung Hummerkrabbe kulinarisch aufgewertet. Ohnehin ist die verwirrende Namenkunde der Krustentiere eine Wissenschaft für sich. Wir sagen Ihnen hier, was zum Rüstzeug des Anfängers gehört — und das ist oft mehr, als selbsternannte Kenner wissen!

Hummer (Foto links oben) Garzeit: 20-25 Minuten (je nach Größe). Gegessen wird: Schwanz-, Scheren- und Beinfleisch.

Langusten (Foto Mitte oben) Garzeit: 20-25 Minuten. Gegessen wird: Schwanzfleisch.

Langostinos, Kaisergranat (Foto Mitte links) Garzeit: 10 Minuten. Pro Person: 5-8 Stück. Gegessen wird: Schwanz- und Scherenfleisch.

Flußkrebse (Foto links unten) Garzeit: 8-10 Minuten. Pro Person: 15 Stück. Gegessen wird: Schwanz- und Scherenfleisch.

Tiefseegarnelen, Prawns (frühere Bezeichnung Hummerkrabben), (Foto Mitte unten). Garzeit: 10-15 Minuten. Pro Person: 3 Stück

Grönlandkrabben (Foto unten rechts) sind in der Regel vorher gekocht und mit/ oder ohne Schale im Handel erhältlich.

Nordseekrabben (Foto rechts außen) werden sofort nach dem Fang auf dem Kutter gekocht. Die Schale wird unter leichtem Drehen von dem Schwanzfleisch abgezogen.

Muscheln können in tiefen Tellern mit der Brühe serviert werden. Sie können den Sud aber auch einkochen und mit Sahne zu einer Sauce verarbeiten.

Schnecken (im Foto rechts) werden wie Muscheln zubereitet.

179

Die Lust vom Löffel

Ein Topf überm Feuer, Fische und Kräuter im Sud, dazu Wein und Brot — das zählt wohl zu den ältesten Genüssen des Menschen. Kochkunst hat dann das einfache Fischergericht bis hin zur köstlichen Bouillabaisse vervollkommnet. Und es mit Saucen zur Löffel-Lust gemacht! Lassen Sie doch durch Ihre Küche mal einen Duft von Mittelmeer, einen Hauch von Mythos und Knoblauch wehen — Essen als Ferien vom Alltag.

Grundrezept Fischsuppe

500 g Fisch in mundgerechten Stücken (Kabeljau, Steinbeißer, Rotbarsch, Seelachs, Steinbutt)
1 Zwiebel
1 Knoblauchzehe
2 Möhren
1 Stange Lauch
1 Lorbeerblatt
1/2 TL Thymian
1 EL Butter
1/4 l Wein
3/4 l Wasser
Salz, Pfeffer
1 Msp. Safran
etwas Fischfond, wenn vorrätig

Das feingeschnittene Gemüse in 1 EL Butter andünsten, mit der Flüssigkeit auffüllen, mit Salz, Pfeffer und Safran würzen. Fisch hineingeben und bei mittlerer Hitze 15 Minuten ziehen lassen.

Variationen:
Die Fischsuppe kann mit folgenden Zutaten ergänzt werden. (Garzeit in Klammern.)
Krabben (5 Minuten)
Miesmuscheln (5 Minuten)
Fleischtomaten, geschält und gewürfelt (5 Minuten)
Fenchelknolle, gewürfelt (15 Minuten)
Paprikaschoten, gewürfelt (15 Minuten)
Ingwerscheiben dünn geschnitten (15 Minuten)
Chilischote, feingehackt (mitgaren)
Schlagsahne, 2 EL zum verfeinern

In der Mittelmeerküche wird die Fischsuppe durch die Saucen von Aioli oder Pesto (s. Seite 155) erst zum kulinarischen Hochgenuß.
Dazu gibt's geröstetes Baguette, das mit einer Knoblauchzehe abgerieben wird.

Gewürzvariationen:
Koriander, Petersilie, Sambal Oelek, Tabasco.

Wie Fischfonds gemacht werden

Wie für gute Fleischsaucen, brauchen Sie zur Zubereitung einer guten Fischsauce einen möglichst konzentrierten Fond. Dazu Fischreste (Gräten, Köpfe und Flossen) möglichst von Edelfischen wie Seezunge und Steinbutt (beim Fischhändler holen!) verwenden. Faustregel: Immer Weißfische, niemals Fettfische (wie Aal und Makrele).
Suppengrün (Möhren, Sellerie, Porree, Petersilienwurzel) fein hobeln und in Butter kurz andünsten. Mit Flüssigkeit (1/2 l Wasser, 1/2 l trockener Weißwein) auffüllen.
Fischreste hinzufügen und maximal 30 Minuten bei kleiner Hitze ohne Deckel ziehen lassen.
Wichtig:
1. Den Fischfond während des Garvorgangs nicht umrühren, da er sonst trüb wird.
2. Den Fischfond spätestens nach 30 Minuten durch ein feines Sieb gießen, da sonst der Geschmack beeinträchtigt wird.
Den abgeseihten Sud durch Einkochen reduzieren. Dieser Fond kann dann mit Sahne, Butter, Eigelb oder Mehlbutter (s. S. 161) zu Saucen verarbeitet werden.
Fischfonds halten sich über mehrere Monate in der Tiefkühltruhe.

Die deftigen Platten

Ob Scholle oder Flunder, Steinbutt oder Seezunge — was als Fisch in die heiße Pfanne kommt, ist meistens platt und brät deshalb gleichmäßig gut wie ein Pfannkuchen. Bratfisch — das ist ein deftiges Vergnügen für Frühlingstage, wenn die ersten Schollen angelandet werden und wenn man in der Küche die Fenster aufmachen kann. Denn dann riecht's kräftig nach Speck und Fisch, nach Gurkensalat und Bier. Ein Genuß, für den Gourmets Kaviar und Champagner stehenlassen!

Grundrezept Scholle

4 Schollen
1 Zitrone
6 EL Mehl
125 g Butter
1 EL Öl
Salz, Pfeffer

1. Schollen unter kaltem Wasser kurz abspülen und mit Küchenpapier abtrocknen. Mit Zitronensaft beträufeln, anschließend mit Salz und Pfeffer würzen.
2. Scholle auf der dunklen Seite einschneiden; so läßt sich das Fischfleisch später besser von den Gräten lösen. Fisch im Mehl wenden.
3. Butter und Öl in einer schweren Eisenpfanne mittelheiß werden lassen. Die Scholle 3 Minuten braten. Mit Hilfe von 2 Pfannenwendern den Fisch auf die andere Seite legen und 3 Minuten weiterbraten. Damit der Fisch nicht am Pfannenboden festklebt, die Pfanne ab und zu rütteln.
Tip: Fisch muß vor dem Braten immer trockengetupft werden, da Wasser im heißen Fett spritzt.

Variationen:

1. Speckscholle
Ausgelassene Speckwürfel über die Scholle verteilen.
2. Scholle Finkenwerder Art
Krabben und ausgelassene Speckwürfel zu der Scholle servieren.
3. Scholle „Müllerin"
Braune Butter, gehackte Petersilie und Zitrone.
4. Scholle „Englische Art"
Vor dem Braten mit Worcestershire-Sauce einreiben.
5. Mandelscholle
Gebratene Scholle mit in Butter gebratenen Mandelblättchen bestreuen.
Als Beilage gibt's traditionell in Butter geschwenkte Kartoffeln und Gurkensalat mit Dill oder Grünen Salat.
Andere Fischarten, die sich zum Braten eignen:
Seezunge — die Haut muß vor dem Braten abgezogen werden (beim Fischhändler machen lassen).
Flunder — die dunkle Oberhaut muß abgezogen werden.

Das Forellen-Septett

Seit Schubert sie in Musik schwimmen ließ, gilt die Forelle als der deutsche romantische Fisch schlechthin. Forelle — da rauschen noch die Bächlein, klappern die Mühlräder und die schöne Müllerin steht womöglich am Herd. Ganz so biedermeierlich geht's freilich nicht mehr zu: Unsere Forellen stammen aus Zuchtteichen oder kommen gar aus der Tiefkühltruhe im Supermarkt. Doch das tat ihrer Beliebtheit kaum Abbruch. Der beste Beweis: Wie an keiner anderen Sorte, lassen sich an der Forelle alle Garungsfinessen der Fischkochkunst demonstrieren — eine delikater als die andere.

Forelle im Salatmantel

Den vorbereiteten Fisch mit kurz in heißes Wasser getauchten Blättern (Salat, Mangold, Spinat) umwickeln. Dieser Fisch kann auf zwei Arten zubereitet werden:
1. im Räucherofen
2. in einer feuerfesten Form im Ofen backen (s. Phasen Seite 172/173).

Forelle blau

1 l Wasser, 1/4 l Essig, Saft einer Zitrone, Suppengrün, 1/2 TL Salz aufkochen. Die Forelle 8-10 Minuten zugedeckt darin gar ziehen lassen. Forellen dürfen nicht kochen.

Wichtig: Für Forelle blau fangfrische Forellen verwenden! Nur so haben sie die Gewißheit, daß die Schleimschicht auf der Haut unverletzt ist und ihre Forelle auch wirklich „blau" wird. Deshalb darf der Fisch auch nur kurz unter fließend kaltem Wasser gesäubert werden.

Forelle in Alufolie

Garen in Folie ist eine schonende Zubereitungsart, bei der man auf Fett verzichten kann.

In Ringe geschnittene Frühlingszwiebeln, Kräuter (Basilikum, Estragon, Dill), Knoblauch und Gewürze (Salz, Pfeffer) zusammen mit der Forelle in die Alufolie legen. Folie fest verschließen. Im Backofen, bei 220°C, 20-25 Minuten garen.

Forelle vom Grill

Den vorbereiteten Fisch mehrere Male einschneiden. Mit Kräutern (Dill, Estragon, Thymian) füllen. Die Roststäbe einölen und 10 Minuten garen lassen.

Unproblematischer ist das Grillen mit einem Fischkorb oder auf einem Stück eingeölter Alufolie.

Mandelforelle

Den vorbereiteten Fisch erst in Mandelblättchen und anschließend in Mehl wenden. In Butter 10 Minuten braten.

Forelle „Müllerin"

Die vorbereitete Forelle in Mehl wenden und in heißer Butter 10 Minuten bei mittlerer Hitze braten. Mit brauner Butter, Zitronenscheiben und Petersilie servieren.

Gebeizte Forelle

Das Fischfilet mit einer Mischung aus 1 TL schwarzem, groben Pfeffer, 2 TL frischem gehackten Dill, 3 TL Zucker und 4 TL grobem Salz von allen Seiten bedecken. 2-3 Tage in den Kühlschrank stellen. Danach die Mischung gründlich entfernen.
Tip: Dazu gibt's eine spezielle skandinavische Senfsauce, die man in guten Delikatessenhäusern fertig angerührt zu kaufen bekommt.

185

Geflügel: Ein Kosmos von Köstlichkeiten

Man braucht nur einmal in den alten Märchen und Sagen nachzulesen: Ein Federvieh im Ofen — das war alle Herrlichkeit auf Erden. Frankreichs legendärer König Henri IV. wurde nicht zuletzt deshalb so volkstümlich, weil er versprach, daß jeder Franzose sonntags sein Huhn im Topfe haben sollte. Napoleons Leibkoch kreierte vor der Schlacht von Marengo noch rasch ein Gericht, das den Ort unsterblich machte (Poulet mit Krebsen). Und dann all die anderen Geflügel-Evergreens: Peking-Ente, Canard a l'Orange, die normannische Gans, Wachtel Sowaroff, Fasan auf Elsässer Art — ein ganzer kulinarischer Geflügel-Kosmos tut sich da auf. Nicht ohne ein Kuriosum: In der französischen Küche zählt das Kaninchen zu den Hühnern . . .

Das dressierte Huhn

Einfacher ist es natürlich, Geflügel jeglicher Art in Teilen zu garen — schon um die gefürchtete Kochklippe zu umgehen, an der mancher große Vogel scheitert: das Brustfleisch ist viel schneller gar als die Keulen! Attraktiver aber ist es allemal, einen gebratenen Vogel im Ganzen auf den Tisch zu bringen — zumal wenn Gäste angesagt sind. Dazu muß das Geflügel dressiert werden. Schrecken Sie um Himmelswillen vor dieser Prozedur nicht zurück! Es ist nicht schwieriger, als einen Knopf anzunähen.

Was Sie über Hühner wissen müssen

Das am meisten gegessene Geflügel ist Hühnerfleisch. Preiswert und deshalb für jedermann erschwinglich, ist dieses sehr eiweißhaltige Fleisch mit seinem geringen Fettanteil leicht verdaulich, deshalb gut bekömmlich und besonders geeignet für Diät-Kost. Ganze Hühner und Hühnerteile sind frisch und tiefgekühlt in den Handelsklassen A, B und C erhältlich. Tiere der Handelsklasse A sind vollfleischig, ohne Quetschungen und Rötungen und haben eine gleichmäßige, dünne Fettauflage. Tiere der Handelsklasse B sind fleischig mit ungleichmäßigem Fettansatz. Kleine Quetschungen, leichte Rötungen und Einrisse sind in geringem Umfange zulässig. Tiere der Handelsklasse C werden überwiegend industriell verarbeitet.
Hühner — frisch oder tiefgekühlt — werden überwiegend küchenfertig angeboten, d.h. gerupft und ausgenommen. Die genießbaren Innereien kommen gesäubert und getrennt verpackt wieder in das Innere des Tieres oder werden einzeln verkauft.

Vorbereiten: Binden

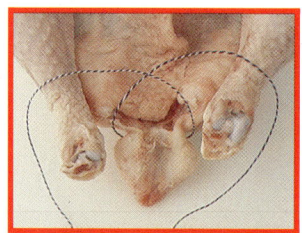

1. Faden unter dem Sterz durchziehen und über den Schenkeln kreuzen.

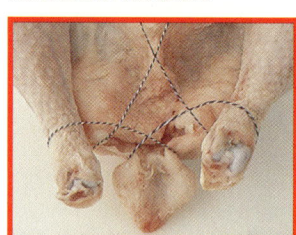

2. Fadenenden um je einen Schenkel legen; Faden überkreuzen.

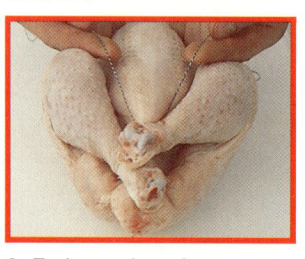

3. Fadenenden fest anziehen.

4. Straff hinter die Schenkel legen.

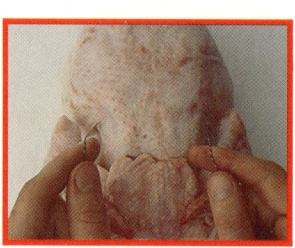

5. Das Huhn auf die Brustseite legen.

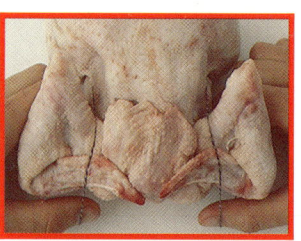

6. Die Fäden nach vorn um die beiden Flügel legen.

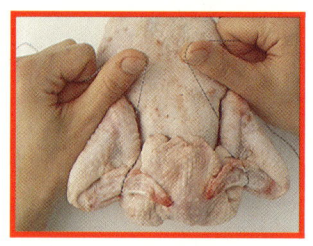

7. Fäden hinter die Flügel schlingen und festziehen.

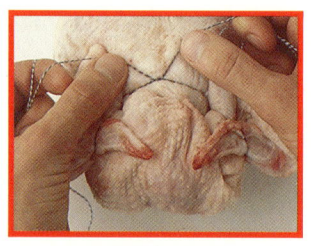

8. Fäden verknoten.

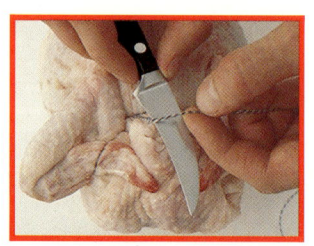

9. Überstehende Fadenenden abschneiden.

10. Bratfertiges Huhn.

Das Dressieren

Damit Geflügel beim Braten nicht austrocknet und in guter Form bleibt, wird es gebunden (dressiert).
Dafür gibt es mehrere Methoden. Eine der einfachsten, Geflügel formgerecht zu binden zeigen die nebenstehenden Phasen am Beispiel eines Brathuhns. Sie kann bei allen Geflügel-Arten angewendet werden.
Beim Binden des Geflügels ist zu beachten, daß der Faden (Küchengarn) immer doppelt so lang sein sollte wie das zu bindende Geflügel.

Das Braten in der Backröhre

Zum Braten wird das gewaschene, gut abgetropfte Geflügelfleisch trockengetupft, damit es besser bräunt und kroß wird.
Junges Geflügel hat zartes, feinfaseriges Fleisch und eignet sich besonders gut zum Braten, Backen und zum Grillen.
Es benötigt eine kürzere Garzeit als älteres Geflügel mit grobfaserigem Fleisch, das überwiegend zum Schmoren und zum Kochen verwendet werden sollte.

1. Das Huhn mit Salz würzen.

6. Bratentopf mit dem Huhn hineinstellen und ca. 15 Minuten braten.

11. Brathuhn aus dem Bratentopf nehmen und warmstellen.

2. Herdplatte auf höchster Stufe anheizen.

7. Das Huhn ab und zu mit dem Bratensatz beträufeln.

12. Bratensatz mit Flüssigkeit (Wasser oder Wein) ablöschen, aufkochen lassen.

3. Bratentopf auf die heiße Herdplatte stellen und 2 EL Öl darin erhitzen.

8. Temperatur auf 200°C zurückschalten.

13. Durch ein Sieb gießen, evtl. Fett abschöpfen.

4. Brathuhn von allen Seiten goldbraun werden lassen.

9. Das Huhn ca. 30 Minuten braten lassen.

14. Die Sauce etwas einkochen lassen, mit Salz und Pfeffer würzen.

5. Backofen auf 225°C vorheizen.

10. Bratentopf aus dem Backofen nehmen.

15. Mit Crème fraîche oder Schlagsahne binden.

Tips für Tiefkühl-Geflügel

Tiefgekühltes Geflügel sollte bei -18°C gelagert werden. Lagerdauer: 8-10 Monate. Es ist empfehlenswert, tiefgekühltes Geflügel zum Braten allmählich — im Kühlschrank — auftauen zu lassen.
Auftauzeit: 4-7 Stunden. Die Folie entfernen und Geflügel gut abspülen, um Salmonellen vorzubeugen.
Geflügel zum Kochen (für Suppen, Eintöpfe und Frikassee) kann auch im halbgefrorenen Zustand in die Flüssigkeit gegeben werden. Allerdings verlängert sich dann die Gesamt-Kochzeit.
Tiefgekühltes Geflügel wird genauso weiterverarbeitet wie Frischgeflügel.
Beim Einkauf von tiefgekühltem Geflügel sollten Sie darauf achten, daß in der Verpackung keine Flüssigkeit sichtbar enthalten ist.

Suppenhuhn. Das Rezept, wie man ein Suppenhuhn zubereitet, finden Sie im Kapitel „Suppen", Seite 153.

Die ganze Familie Federvieh

Das Grundrezept fürs Dressieren und Braten (Seiten 188/189) können Sie selbstverständlich für alle Geflügelarten anwenden — wenn auch mit ein paar sortentypischen Abwandlungen. So gelten natürlich für die fette Gans ein paar andere Regeln als für den mageren Fasan, der schnell austrocknet. Was Sie alles beachten müssen, sagen wir Ihnen hier ganz genau.

Bardieren

Bei Wildgeflügel mit seinem besonders magerem Fleisch empfiehlt sich ein Speckmantel, damit das zarte Brustfleisch nicht austrocknet. Der frische Speck, der mit Küchengarn befestigt wird, sollte kurz vor dem Ende der Bratzeit entfernt werden, damit das Geflügel die gewünschte Bräune erhält und kroß wird. (Im Foto ist der Fasan bardiert.)

Tips für eine krosse Haut

1. Hähnchen kann man vor dem Braten mit einer Paprikapulver-Öl-Mischung einreiben.
Variation: Paprikapulver mit Sahne.
2. Eine andere Mischung: Honig, Öl und Zitronensaft.
3. Gänse werden ganz von selbst kroß, weil das Fett unter der Haut allmählich herausrinnt. Nach Ende der Bratzeit das überschüssige Fett abschöpfen und als Gänseschmalz weiterverwenden (z.B. für Rotkohl).
4. Enten, die häufig mit süßlichen fruchtigen Saucen serviert werden, bekommen eine knusprige Haut, indem man sie während des Bratens regelmäßig mit dieser Sauce begießt.

Saucen zum Geflügel

Der Bratensatz, der beim Braten von Geflügel entsteht, wird mit Flüssigkeit gelöst und zu Sauce weiterverarbeitet.
Rezepte dazu finden Sie im Saucenkapitel (s.S. 266/267) und im Steakkapitel (s. S. 216/217). Im Bratenkapitel (s. S. 240/241) werden mehrere Verfeinerungen von Bratensaucen erläutert.

Stubenküken »Poussin«
(Foto links oben). 2-4 Wochen altes Hühnchen. Bratfertiges Gewicht: 250-350 g. Bratzeit: 20-30 Minuten. Eine besonders in Norddeutschland geschätzte Delikatesse.

Brathähnchen »Poulet«
6-7 Wochen altes Tier. Bratfertiges Gewicht: 750-1150 g. Bratzeit: Ca. 30 Minuten.

Junghuhn »Poularde«
(Foto rechts unten). 8-9 Wochen altes Huhn. Bratfertiges Gewicht: mindestens 1150 g. Bratzeit: Ca. 45 Minuten.

Suppenhuhn »Poule«
Ca. 2 Jahre altes Tier, das zuerst zum Eierlegen gehalten wurde. Nur zum Kochen geeignet! Kochfertiges Gewicht: Ca. 2 kg. Kochzeit: 2-3 Stunden.

Perlhuhn
(Foto Mitte oben). Das Fleisch junger Perlhühner hat einen leichten Wildgeschmack und erinnert an Fasan.

Frühmastente
Ca. 8 Wochen alt. Bratfertiges Gewicht: ca. 1,7 kg. Bratzeit: 1 Stunde.

Ente
(Foto Mitte unten). Über 1 Jahr altes Tier. Bratfertiges Gewicht: ca. 2,5 kg. Bratzeit: 1 1/2 Stunden.

Frühmastgans
Ca. 10 Wochen alt. Bratfertiges Gewicht: ca. 3 kg. Bratzeit: 1 3/4 - 2 Stunden.

Gans
(Foto links). Über 1 Jahr alt. Bratfertiges Gewicht: ca. 4,5 kg. Bratzeit: 2 1/2 - 3 Stunden.

Junger Truthahn
20-24 Wochen alt. Bratfertiges Gewicht: 4-7 kg. Bratzeit: 3-4 Stunden.

Truthahn
Über 1 Jahr alt. Bratfertiges Gewicht: bis zu 12 kg. Bratzeit: 4 1/2 - 5 Stunden.

Fasan
(Foto rechts oben). Junge Tiere haben graue Ständer (Beine) und kurze, stumpfe Sporen. Ältere Tiere haben dunkle Ständer und längere Sporen. Fasane werden jetzt auch schon in Freigehegen gezüchtet. Bratfertiges Gewicht: ca. 1 kg. Bratzeit: 30-45 Minuten.

Wachteln
(Foto Mitte rechts). Gezüchtete Wildvögel. Bratfertiges Gewicht: 90-100 g. Bratzeit: ca. 20 Minuten.

Die Orange und andere Früchtchen

Die Ente à l'Orange hat den Weltruhm der Haute Cuisine mitbegründet — ein Gericht, das wir Ihnen auf keinen Fall vorenthalten wollen, weil es zu den köstlichsten Geflügel-Kreationen zählt. Und weil es Ihnen darüber hinaus zeigen soll, wie man mit exotischen oder einheimischen Zutaten den Geschmack des Geflügels immer wieder verändern kann.

Orangen-Ente

(Foto)

1 küchenfertige junge Ente
(ca. 2 kg)
3-4 EL Öl
1/2 l Orangensaft
2-3 EL Orangenlikör
1 EL Honig
100 g Butter
2 Orangen ungespritzt
Basilikumblätter zum
Garnieren

1. Die Ente, wie auf den Phasen (s. S. 188/189) ca. 1 Stunde braten.

2. Nach 30 Minuten Orangensaft, Orangenlikör und Honig zugeben. Die Ente alle 10 Minuten damit begießen, damit das Aroma in das Fleisch eindringt und die Haut braun und knusprig kroß wird.

3. Nach Beendigung der Garzeit die Ente aus dem Topf nehmen und warm stellen.

4. Die Sauce durch ein Sieb gießen und um die Hälfte einkochen lassen. Sie muß sirupartig sein.

5. Butter hinzufügen und mit einem Schneebesen einrühren. Jetzt keinesfalls mehr aufkochen lassen!

6. Mit Salz und Pfeffer abschmecken.

7. Von 1 Orange dünne Streifen schneiden (es darf keine weiße Haut daran sein: sie schmeckt bitter) und in die Sauce geben.

8. Die Ente mit Basilikum und Orangenscheiben anrichten. Mit einem Teil der Sauce begießen — den Rest in einer Sauciere reichen.

Variationen

Grundrezept ohne Orangen und Orangensaft

1. Mit Feigen-Portweinsauce
Man benötigt dazu frische Feigen und 1/2 l Portwein.

2. Mit Honig und Sherry
4 EL Honig und 1/4 l trockenen Sherry zufügen. Die Sauce mit Sojasauce und Schlagsahne abschmecken.

3. Mit Holunderbeeren
150 g Holunderbeeren mit 3 EL Weinbrand und 1/8 l Rotwein zur Ente geben.

4. Mit Pfirsichen
3 abgezogene Pfirsiche und 1/2 l Pfirsichsaft zufügen, mit dem Saft 1 Zitrone abschmecken.

Die Wahl der Beilagen

Das Geflügelfleisch mit dem feinsten Geschmack verlangt natürlich auch die feinsten Beilagen. Zu fettem, kräftigem Fleisch passen alle deftigen, kräftigen Beilagen. Eine Ausnahme machen Huhn oder Hähnchen: sie vertragen Beilagen und Würzen aller Art, ob Trüffel oder Peperoni, ob Essig oder Honig.

Nachfolgend die besten Beilagen für die einzelnen Geflügelsorten:

Gans
Rotkohl, Bratäpfel, Kartoffelklöße, Maronen, Rosinen.
Ente
Möhren, Champignons, junge grüne Erbsen, kleine Zwiebeln, Reis, Strohkartoffeln, Kartoffelgratin, Herzoginkartoffeln, Kroketten, weiße Rüben, gebratene Apfelspalten.

Huhn
Möhren, Sellerie, Perlzwiebeln, Artischockenböden, gekochte Kartoffeln, Pilawreis, Risotto, Paprikagemüse (siehe auch: Garnituren S. 196/197).
Fasan
Sauerkraut, Kartoffelpüree, Weintrauben, Pfifferlinge, Steinpilze, Champignons.
Wachteln
Spinat, Wirsing, Mohrrüben, Staudensellerie, Lauch, Kartoffelgratin.

Die Beilagen im Bauch

Bequemer als beim Geflügel konnte es die Natur den Köchen kaum einrichten: der ideale Hohlraum für eine Füllung wird gleich mitgeliefert. Man braucht am Ende nur noch die Öffnung zuzunähen. Füllungen haben viele Vorzüge. Erstens halten sie das Geflügel in Form. Zweitens schützen sie mageres Fleisch vorm Austrocknen, wenn die Füllung zuviel Fett abgibt. Drittens kann fettes Federvieh eine mager gehaltene Füllung unvergleichlich würzen (Gänsefett!). Viertens durchdringen die Aromastoffe und Gewürze von Fülle und Fleisch einander: ein zusätzlicher kulinarischer Effekt. Sie sehen: Ein weites Feld für experimentierfreudige Köche!

Obstfüllung

(Foto unten)

Die einfachste Art, Geflügel zu füllen: ganze Früchte, z.B. Äpfel, Apfelsinen (geschält), Weintrauben in das Innere geben. Selbstverständlich können die Früchte auch kleingeschnitten eingefüllt werden.

Trockenobst-füllung

(Foto Mitte)

Beliebt ist auch eine Trockenobst-Füllung aus eingeweichten, entsteinten, geschälten Datteln, Aprikosen, Backpflaumen, Feigen, getrockneten Apfelringen, vermengt mit gekochtem Reis und Erdnüssen, Cashewkernen oder Pistazienkernen, Walnuß- oder Haselnußkernen.

Leber-Gemüse-füllung

(Foto oben)

Würzige Füllungen mit Fleisch, Kräutern und Gemüse sowie Innereien gehören zu den beliebtesten Beilagen. Dafür sollten die einzelnen Zutaten kurz angedünstet werden, z. B. kleingewürfeltes Weißbrot mit in Streifen geschnittener Leber, feingehackten Zwiebeln, Knoblauch, Champignons, Frühlingszwiebeln und Schinken, mit Ei gebunden und zum Schluß kräftig mit Gewürzen abgeschmeckt und mit Kräutern vermengt.

Variationen von Füllungen

1. Nur geröstete Weißbrotwürfel
2. Kräuterbündel
3. Frühlingszwiebeln
4. Pflaumen und Pfirsiche in Verbindung mit frischem Ingwer
5. Hackfleischmischung
6. Mandel-, Rosinen-Lebkuchenfüllung (Mandeln abgezogen, Rosinen und Lebkuchen in Wasser oder Alkohol eingeweicht)

Tips: Mit Füllung verlängern sich die angegebenen Garzeiten um etwa ein Drittel. Geflügel nie zu prall füllen, da sich die Füllung beim Braten ausdehnt und die Naht sprengt.

Das Tranchieren und Servieren von Geflügel

Es gibt verschiedene Methoden, Geflügel zu zerlegen.

Wichtig dafür ist das richtige Handwerkszeug, d. h. eine große Fleischgabel und ein schmales, biegsames und scharfes Messer, mit dem man das Fleisch sauber vom Knochengerüst ablösen kann.

Besonders problemlos und einfach ist die nachfolgend beschriebene Art.

Das Bratgut wird mit der Fleischgabel festgehalten und mit dem Messer die Haut zwischen Schenkel und Brust durchschnitten. Nun den Schenkel etwas nach außen biegen und das Gelenk mit dem Messer durchtrennen. Das Fleisch an beiden Seiten des Brustbeins mit dem Messer bis auf den Knochen einschneiden, sorgfältig vom Gerüst lösen und schräg in Scheiben schneiden.

Zuletzt die Füllung aus dem Geflügel-Inneren nehmen, auf einer vorgewärmten Platte anrichten und mit dem Geflügelfleisch umlegen.

Nach diesem Prinzip können sämtliche Geflügel-Arten tranchiert werden.

Die 6 raffiniertesten Garnituren

Es gibt kaum eine preiswertere Delikatesse als Hähnchenfilets, die man in guten Geflügel-Fachgeschäften frisch und ausgelöst kaufen kann. Schon wenn man sie nur kurz in Butter gart, so daß sie innen noch zartrosa sind, und sie dann mit einer Weinsahnesauce serviert — läuft Gourmets das Wasser im Mund zusammen. Achten Sie auch bei unseren Rezepten darauf, daß die Filets nicht zu lange in der Pfanne sind — trockengebraten werden sie zäh und faserig und verlieren den Geschmack.

1

2

3

4

5

6

Grundrezept Hähnchenfilets

Butter auf mittlerer Hitze heiß werden lassen. Hähnchenfilet salzen und pfeffern (Mühle). Auf beiden Seiten nicht länger als insgesamt 5 Minuten braten.

Unsere Zutaten sind jeweils für eine Hähnchenbrust angegeben.

1. 1 EL Zucker in etwas Butter schmelzen lassen. 3-4 Maronen aus der Dose darin leicht bräunen. Getrennt 2 EL abgezogene Weintrauben in Butter und 1 EL Preiselbeer-Kompott erhitzen.
Die Zutaten auf dem Hähnchenbrustfleisch anrichten. Mit Majoran-Blättchen garnieren.

2. Geschälte Bananen in Scheiben schneiden, durch 1 verschlagenes Ei ziehen und in 1-2 EL Kokosraspeln wenden, in Öl fritieren. 2 EL Curry-Sauce (s. S. 262/263) erhitzen. 1 Aprikose in Butter anbraten. Alle Zutaten auf dem Hähnchenbrustfleisch anrichten, mit Koskosraspeln bestreuen und mit Cocktailkirschen und Minzblättern garnieren.

3. 1 Möhre und 1 Stück Porree (Lauch) in sehr feine Streifen schneiden. 3-4 Minuten in Butter dünsten. Mit Basilikum-Blättern auf dem Fleisch anrichten.

4. 2 Artischocken-Herzen aus der Dose halbieren, mit Champignonscheiben und Frühlingszwiebelstücken in Butter erhitzen, mit Salz und Pfeffer würzen, auf die Hähnchenbrüste verteilen und mit Brunnenkresse garnieren.

5. 50 g Krabben etwa 2 Minuten in Butter erhitzen, mit Salz und Pfeffer würzen und mit Kerbel und Zitronenachteln auf dem Fleisch anrichten.

6. 2 EL gekochte Maiskörner in Butter erhitzen. 3-4 gekochte Broccoliröschen mit Butter beträufeln und mit 2 EL gedünsteten Karotten auf dem Hähnchenfleisch anrichten.

Die 6 knusprigsten Panaden

Panierte Hähnchenkeulen sind ein herrliches Essen für eine lockere Party, für ein Gartenfest oder einen Kindergeburtstag. Das Schöne daran ist, daß man praktisch Fleisch am Stiel aus der Hand essen kann. Stellen Sie also reichlich Papierservietten zurecht — zum Anfassen beim Essen und zum Säubern hinterher. Noch ein probater Tip: Sehr dekorativ sieht es aus, wenn Sie auf einem Blech verschieden panierte Keulen auftragen. Die Qual der Wahl werden Ihre Gäste ertragen — bei diesen Rezepten …

1. Mit Paprikapulver

Die Geflügel-Schenkel mit Salz bestreuen und in reichlich Paprika-edelsüß wenden. Auf einem Rost im vorgeheizten Backofen bei 200°C 20-30 Minuten backen.

2. Mit Erdnußkernen

Erdnußkerne mit einem breiten Messer zerdrücken. Geflügel-Schenkel mit Salz bestreuen, durch verschlagenes Ei ziehen und in den zerdrückten Erdnußkernen wälzen. Etwas andrücken. Auf einem vorgeheizten Rost im Backofen bei 200°C 20-30 Minuten backen.

3. Mit Aprikosen-Konfitüre

Die gesalzenen Schenkel von beiden Seiten in Öl anbraten, mit Aprikosen-Konfitüre bestreichen. Auf dem Rost im vorgeheizten Backofen bei 200°C 15-20 Minuten backen.

4. Mit Preiselbeer-konfitüre

Geflügel-Schenkel mit Salz würzen. Von beiden Seiten in erhitztem Öl anbraten, mit Preiselbeer-Konfitüre bestreichen. Auf dem Rost im vorgeheizten Backofen bei 200°C 15-20 Minuten backen.

5. Mit Petersilien-panade

Geflügel-Schenkel mit Salz bestreuen, durch Mehl und verschlagenes Ei ziehen, in Paniermehl wenden (vermischt mit gehackter Petersilie). Auf dem Rost im vorgeheizten Backofen bei 200°C 20-30 Minuten backen.

6. Mit Kokos-raspeln

Geflügel-Schenkel mit Salz würzen, durch verschlagenes Ei ziehen, in Kokosraspeln wenden und etwas andrücken. Auf dem Rost im vorgeheizten Backofen bei 200°C 20-30 Minuten backen.

Coq au vin

2 Hähnchen
2 EL Pflanzenöl
2 gewürfelte Zwiebeln
4 Möhren
3 EL Mehl
3/4 l Rotwein
1 Petersilienwurzel, geschn.
1 Lorbeerblatt
20-30 kleine Zwiebeln
1 EL Butter
1 EL Zucker
50 g durchwachsener
Speck
250 g Champignons
2 EL Petersilie (gehackt)

1. Die Hähnchen in Portionsstücke teilen.
2. Bei starker Hitze in Öl anbraten, bis sich ein guter Bratensatz gebildet hat.
3. Zwiebeln und 1 grob geschnittene Möhre zugeben und 3 Minuten braun braten. Mit Mehl bestäuben und Rotwein zugießen. Petersilienwurzel, Lorbeerblatt beigeben, mit Salz würzen und 20 Minuten bei mittlerer Temperatur kochen lassen.
4. Möhren in Stücke schneiden, mit Zwiebeln in Butter und Öl auf höchster Stufe 2 Minuten anbraten. Mit Zukker, Salz, Pfeffer würzen und mit 4 El Wasser 4 Minuten dünsten.
5. Speckwürfel und Champignons 2 Minuten in einer Pfanne anbraten.
6. Das Fleisch nach 20 Minuten herausnehmen. Die Sauce durch ein Sieb gießen. Das Gemüse mit einem Löffel durchdrücken. Mit Salz, Pfeffer würzen und mit dem Fleisch wieder in den Topf geben.
7. Die gedünsteten Zwiebeln und Möhren, Speckwürfel und Champignons daraufgeben und 15 Minuten bei mittlerer Hitze schwach kochen lassen. Mit Petersilie bestreut servieren.

Ente süß-sauer

1 küchenfertige Ente
1 l Orangensaft
3-4 EL Speisestärke
1/2 l Öl
Salz
Pfeffer
Sauce:
1 Frühlingszwiebel
2 EL Öl
1/4 l Sherry dry
2 EL Zucker
2 EL Essig
8 EL Sojasauce
1 Ingwerknolle

1. Die Ente in mundgerechte Stücke schneiden.
2. In dem Orangensaft bei mittlerer Hitze im geschlossenen Topf 15-20 Minuten garen lassen.
3. Das Fleisch herausnehmen, abtropfen lassen, trokkentupfen, mit Salz und Pfeffer würzen.
4. Jedes Fleischstück in Speisestärke wenden.
5. In heißem Öl knusprig braun fritieren.
6. Für die Sauce die Frühlingszwiebel und die Ingwerknolle in feine Scheiben schneiden.
7. 2 EL Öl in einer Pfanne bei mittlerer Temperatur erhitzen, die Ingwerscheiben darin anbraten. Die Frühlingszwiebeln hinzufügen, ca. 2 Minuten dünsten lassen.
8. Sherry, Zucker, Essig und Sojasauce hinzufügen und zum Kochen bringen.
9. Kochen lassen, bis sich der Zucker aufgelöst hat.
10. Die Entenstücke auf Reis anrichten, mit der Sauce übergießen.
Variation: Anstelle von Sherry kann die gleiche Menge Orangenflüssigkeit für die Sauce genommen werden.

Poularde niçoise

1 küchenfertige Poularde
6 EL Olivenöl
2-3 große Zwiebeln
2 rote Paprikaschoten
500 g enthäutete Tomaten
2 Knoblauchzehen
1 Zucchini
1 Aubergine
1 EL Mehl
1 EL gehackte Petersilie
oder Basilikum
Salz
Pfeffer

1. Die Poularde in Portionstücke schneiden.
2. 2 EL Öl in einer schweren Pfanne erhitzen.
3. Die Poulardenstücke v[on] allen Seiten darin anbrate[n] bis sie goldbraun sind.
4. Die Zwiebeln abziehe[n] und in Scheiben schneide[n].
5. Die Paprikaschoten in la[n]ge, dünne Streifen schn[ei]den.
6. Zwiebelscheiben und P[a]prikastreifen in 2 EL Öl b[ei] schwacher Hitze 3-4 Minut[en] braten.
7. Gehackte Tomaten u[nd] kleingeschnittene Kno[b]lauchzehen hinzufügen. C[a.] 3 Minuten weitergaren.
8. Das Gemüse zu d[en] Hähnchenstücken geb[en,] mit Pfeffer und Salz würz[en] und im geschlossenen To[pf] 30-45 Minuten schmor[en] lassen. Evtl. etwas Wass[er] zugießen, damit nichts a[n]brennt.
9. Zucchini und Aubergine[n in] Scheiben schneiden, [in] Mehl bestäuben und in 4 [EL] Olivenöl goldbraun brate[n.]
10. Hähnchenstücke [mit] dem Schmorgemüse a[uf] einer vorgewärmten Pla[tte] anrichten.
11. Mit den Zucchini- u[nd] Auberginenscheiben garn[ie]ren.
12. Mit gehackten Kräute[rn] bestreuen.

Geflügel-Curry

küchenfertige Poularde
EL Pflanzenöl
3 Zwiebeln
3 Äpfel
2 TL Tomatenmark
3 EL Currypulver
EL Mehl
1/2 l Kokosmilch
(evtl. Hühnerbrühe)
Salz
Pfeffer

Die Poularde in Portions-
stücke schneiden, mit Salz
und Pfeffer würzen.
In dem erhitztem Öl bei
mittlerer bis starker Hitze anbraten.
Die Geflügelteile heraus-
nehmen.
Zwiebeln würfeln, Äpfel in
feine Stücke schneiden und
dem Bratenfett andünsten.
Tomatenmark unterrüh-
ren, mit Kokosmilch oder
Brühe auffüllen und die Poulardenstücke hinzufügen.
Mit Currypulver und Mehl
bestäuben, verrühren.
Das Hühner-Curry bei
schwacher Hitze in 25-30 Minuten gar kochen lassen. Mit
Reis servieren.
Tip: Mango Chutney, kleine
eingelegte Zwiebeln, Eier-
und Ananaswürfel dazu
reichen.

Hähnchen-Pie

1 Paket tiefgekühlter Blätterteig
2 küchenfertige Hähnchen
6 Scheiben roher Schinken
2 dünne Kalbsschnitzel
2 feingehackte Schalotten
1/4 l Weißwein
1 EL gehackte Petersilie
1 Ei
Salz
Pfeffer

1. Den Blätterteig bei Zimmertemperatur auftauen lassen.
2. Die Hähnchen in kleine
Portionsstücke schneiden.
3. Mit Salz und Pfeffer würzen.
4. Eine Pie-Form (feuerfeste
Auflaufform) mit den Schin-
kenscheiben auslegen.
5. Das Kalbfleisch in Würfel
schneiden und auf den
Schinken verteilen.
6. Mit Schalotten und Petersilie bestreuen, mit Salz und
Pfeffer würzen.
7. Das Hähnchenfleisch darüber verteilen und den
Weißwein zugießen.
8. Den Blätterteig ausrollen.
9. Den Rand der Pie-Form
mit Wasser befeuchten.
10. Einen dünnen Teigstrei-
fen abschneiden, um den
Rand legen und gut festdrük-
ken.
11. Die Form mit Blätterteig
bedecken und den Rand
festdrücken.
12. Das Ei mit 1 EL Wasser
verschlagen. Den Teig damit
bestreichen.
13. Die Form in den vorgeheizten Backofen schieben
und ca. 1 Stunde bei 180-
200°C backen. Wenn der
Blätterteig zu braun wird, mit
Alufolie abdecken.

Hühnerfrikassee

1 küchenfertiges Suppen-
huhn
1 EL Butter
1 EL Mehl
1 l Wasser
1 Bund Suppengrün
250 g frischer Spargel
(geschält)
200 g frische Champignons
(geviertelt)
2-3 Artischockenherzen
(geviertelt)
2 Eigelb
2 Zitronen
Salz
Pfeffer
Petersilie

1. Das Huhn in Portionsstük-
ke schneiden und bei mittlerer Hitze anbraten.
2. Mit Mehl bestäuben und 1
l Wasser zugießen. Suppengrün hineinlegen und Sahne
zugießen. Mit 1/4 TL Salz
würzen und 1 1/2 Stunden
auf kleiner bis mittlerer Stufe
garen lassen. (Häufig umrühren, es kann anbrennen).
3. Das Suppengrün und die
Hühnerteile herausnehmen.
Das Fleisch von den Kno-
chen lösen, in Stücke schneiden, Haut entfernen und in
die Sauce legen.
4. Spargel in Stücke schneiden, der Sauce beigeben
und 15 Minuten garziehen
lassen.
5. Champignons und Artischockenherzen hineinge-
ben und das Frikassee aufkochen lassen. Vom Herd
nehmen.
6. Eigelbe hinzufügen und
gut verrühren, nicht mehr
aufkochen.
7. Mit dem Saft 1 Zitrone,
Salz und Pfeffer abschmekken. Mit gehackter Petersilie
und Zitronenachteln servieren.

201

Steaks: Die schiere Fleischeslust

Ein Stück Fleisch kurz gebraten — das hat immer noch einen Ruch von steinzeitlichem Lagerfeuer, auch wenn sein Duft längst durch die Küchen der Luxus-Restaurants zieht und die Grill-Stationen von Steakhäusern erfüllt. Von Amerika kommend, ist das Steak ein Alltagsmythos des 20. Jahrhunderts geworden — Schlankhalter, Sattmacher, Eiweißbombe, Sportlerfutter, aber in jedem Fall ein Appetitbrocken par exzellence.

Das Einmaleins des feinen Fleischs

Damit ein Steak gelingt, genügt es nicht, ein paar gute Rezepte zu kennen — Sie müssen einige Dinge wissen, die viele Kochbücher als bekannt voraussetzen. Das fängt nicht erst bei der richtigen Pfanne an, auch nicht bei den Vorbereitungen, sondern schon beim Einkauf. Alles, was wichtig ist, sagen wir Ihnen hier.

Einkauf

1. Suchen Sie sich einen Metzger Ihres Vertrauens. Was er als Steakfleisch verkauft, darf niemals leuchtend rot sein — so schön das auch aussehen mag. Die Ware ist zu frisch und schrumpft Ihnen in der Pfanne zusammen.

2. Steakfleisch sollte etwa 14 Tage im Kühlraum abgehangen sein; es hat dann einen stumpfen Braunrot-Ton. Gut geeignet ist auch das fettmarmorierte Fleisch von Mastochsen (argentinische Steakqualität).

3. Steaks in Stücke von gleicher Dicke schneiden lassen — mindestens 3-4 cm, Kenner lieben's nicht unter 5 cm.

4. Filetsteaks sind die zartesten und teuersten Fleischstücke. Kerniger und preiswerter: Rumpsteaks, Huftsteaks (siehe auch „Warenkunde", Seite 212/213).

Pfannen

Zum Braten von Steaks sind schwere, dunkle Pfannen (Gußeisen) besonders gut geeignet; sie speichern und verteilen die Hitze besser als helle Pfannen. Beschichtete Pfannen sind für die klassische Steakzubereitung ungeeignet.

Der Pfannenboden muß absolut plan sein, damit die Hitzezufuhr gleichmäßig ist. Der Durchmesser des Bodens sollte möglichst der Herdplatte entsprechen.

Fette

Steaks werden immer bei hoher Hitze angebraten und erfordern deshalb möglichst wasserfreies Fett.

Gut zu Braten geeignet sind Pflanzenfette, Pflanzenöle und Butterschmalz.

Nicht geeignet zum anbraten sind Butter und Margarine, da sie viel Wasser enthalten und bei starker Hitze spritzen und verbrennen.

1. Zutaten und Geräte zurechtstellen.

6. Filetsteaks auf dem Pfannenheber in die heiße Pfanne geben.

2. Rinderfilets 4-5 cm dick schneiden, das Fleisch nicht klopfen.

7. Steaks zuerst auf einer Seite 1 Minute anbraten.

3. Die Herdplatte auf höchster Stufe anheizen.

8. Filetsteaks wenden.

4. Pfanne auf die heiße Herdplatte stellen und 2-3 EL Öl zugeben.

9. Von der anderen Seite ebenfalls 1 Minute anbraten.

5. Das Öl ist heiß, wenn ein nasses Holzstäbchen im Öl zischt.

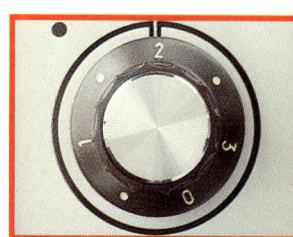

10. Hitze auf mittlere Stufe zurückschalten.

11. Filetsteaks wenden.

12. Steaks noch einmal von jeder Seite 1 Minute braten (insgesamt 2 Minuten).

13. Einen EL Butter zufügen und die Hitze weiter herunterschalten.

14. Pfanne schräg stellen, die Butter gleichmäßig über die Steaks laufen lassen.

15. Die Steaks wieder von jeder Seite braten (insgesamt 2 Minuten).

16. Garprobe: Das Steak muß bei Druck mit dem Finger leicht nachgeben.

17. Steaks mit Salz und Pfeffer würzen.

18. Steaks aus der Pfanne nehmen, in Alufolie wickeln, Pfanne zur Seite stellen.

19. Die Steaks ca. 2 Minuten in der Folie ziehen lassen.

20. Von jeder Seite 1/2 Minute nachbraten. Das Steak ist nun medium, also rosa.

10 Steak-Regeln für Anfänger

1. Fleisch vor dem Braten sauber parieren, d.h. Sehnen und kleine Unregelmäßigkeiten abschneiden.

2. Beim Rumpsteak das schmale Stück Fettschwarte einschneiden und mitbraten. Es wird erst auf dem Teller entfernt.

3. Steaks niemals klopfen oder panieren!

4. Die Dicke eines Steaks verändert die Garzeit. Faustregel: pro Zentimeter Fleischdicke 1 Minute mehr oder weniger braten.

5. Hohe Anfangstemperaturen schließen die Poren des Fleischs; der Saft kann nicht austreten.

6. Weitergaren immer bei herabgesetzten Temperaturen, da das Steak sonst trocken wird und die Kruste verbrutzelt.

7. Auch berühmte Köche nehmen den Finger, um zu prüfen, ob das Steak den gewünschten Garzustand erreicht hat. Machen Sie's also auch! Medium muß sich anfühlen wie ein Kinderball, wenn man draufdrückt. Die Delle kommt zurück.

8. Wenn Sie mehrere Steaks mit unterschiedlicher Garzeit in _einer_ Pfanne braten wollen, geben Sie zuerst die Mediumsteaks hinein, das „rote" nach 2-3 Minuten. Beide Sorten sind dann zur gleichen Zeit fertig.

9. Bratensatz kann man — während das Steak schon ruht — mit hochprozentigen Spirituosen (Whisky, Cognac, Kirschwasser etc.) ablöschen und flambieren.

10. Steaks können als schnelle Mahlzeit auf Croutons serviert werden. Dazu rösten Sie Toastbrotscheiben in Butter und bestreichen Sie mit einer aufgeschnittenen Knoblauchzehe. Steak obenauf setzen und servieren!

Die vier klassischen Arten

Es ist das Einfachste und das Schwerste zugleich: ein Stück Fleisch in der Pfanne so zu braten, daß ein Steak daraus wird, das diesen Namen verdient. Dabei ist ein gewisses Fingerspitzengefühl unerläßlich. Denn jeder Herd heizt anders, jede Pfanne nimmt die Hitze anders an, kein Stück Fleisch gleicht dem anderen. Aber keine Angst — es gibt ein paar handfeste Regeln, an die Sie sich bei der Zubereitung halten können.

blau (fast roh) · bleu · raw

Das Steak hat eine dünne braune Kruste, ist innen aber noch roh. Bratzeit für ein 200 g Steak: pro Seite ca. 1 Minute.
Gesamtbratdauer:

rot (blutig) · saignant · rare

Das Steak hat eine braune Kruste, ist innen rosa und im Kern noch roh und blutig. Bratzeit für ein 200 g Steak: pro Seite ca. 2 Minuten.
Gesamtbratdauer:

rosa · à point · medium

Das Steak hat eine braune Kruste und ist innen rosa. Bratzeit für ein 200 g Steak: pro Seite ca. 3-4 Minuten.
Gesamtbratdauer:

durch · biencuit · welldone

Das Steak ist innen ganz durchgebraten. Diese Garart ist nicht zu empfehlen — schade um das schöne Fleisch! Bratzeit für ein 200 g Steak: pro Seite ca. 5 Minuten.
Gesamtdauer:

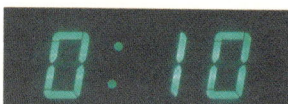

Die 16 originellsten Variationen

Zwar ist laut Umfrage das Steak mit Pilzen und Pommes frites der Deutschen Leibgericht, aber das sollte Sie nicht daran hindern, originellere Varianten auszuprobieren. Ihrer Experimentierlust und der kreativen Phantasie sind dabei kaum Grenzen gesetzt. Nehmen Sie unsere 16 Vorschläge als Anregung und Ansporn!

Rezepte für 4 Steaks
(Fotos von links nach rechts)

Mit Tomate

1 Tomate enthäuten, halbieren, entkernen und in Achtel schneiden. 1 Bund Petersilie zerpflücken und in 2-3 EL erhitztem Pflanzenöl ca. 1 Minute unter Wenden backen, mit etwas Salz bestreuen. Tomatenachtel in 1 EL zerlassener Butter schwenken, mit der Petersilie auf den Steaks verteilen.

Mit Zwiebeln

4 Zwiebeln in Scheiben schneiden. 1 EL Mehl und 1 EL Paprika vermischen, die Zwiebelringe darin wenden und in 3-4 EL erhitztem Öl braten. Die Zwiebelringe auf die Steaks geben.

Mit Kräuterbutter

100 g Kräuterbutter (s. S. 118) auf 4 Zitronenscheiben verteilen und mit Kerbelblättchen auf den Steaks anrichten.

Mit durchwachsenem Speck

4 Scheiben durchwachsenen Speck in 1-2 EL erhitztem Pflanzenöl von beiden Seiten braten und mit der Brunnenkresse auf die Steaks geben.

Mit Ochsenmark

2-3 Markknochen in Wasser zum Kochen bringen und 1-2 Minuen kochen lassen. Aus den abgekühlten Knochen das Mark drücken und in Scheiben schneiden. Den Bratensatz mit 1/8 l Rotwein aufkochen, Markscheiben darin erhitzen. Mit Schnittlauchröllchen auf den Steaks anrichten.

Mit grünem Pfeffer

8 EL grünen, eingelegten Pfeffer in dem Bratensatz erhitzen und mit der Brunnenkresse auf die Steaks geben.

Mit Maiskörnern und Paprika

1 Paprikaschote in dünne Streifen schneiden und kurz in kochendes Wasser geben. Mit 2 EL Maiskörnern ca. 2 Minuten in dem Bratensatz dünsten und auf den Steaks verteilen.

Mit Spargel

300 g blanchierten Spargel in Stücke schneiden und in 2 EL erhitzter Butter schwenken. Auf die Steaks geben und mit feingehackter Petersilie bestreuen.

Mit Artischocken

4 Artischockenböden in 2 EL erhitzter Butter und 4 EL Erbsen in 1 EL erhitzter Butter kurz dünsten. Mit etwas Salz und Zucker würzen, die mit Erbsen gefüllten Artischockenböden auf die Steaks setzen.

Mit Birne und Käse

120-150 g Roquefort (oder anderen Blauschimmelkäse) auf 4 Birnenhälften verteilen. Im vorgeheizten Backofen bei 200° etwa 4-5 Minuten überbacken und auf die Steaks setzen.

Mit Sardellenfilets

16 Sardellenfilets mit grünen Oliven auf den Steaks verteilen.

Mit Mixed Pickles

1 kleines Glas Mixed Pickles abtropfen lassen und mit Kerbelblättchen auf die Steaks geben.

Mit Palmherzen

2 Palmherzen vierteln und in 1 EL erhitzter Butter mit dem Saft 1/2 Zitrone und etwas Salz ca. 10 Minuten dünsten. Mit 1/2 Zitronenscheibe und Zitronenmelisse auf den Steaks anrichten.

Mit Staudensellerie

2 Stangen Staudensellerie schräg in kleine Stücke schneiden und in wenig Wasser und 1 EL Butter dünsten, mit Salz und Pfeffer würzen und auf den Steaks verteilen.

Mit Mangospalten

1 Mangofrucht schälen und in Spalten schneiden, kurz in 1 EL erhitzter Butter dünsten und mit Kerbelblättchen auf die Steaks geben.

Mit Sojasprossen und Champignons

200 g Champignons in Scheiben schneiden, mit 100 g Sojasprossen, 2-3 EL Pflanzenöl, Salz und Pfeffer würzen und mit Thymian auf den Steaks verteilen.

Die Tips für Fort-geschrittene

Es gibt unglaublich einfache, aber wirkungsvolle Verfeinerungs-Effekte. Man kann ein Steak über Nacht (oder länger) in Olivenöl einlegen, damit es besonders mürb wird. Man kann vor dem Braten frisch geschroteten weißen und schwarzen Pfeffer ins Fleisch drücken: fertig ist das Pfeffersteak. Man kann in der Nachgar-Butter eine geschälte Knoblauchzehe mitschwenken. Man kann noch allerhand andere Kniffe anwenden — ein paar verraten wir Ihnen hier …

Marinieren

Zum Marinieren werden hochwertige Kräuter-, Oliven- oder Walnußöle verwendet. Außerdem Gewürze, Kräuter, Chilischoten, Knoblauch, Sojasauce, Zitronensaft, Cognac oder Wein (Foto).

4 EL Kräuter- oder Olivenöl
3 EL Cognac oder Weinbrand
1 EL Sojasauce
2 EL gemische, frische Kräuter
1 EL getrocknete Kräuter
1-2 kleingehackte Knoblauchzehen
grob gemahlener Pfeffer
Chilipulver

Die Zutaten vermischen und die Steaks einige Stunden in der Marinade unter häufigem Wenden ziehen lassen, damit das Aroma in das Fleisch dringen kann. Vor dem Braten trockentupfen und die Kräuter entfernen, da sie beim Braten leicht verbrennen.

Bardieren

(Foto)
Die Steaks werden mit fettem Speck umwik-
kelt und mit Küchengarn festgebunden. Der
Speck schützt mageres Fleisch beim Braten vor dem Austrocknen.

Bridieren

Unregelmäßige Fleischstücke werden mit
Küchengarn außen umwickelt, so behalten
sie beim Braten eine Steakform. Das Garn
wird vor dem Servieren entfernt.

Bratensatz

Der Bratensatz wird mit Wasser, Wein, etwas Cognac oder Whisky abgelöscht, zum
Kochen gebracht und über die Steaks gegeben. Mit etwas Schlagsahne oder Crème
fraîche kann die Sauce noch verfeinert werden.

Flambieren

Zum Flambieren wird der Bratensatz mit
hochprozentigem Alkohol abgelöscht und
dabei entzündet. Die Steaks werden bren-
nend aus der Pfanne serviert.

Saucen

(Foto)
Es gibt ein reichhaltiges Angebot an Fertigsaucen:
Grillsauce, Steaksauce, Barbecuesauce,
Chilisauce oder Sojasauce.
Mit Gewürzen wie Sambal Oelek, Chilipulver, Pfeffer und Kräutern können diese Saucen noch verfeinert oder schärfer gewürzt
werden.

Grillen

Beim Grillen werden Steaks besonders fett-
arm gegart. Auf dem Holzkohlegrill kann
das Fleisch durch Verbrennen vom Thymian, Rosmarin, Wacholder oder Myrthen-
zweigen aromatisiert werden.

Die Tricks des Zerlegens

Die Amerikaner, die einen Kult aus der Steakkultur gemacht haben, zerlegen das Fleisch ihrer Rinder anders als deutsche Metzger. Stücke wie Porterhouse-, Sirloin- oder T-Bone-Steak, Prime-Rib oder Rib-Eye sind bei uns erst durch Steakhäuser bekannt geworden. Erst in jüngster Zeit gibt es in den Großstädten vereinzelt Schlachtereien, die amerikanische Steaks anbieten. Wir zeigen und erklären Ihnen die wichtigsten Fleischstücke beider Methoden.

Deutsche Methode

Das Rinderfilet (1) wird in mehrere Stücke aufgeteilt:
Châteaubriand (2), doppeltes Filetstück aus dem breiten Ende des Filets (Kopfstück), wird im Stück (ca. 500 g) gebraten.
Filetstücke (3) aus der Mitte des Filets.
Tournedos (4), kleinere Filetstücke aus dem schmaleren Ende des Filets.
Filet Mignon (5), kleine Steaks aus der Spitze des Filets.
Filetspitzen (6) werden für Geschnetzeltes und Filetgulasch verwendet.
Entrecôte, 5-6 cm dickes Zwischenrippenstück, aus der Mitte des flachen Roastbeefs geschnitten, ca. 400-500 g.
Rumpsteak (7), 2-3 cm dickes Stück mit Fettrand, aus dem hinteren Teil des Roastbeefs geschnitten, ca. 250 g.
Hüftsteak oder Huftsteak (9), 2-3 cm dickes Stück aus der Hüfte geschnitten, ca. 150 g.
Kluftsteak (8), auch Beefsteak genannt, wird aus der Keule geschnitten, 2-3 cm dick, ca. 200-300 g.

Amerikanische Methode

T-Bone-Steak (10), geschnitten aus Roastbeef und Filet, zerteilt durch einen T-förmigen Knochen, ca. 500-600 g.
Porterhouse-Steak, ähnlich wie das T-Bone-Steak, jedoch mehr zu den Rippen geschnitten und oft doppelt so dick, ca. 600 - 1000 g.
Prime Rib (11), aus der Hochrippe geschnittenes Stück mit Knochen und Fett.
Rib-eye (12), ähnlich wie Prime Rib, jedoch mit mehr Fett durchzogen (marmoriert).

Die vielfältigen Alternativen

Gewiß: das klassische Steak stammt vom Rind und von nichts anderem. Aber das heißt doch noch lange nicht, daß Lamm und Kalb, Wild und Schwein und Leber nicht nach den gleichen Prinzipien zubereitet werden könnten. Und zwar äußerst abwechslungsreich — die Skala reicht von zart-delikat bis hin zu deftig-pikant. Wie in anderen Fällen, sollen unsere Rezepte für Sie Anstoß dazu sein, am Herd eigene Ideen zu entwickeln.

Wild

Wildsteakfleisch hat eine braun-rote Farbe und schmeckt intensiver als die anderen Fleischarten.
In 3-4 cm dicke Stücke geschnitten werden Wildsteaks bei mittlerer Hitze in Butter gebraten. Das gebratene Fleisch soll rosa, aber nicht blutig sein.
Als Beilagen sind zu empfehlen:
Preiselbeeren in Birnenhälften
Kastanien aus der Dose (gekocht)
Äpfel in Weißwein gegart
Waldpilze (in Butter gebraten)
Rosenkohl
Rotkohl
Kroketten
Spätzle
Foto:
Hirschsteak mit Kastanien, Birne und Preiselbeeren, mit Thymian garniert

Lamm

Lammfilets sind sehr klein und dünn. Sie werden im Stück gebraten. Man rechnet pro Person 2 Filets. Die Bratzeit ist entsprechend der Größe sehr kurz (ca. 2-3 Minuten).
Lammkoteletts werden aus dem Rücken geschnitten. Der Fettrand kann ein- oder abgeschnitten werden. Die Lammkoteletts werden bei mittlerer Hitze in wenig Fett kurz (ca. 4-6 Minuten) gebraten. Das Fleisch soll innen rosa sein.
Als Beilage sind zu empfehlen:
Minzgelee (gibt's als Fertigprodukt)
Prinzeßböhnchen
Tomatenviertel (kurz gedünstet)
Strohkartoffeln (s. S. 125).
Foto:
Lammkoteletts mit Minzgelee und frischen Minzblättern garniert.

Schwein

Schweinefilet ist kleiner als Rinderfilet. Es kann im Ganzen oder in Stücke geschnitten (Medaillons) gebraten werden. Schweinefilet wird bei mittlerer Hitze in Butter gebraten, es soll einen rosa Kern haben.
Schweineschnitzel werden wie „Wiener Schnitzel" zubereitet.
Schweinekoteletts (mit Knochen) oder Nackenkoteletts (ohne Knochen) werden in Mehl gewendet und bei mittlerer Hitze in Öl oder Margarine 10 Minuten gebraten. Koteletts können auch mit Panade (s. S. 30/31) gebraten werden.
Foto:
Schweinekotelett mit gedünsteten Paprikastreifen und mit Petersilie garniert.

Kalb

Kalbssteaks werden in 3-4 cm dicke Stücke geschnitten, können aber auch im Ganzen gebraten werden. Sie werden bei mittlerer Temperatur in Butter ca. 6 Minuten gebraten. Die Kalbssteaks sollen innen rosa sein.

Kalbsrückensteaks sind größer als Filets. Sie können mit Knochen oder ausgelöst wie Rindersteaks in Butter bei mittlerer Hitze gebraten werden.

Wiener Schnitzel
1 cm dick geschnittene Schnitzel mit einem Holzklopfer gleichmäßig dünn klopfen. Zuerst in Mehl, dann in verquirltem Eigelb wenden, zum Schluß etws Paniermehl vorsichtig einklopfen. In viel Butter bei mittlerer Hitze ca. 4 Minuten braten. Nach dem Braten mit Salz würzen. Mit Zitronenscheiben, aufgerollten Sardellenfilets und Kapern garnieren.

Unpanierte Kalbsschnitzel werden nicht wie Wiener Schnitzel dünn geklopft, sie werden dünn geschnitten bei mittlerer bis starker Hitze 2-3 Minuten gebraten.

Foto:
Wiener Schnitzel mit Zitronenscheiben, Sardellenfilets und Kapern garniert.

Leber

Kalbsleber ist die feinste und teuerste Leber. Schweine- und Rinderleber werden beim Braten leicht trocken und sind von mehr Sehnen durchzogen.

Die Leber in 1 cm dicke Scheiben schneiden, in Mehl wenden und bei mittlerer Hitze kurz (ca. 3-4 Minuten) braten. Sie soll innen rosa und saftig sein. Wenn Leber zu lange brät, wird sie hart und trocken. Die Leber immer erst nach dem Braten mit Salz würzen.

Foto:
Kalbsleber mit in Butter gebratenen Apfelscheiben und Zwiebelringen.

Züricher Geschnetzeltes

500 g Kalbfleisch
1 EL Öl
1 Zwiebel (feingehackt)
1 EL Mehl
4 EL Weißwein
1/4 l Schlagsahne
1 EL Butter
Salz, Pfeffer
1 EL Petersilie (feingehackt)

Kalbfleisch in Scheiben, dann in Streifen schneiden. Öl in einer Pfanne erhitzen und das Fleisch bei starker Hitze ca. 1 Minute anbraten. Das Fleisch aus der Pfanne nehmen und warmhalten. Die Herdplatte auf mittlere Hitze zurückschalten, die Zwiebeln in die Pfanne geben und 2 Minuten braten. Das Mehl hinzufügen, mit den Zwiebeln verrühren und mit Weißwein ablöschen. Die Schlagsahne hinzugießen und ca. 2 Minuten aufkochen. Das Fleisch in die Sauce geben, Butter hinzufügen und erhitzen. Mit Salz und Pfeffer würzen und mit der Petersilie bestreut servieren.

Die Schnitzel der Italiener

Wer jemals in der Toscana oder in Rom, im Piemont oder in der Lombardei eines jener zarten, feingewürzten und hauchdünn geschnittenen Kalbsschnitzel gegessen hat — dem wird beim Gedanken daran schon das Wasser im Munde zusammenlaufen. Warum machen Sie's nicht wie die Italiener? Wir geben Ihnen das Grundrezept. Und wenn Sie das beherrschen, dauert es nicht mehr lange bis zu Ihren eigenen Spezial-Scaloppine!

Grundrezept Scaloppine al Marsala

»Kleine Kalbsschnitzel mit Marsalawein«

4 EL Öl

8 kleine, dünne Kalbsschnitzel

1/4 l Marsala (süßer Dessertwein)

Salz

frisch gemahlener, schwarzer Pfeffer

Saft einer Zitrone

2 EL Butter

1. Öl in einer großen Pfanne erhitzen.
2. Schnitzel in die Pfanne geben und bei mittlerer Hitze in 2-3 Minuten von beiden Seiten goldbraun braten.
3. Nach dem Braten mit Salz und Pfeffer würzen, aus der Pfanne nehmen und warmhalten.
4. Von dem Bratenfond und dem Marsalawein wird eine Sauce zubereitet. Marsalawein in die heiße Pfanne geben, aufkochen lassen und unter Rühren etwas einkochen, dabei den Bratensatz vom Boden lösen.
5. Den Zitronensaft unterrühren.
6. Mit etwas Salz und Pfeffer abschmecken.
7. Butter mit dem Schneebesen unter die Sauce rühren.
8. Die Sauce über die Schnitzel geben.

Kalbsschnitzel mit Schinken und Salbei

»Saltimbocca alla Romana«

8 kleine, dünne Kalbsschnitzel

8 Scheiben luftgetrockneter Schinken

8-16 frische Salbeiblätter

3 EL Öl

1/2 Tasse Weißwein

2 EL Butter

Salz

frisch gemahlener, schwarzer Pfeffer

kleine Holzzahnstocher

1. Die Schnitzel mit je einer Scheibe Schinken zusammenlegen. Mit Salbeiblätterr belegen und mit einem Holzzahnstocher feststecken.
2. Öl in einer Pfanne erhitzer und die Schnitzel 3-4 Minuten von beiden Seiten goldbraun braten.
3. Die Schnitzel herausneh-

men und dann warmhalten.
4. Den Bratensatz mit dem Weißwein ablöschen und etwas einkochen lassen.
5. Die Butter mit dem Schneebesen unter die Sauce rühren und mit Salz und Pfeffer abschmecken.
6. Die Schnitzel mit der Sauce begießen.

Kalbsschnitzel mit Estragonsauce

3 EL Öl

8 kleine, dünne Kalbsschnitzel

1/2 Tasse Weißwein

1/4 l Schlagsahne

2 EL Butter

Estragon

Salz

frisch gemahlener, schwarzer Pfeffer

1. Die Schnitzel in Öl bei mittlerer Hitze 2-3 Minuten goldbraun braten.
2. Schnitzel mit Salz und Pfeffer würzen, aus der Pfanne nehmen und warmhalten.
3. Bratensaft mit Weißwein ablöschen, Sahne hinzufügen und etwas einkochen lassen.
4. Nach 1/2 Minute die Butter unter die Sauce rühren und wieder etwas einkochen lassen.
5. Den feingehackten Estragon in die Sauce geben, mit etwas Pfeffer und Salz abschmecken.
6. Die Schnitzel mit der Sauce begießen.

Kalbsschnitzel mit Zitrone

8 dünne Kalbsschnitzel

2 Zitronen (ungespritzt)

3 EL Öl

1/8 l Weißwein

2 EL Butter

Salz

frisch gemahlener Pfeffer

Zitronenmelisse

1. Die Schnitzel mit dem Saft 1/2 Zitrone beträufeln.
2. Öl in einer Pfanne erhitzen und die Schnitzel 2-3 Minuten goldbraun braten.
3. Die Schnitzel mit Salz und Pfeffer würzen, herausnehmen und warmhalten.
4. Den Bratensatz mit dem Saft 1/2 Zitrone und dem Weißwein ablöschen und etwas einkochen lassen.
5. Die Butter unter die Sauce rühren und mit etwas Salz und Pfeffer abschmecken.
6. Mit Zitronenscheibe und Zitronenmelisse garnieren.

Der preiswerte Tip:
Es ist nicht notwendig, daß für diese Rezepte die teuerste Fleischsorte, Kalbsfilet, gekauft wird. Das Fleisch von der Keule, aus der üblicherweise die Schnitzel geschnitten werden, ist sehr gut. Der Metzger sollte jedoch die Schnitzel so hauchdünn wie eine Roulade (ca. 1/2 cm dick) schneiden. Halbieren kann man die Scheiben zu Hause und schon sind die Scaloppine fertig.

217

Hack:
Fleisch gut
in Form

Es gibt eine heimliche Sehnsucht in uns nach den Düften von Groß- mutters Küche: nach Pflaumen- kuchen, nach Bratkartoffeln und vor allem nach jenem unvergl- eichlich appetitmachenden Ge- ruch, der aus Pfannen und Kas- serollen aufsteigt, wenn Gewürze aller Art, Zwiebeln und Knob- lauch sich mit dem Saft frisch durchgedrehten Fleischs ver- mischen. Frikadellen, Bouletten, Königsberger Klopse, Kohlroula- den — unsere Nase, das Sinnes- organ mit dem längsten Ge- dächtnis, hat den Duft dieser Hack-Herrlichkeiten gespeichert. Zu diesen Erinnerungen kom- men importierte Düfte: nach Čepapčići, Dolmades, Lasagne bis hin zum vielgeschmähten heißgeliebten Hamburger. Hack ist der Braten für den Alltag, aber das Eßvergnügen daran ist strah- lendster Sonntag.

Die Sorten und das Standard-Rezept

Wer mit Hack-Zubereitungen anfängt, sollte erst einmal einen kurzen Grundkurs in Sortenkunde absolvieren. Sonst steht er beim Metzger ratlos vor den verwirrenden Bezeichnungen. Ferner gibt es als Standard ein Grundrezept, das Ihnen in Fleisch und Blut übergehen muß. Sonst fehlt Ihnen die Basis, von der aus das kreative Kochen mit Hack erst Spaß macht!

Was Sie über Hackfleisch wissen müssen

<u>Wichtigste Regel:</u> Hack darf immer nur frisch verwendet werden! Durchgedrehtes Fleisch bietet nämlich den Bakterien ideale Lebensbedingungen — auch bei Kühlschrank-Temperaturen (Salmonellen).
Lassen Sie sich das Fleisch immer frisch durchdrehen — jeder Metzger ist dazu verpflichtet. Bei tiefgekühltem und abgepacktem Hackfleisch unbedingt auf das Haltbarkeitsdatum achten.
Im Handel werden folgende Sorten von Hackfleisch angeboten:
<u>1. Hack</u> (Gehacktes) ist rohes Skelettmuskelfleisch vom Rind und/oder Schwein ohne Zusätze mit einem bestimmten Fettanteil.
<u>2. Schabefleisch</u> (Tatar) ist rohes Skelettmuskelfleisch vom Rind ohne Fett und Sehnen, in fein zerkleinertem Zustand ohne Zusätze.
<u>3. Zubereitetes Hackfleisch</u> (Mett) ist Hack- und Schabefleisch, dem Salz, Zwiebeln oder andere Zutaten und Gewürze zugegeben wurden.

Grundrezept Zubereitung

1 Brötchen
250 g Rinderhack
250 g Schweinehack
2 Zwiebeln
1 Ei
1/2 TL Salz
Pfeffer
2 EL Pflanzenfett oder Margarine

<u>Tip:</u> Das Brötchen kann durch Paniermehl, Weiß- oder Vollkornbrot ersetzt werden.

1. Zutaten bereitstellen.

6. Mit 1/2 TL Salz und etwas Pfeffer würzen.

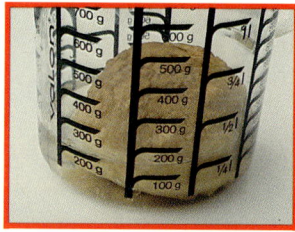

2. Brötchen in 1/4 l warmem Wasser einweichen.

7. Hackfleisch und Zutaten gut vermischen.

3. Hack, feingewürfelte Zwiebeln und 1 Ei in eine Schüssel geben.

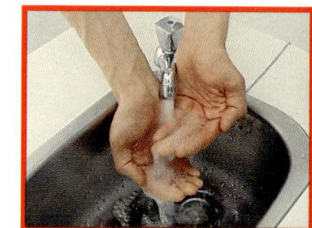

8. Die Hände anfeuchten, damit sich der Hackfleischteig besser formen läßt.

4. Brötchen gut ausdrücken.

9. Mit den aufgefeuchteten Händen 8 Frikadellen formen.

5. Brötchen zu dem Hackfleisch geben (es lockert den Teig).

10. Die geformten Frikadellen beiseite stellen.

Bratarten

Je nach Form kann Hackfleisch in der Pfanne, im Backofen und auf/unter dem Grill gegart werden.

Braten in der Pfanne

(Phasenfotos rechts)
In der Pfanne werden Hackfleischsteaks, Hackfleischbällchen und Hackfleischmasse für Fleisch-Saucen gebraten.

Backen im Backofen

Hackfleischkuchen auf dem Blech und Hackfleisch-Pasteten werden im Backofen gebacken.

Garen im oder auf dem Grill

Zum Garen im Tisch- oder auf dem Gartengrill eignen sich alle kleineren Hackfleischstücke.
Zum Grillen von Hackfleisch sollte der Grillrost mit Alufolie abgedeckt werden, damit die Hackfleischstücke nicht zu dunkel werden oder durchbrechen.

Bratfette

Da Hackfleisch nicht zu stark gebraten wird, eignen sich zum Braten der verschiedenen Hackfleisch-Gerichte besonders gut Butter, Butterschmalz, Margarine und evtl. Schweineschmalz.

1. Herdplatte auf mittlere Hitze einstellen.

2. Die Hälfte der Margarine in der heißen Pfanne erhitzen.

3. Frikadelle mit dem Pfannenheber in die Pfanne geben.

4. Weitere Frikadellen hinzugeben.

5. Von einer Seite 4 Minuten braten.

6. Frikadellen wenden.

7. Mit dem Pfannenmesser etwas in Form drücken.

8. Weitere 4 Minuten braten.

9. Herausnehmen und auf das Blech legen.

10. Die restlichen 4 Frikadellen genauso braten.

Andere Hackfleisch-Mischungen

Natürlich können für Hackfleischteige auch andere Fleisch-Arten verwendet und beliebig miteinander kombiniert werden.

Kalbfleisch hat einen besonders zarten und feinen Geschmack und sollte deshalb auch vorsichtig gewürzt werden.
Lammfleisch mit seiner intensiven, kräftigen Geschmacksnote kann mit vielen auch exotischen Gewürzen und Kräutern verarbeitet werden.
Gut kombiniert werden können auch: Lamm- und Rindfleischhack, Schwein- und Lammfleischhack; Kalb- und Rindfleischhack.

Hackfleisch warm und kalt

Für Partys, Picknicks, Gartenfeste und andere rustikale Anlässe werden gern die verschiedenen Hackfleisch-Gerichte serviert. Sie können rechtzeitig — also Tage vor dem Fest — gebraten und im Tiefkühlschrank aufbewahrt werden.
Zu dem gewünschten Zeitpunkt kommen sie zum Auftauen und Erhitzen in den Backofen und können warm oder kalt serviert werden.
Da das Auge immer mitißt, sollten gerade für solche Gelegenheiten Hackfleisch-Spezialitäten nicht nur geschmacklich, sondern auch optisch aufgebessert werden.
Das geschieht z.B. durch Wenden der Hackfleisch-Bällchen, Hackfleisch-Würstchen und Frikadellen in verschiedenen Panaden.
Ideale Panaden dafür sind: Sesamkörner, Koskosraspeln, gehackte Pinienkerne, gehobelte Mandeln oder gehackte Walnußkerne.

Die 12 appetitlichsten Ideen

Die Boulette pur kann ein unvergleichlicher Genuß sein — aus der Hand gegessen, mit Senf und Bier in einer Berliner Eckkneipe. Aber zu Hause werden Ihr Ehrgeiz und Ihre Familie vermutlich etwas mehr Abwechslung und Originalität wünschen. Nichts einfacher als das! Wir geben Ihnen hier ein Dutzend Ideen vor, weitere können Sie bei den Steak-Garnituren abgucken (Seiten 208/209). Und spätestens, wenn Sie die alle durchprobiert haben, werden Sie selbst ein paar neue Einfälle haben . . .

Von Apfelsine bis Meerrettich

1. Apfelsinenspalten und Estragonblätter.
2. In Scheiben geschnittene Champignons und Radieschen in Essig, Öl und Gewürzen marinieren. Mit Brunnenkresse garnieren.
3. Zwiebelringe und Petersilie.
4. Rote und grüne Paprikaschoten, in Streifen geschnitten.
5. Mit eingelegte rote Bete und Pimpernelle garnieren.
6. Frikadelle auf eine Scheibe Ananas legen, mit 1 Scheibe Käse belegen und überbacken.
7. Mit Tomatenscheiben und Basilikum-Blättchen garnieren.
8. Weißkohl in ganz feine Streifen schneiden, mit Salz, Pfeffer, Zucker, Essig und Öl 1 Tag marinieren.
9. 1 Spiegelei mit Paprikapulver bestreuen und auf die Frikadelle legen.
10. Essiggurke in Scheiben schneiden und mit Dill garnieren.
11. Mit 1 EL Ketchup und Schnittlauchröllchen belegen.
12. Vom frischen Meerrettich ganz feine Streifen mit dem Messer abschaben und mit Petersilien-Blättchen auf der Frikadelle anrichten.

223

Der Mac und andere Burger

Was als Untergang des Abendlandes in Sachen Eßkultur beschworen wurde, hat sich inzwischen als zeitgemäße Imbiß-Variante des Würstchens am Stand herausgestellt. Der Hamburger an sich ist nichts Schlechtes — er wird nur leider oft schlecht zubereitet: trockenes Fleisch, alte Salatblätter, pappiges Brötchen. Dabei bietet der Hamburger unbegrenzte Möglichkeiten.

Grundrezept Hamburger

(Foto)
Zutaten für 4 Hamburger

500 g Rinderhack
1 feingehackte Zwiebel
1 Ei
Salz
Pfeffer
2 EL Öl
4 weiche Sesambrötchen
4 Salatblätter
2 in Scheiben geschnittene Tomaten
2 Essiggurken in Scheiben
4 Scheiben Schmelzkäse
4 TL Mayonnaise
4 TL Ketchup

1. 4 flache runde Hacksteaks wie auf den Phasenfotos braten.
2. Brötchen halbieren, die untere Hälfte mit je 1 Salatblatt, Gurken, Hacksteak, Tomatenscheiben, 1 Scheibe Käse und je 1 TL Ketchup und Mayonnaie belegen.
Die obere Hälfte des Brötchens darauf klappen.

Doppeldecker

Frikadellen zubereiten nach Grundrezept S. 220/221
Zutaten für Salat:

2 Zwiebeln	
4 Tomaten	
1/2 Salatgurke	
4-5 EL Öl	
3 EL Essig	
Zucker	
Salz	
Messerspitze Pfeffer	

1. Zwiebeln abziehen und würfeln, Tomaten in kleine Stücke schneiden und Salatgurke in papierdünne Scheiben hobeln.
2. Wasser, Essig, Zucker, Salz und Pfeffer verrühren.
3. Gurke, Tomate und Zwiebel hinzufügen, gut vermischen und 1-2 Stunden stehen lassen.
4. Frikadellen nach Grundrezept braten.
5. Hamburger in folgenden Schichten anrichten: Brötchen, Salat, Frikadellen, Salat, Frikadellen, Brötchen.

Variationen:
Wie wandlungsfähig Hamburger sind, zeigen wir Ihnen an den nachfolgenden fünf Varianten:

1. Mohnbrötchen, Ketchup, Zwiebelringe, Hackfleisch, Eisbergsalat, Mohnbrötchen.
2. Milchbrötchen, Ketchup, Mayonnaise, Salatgurke, Röstzwiebeln, Hacksteak, Salatblatt, Milchbrötchen.
3. Brötchen, Ketchup, Frikadelle, Tomaten, Brötchen.
4. Brötchen, Käsescheibe, Ananasscheibe, Frikadelle, Brötchen.
5. Brötchen, gerösteter Frühstücksspeck, Frikadelle, Zwiebelstücke, Brötchen.

Die Verwandlung als einfachste Variation

Hack — das ist neben allen anderen Vorzügen in erster Linie bewegliche Fleischmasse. Knetbar, mischbar, formbar — im Grunde das ideale Ausgangsprodukt für phantasievolle Köche. Kein Wunder, daß daraus in den Regionalküchen vieler Länder pikante und einfallsreiche Gerichte entstanden (siehe auch Seiten 232/233). Ob Sie nun Ćevapčići oder Minced Meat lieber mögen — eins gilt immer: Nachkochen ist gut, selber variieren noch besser.

Hack in der Kranz-Form

Hackfleischteig (s. Grundrezept) in die Form geben und bei 200°C 40 Minuten im Ofen backen. Anschließend aus der Form stürzen.

Wirsingroulade

Wirsingblätter 2-3 Minuten in heißem Wasser blanchieren und gut abtropfen lassen. Hackfleisch in Wirsingblätter fest einrollen. In heißem Fett kurz anbraten und mit wenig Wasser auffüllen. 20 Minuten bei mittlerer Hitze schmoren lassen.

Hackfleisch-röllchen

Aus dem Hackfleischteig lange Röllchen formen und in 10 cm lange Stücke schneiden. (Siehe Ćevapčići S. 232).

Hackfleisch-bällchen

Mit angefeuchteten Händen kleine Bällchen formen, die man braten oder in Flüssigkeit garen kann. Als Fleischgang oder aufgespießt als Appetizer servieren!

Hackfleisch-kuchen

Hackfleischteig (s. Grundrezept) in eine feuerfeste Form drücken und bei 200°C 40 Minuten im Ofen backen.

Frikadellen

Aus dem Teig nicht zu große Ballen formen.

Falsches Kotelett

Hackfleichteig (s. Grundrezept) kotelettähnlich formen.

Blätterteigtaschen

Tiefgekühlter Blätterteig (1 Packung) antauen lassen und in 8 cm große Quadrate schneiden. Mit Hackfleischmasse (s. Grundrezept) füllen. Die Seiten mit Eigelb bestreichen und zusammendrücken. Im Backofen bei 225°C in 15-20 Minuten goldbraun backen.

Minced Meat

Tatar wird mit Salz und Pfeffer gewürzt und unter Rühren in heißer Butter kurz angebraten. In England eine beliebte Frühstücksergänzung.

Hackbraten in Alufolie

Den nach dem Grundrezept vorbereiteten Hackfleischteig wie ein Brot formen und in Alufolie gewickelt 35-40 Minuten bei 200°C im Ofen backen.

Das Würzen als pikanteste Variation

Sie werden auch bald auf den Geschmack kommen: Hack ist das schiere Experimentierfeld, wenn Sie es durch Gewürze oder andere Beigaben verändern wollen. Das relativ neutrale frische Fleisch verlangt als absolutes Muß eigentlich nur Salz. Was Sie sonst noch hineinstreuen und -hobeln, -mahlen und -mengen — das ist ganz Ihrem Fingerspitzengefühl überlassen. Faustregel Nr. 1: Niemals zu viele Gewürze verwenden — sie erschlagen sich gegenseitig. Faustregel Nr. 2: Niemals zuviel von einem Gewürz verwenden — die meisten entwickeln Ihre höchste Geschmacks-Intensität erst, wenn sie heiß werden.

Mischungen

Zum Würzen von Hackfleischteig eignen sich Kräuter, Gewürze, Obst, Gemüse und Nüsse.
Die Menge der angegebenen zusätzlichen Zutaten bezieht sich auf 500 g Hackfleisch (s. Grundrezept).
Wichtig ist, daß sich die dem Hackfleisch beigegebenen Zutaten gut mit der Fleischmasse verbinden. Beim Formen halten Sie sich am besten an die Vorschläge auf den vorangegangenen Seiten.

Arabische Mischung

Zusätzliche Zutaten:

1 kleine gewürfelte Paprikaschote
2-3 EL Backobst
geschnitten
2 EL Pinienkerne
2 EL Pistazienkerne
1 Prise Piment
5-6 Safranfäden
1 EL gehackte Pfefferminz-
blätter
Gerichte mit Reis und Joghurt
serviert.

Nordische Mischung

Zusätzliche Zutaten:

2 EL gehackte rote Bete
2 EL gewürfelte Möhren
3 EL Lauchringe
1 EL Kapern
1 TL gehackte Sardellen
1 EL Crème fraîche
2 EL gehackte Petersilie

Südamerikanische Mischung

Zusätzliche Zutaten:

1 abgezogene, gewürfelte
Tomate
2 EL Mais
1 EL gehackte Oliven
1 Peperoni
1/2 Apfel (gewürfelt)
1 Knoblauchzehe
1-2 EL Rosinen
2 EL gehackte Mandeln

Indische Mischung

Zusätzliche Zutaten:

1 Scheibe feingeschnittene
Ananas
2 Aprikosen
1 gehackte Chilischote
(scharf!)
1 EL edelsüßes Paprika-
pulver
1 EL Currypulver
1 Messerspitze Kümmel
1 TL grüner Pfeffer
geriebene Muskatnuß

229

Gefüllte Tomaten

8 Fleischtomaten

500 g Hackfleischteig

(s. Grundrezept S. 220/221)

2 EL Olivenöl

Von Tomaten einen Deckel abschneiden, mit einem Löffel das Fruchtfleisch herausheben. Hackfleischmasse in die Tomaten füllen und den Deckel wieder aufsetzen. In einer geölten feuerfesten Form 30 Minuten bei 220°C im Backofen garen. Kleinere Tomaten können so gefüllt auf dem Backblech gegart und direkt vom Blech serviert werden.

Gefüllte Kohlrabi

4-6 Kohlrabi

500 g Hackfleischteig

(s. Grundrezept S. 220/221)

1/8 l Schlagsahne

Salz

Pfeffer

Kohlrabi schälen und aushöhlen. Das Innere in Würfel schneiden. Mit der Sahne in die feuerfeste Form hineingeben; mit Salz und Pfeffer würzen. Kohlrabi in kochendes Salzwasser geben und ca. 10 Minuten vorgaren. Gefüllte Kohlrabi bei 200°C in 30-45 Minuten (je nach Größe) im Backofen fertiggaren. Mit Thymian garnieren.

Gefüllte Paprika-schoten

4-6 grüne Paprikaschoten

500 g Hackfleischteig

(s. Grundrezept S. 220/221)

2 EL Olivenöl

6 kleine Tomaten

Salz

Pfeffer

Von den Paprikaschoten einen Deckel abschneiden und die Früchte entkernen. Die Paprikaschoten mit dem Hackfleischteig füllen, mit dem Deckel bedecken. Tomaten enthäuten und vierteln. Mit den gefüllten Paprikaschoten in eine mit Öl ausgestrichene, feuerfeste Form geben und würzen. Im Ofen 45 Minuten garen bei 200°C.

Das kernige Innenleben von Gemüsen

Die Kombination Hack-Gemüse ist geradezu klassisch. Denken Sie nur an den Küchenklassiker Kohlroulade! Gut zubereitet, kann sie ein Hochgenuß sein. Doch es gibt noch andere Kombinationen, die sicher genauso gut, aber eben weniger bekannt sind. Das Grundrezept ist immer gleich: das nach Geschmack gewürzte Hack wird in dem aufgeschnittenen oder ausgehöhlten Gemüse versteckt. Beim Garen vermischen sich die Aromastoffe von Fleisch und Gemüse auf köstliche Weise.

Gefülltes Gemüse

Sehr viele Gemüsearten lassen sich hervorragend mit Hackfleischteig füllen. Ausgangspunkt ist immer das Grundrezept Hackfleischteig (Seite 220/221). Die Zugabe von Kräutern wie Thymian, Basilikum, Oregano und Gewürzen wie Paprika- oder Currypulver und natürlich Knoblauch oder Reis ergeben weitere, zusätzliche Geschmacksvariationen.

Tip: Alle gefüllten Gemüse können mit Käse überbacken werden.

Andere Gemüse

Auberginen
Zucchini
Gemüsezwiebeln
Salatgurken
große Champignon-köpfe

Das jeweilige Gemüse mit Hackfleischteig füllen und entweder im Backofen oder im geschlossenen Topf garen.
Vergessen Sie nicht, die verdampfte Flüssigkeit zu ersetzen!

231

Hackbraten

»Falscher Hase«

750 g gemischtes Hack-
fleisch

2 Eier

2 Zwiebeln

1 Brötchen

1 Knoblauchzehe

4 EL Schnittlauch (gehackt)

2 EL gehackte Petersilie

2 Möhren

2 EL Öl

3 hartgekochte Eier

1. Hackfleischteig aus den angegebenen Zutaten zubereiten. Zusätzlich gehackte Kräuter und kleingewürfelte Möhren untermischen.
2. Die Hälfte des Teiges in eine eingeölte Kastenform geben. Die gepellten, hartgekochten Eier in den Teig drücken und mit dem restlichen Hack bedecken. Leicht festdrücken.
3. Die Form in den vorgeheizten Backofen stellen und 45 Minuten bei 180°C bakken.

Kohlrouladen

1 kg Weißkohl

400 g Hackfleisch

2 Zwiebeln

3 EL Petersilie

Salz

Pfeffer

3 EL Butter

1/4 l Wasser

120 g durchwachsener
Speck

3 Zwiebeln

1. Kohlblätter vom Strunk lösen und in kochendem Wasser 2 Minuten blanchieren. Herausnehmen und gut abtropfen lassen.
2. Das Hack mit gehackten Zwiebeln, Petersilie und Gewürzen gut vermischen.
3. Hackfleischteig in die vorbereiteten Kohlblätter wikkeln und mit Küchengarn umwickeln.
4. Butter erhitzen. Die Kohlrouladen leicht anbraten.
5. Mit 1/4 l Wasser ablöschen und bei mittlerer Hitze dreißig Minuten im geschlossenen Topf garen.
6. Speck und Zwiebeln würfeln. In einer Pfanne anbraten und zu den Rouladen servieren.

Variation:
In den Hackfleischteig 2 EL Reis mischen.

Sauce Bolognese Art

80 g durchwachsener
Speck

1-2 Zwiebeln

1 mittelgroße Möhre

1 Stück Sellerieknolle
(ca. 1 Tasse)

4 EL Butter

300 g Hackfleisch (halb
Rind-, halb Schweinefleisc

2 EL Tomatenmark

1/2 Tasse Fleischbrühe

1 Tasse Rotwein

Pfeffer

frisch geriebene Muskatnu

1/2 Lorbeerblatt

1/8 l Schlagsahne

1. Gewürfelten Speck au lassen, kleingewürfelte Zwi beln, gewürfelte Möhre un Sellerie hinzufügen und c 2 Minuten bei mittlerer Hit anbraten.
2. Butter und Hackfleisc hinzufügen, verrühren.
3. Tomatenmark, Fleisc brühe, Rotwein und Gewür zugeben und alles ca. Stunde bei kleiner Hitze ohr Deckel schmoren lassen.
4. Die Sauce mit Pfeffer ur Muskatnuß abschmecke und mit der Sahne binden

ćevapčići

Knoblauchzehen

0 g gemischtes Hack-
eisch

0 g Lammhackfleisch

alz

feffer

Zwiebeln als Beilage

Knoblauchzehen abzie-
en, feinhacken. Aus den Zu-
ten einen Hackfleischteig
erstellen und ca. 10 cm lan-
e, fingerdicke Rollen for-
en.

Auf dem eingeölten Rost
den Backofen schieben
nd ca. 10 Minuten grillen
der in der Pfanne braten.
Mit grob gehackten Zwie-
eln servieren.

önigsberger
lopse

Klopse:

0 g gemischtes Hack-
eisch

0 g Kalbfleischhack

Scheiben Weißbrot

abgezogene, gewürfelte
wiebel

Sardellenfilets

EL gehackte Petersilie

EL Schlagsahne

alz

feffer

Brühe:

I Wasser

TL Salz

Nelken

Zwiebel

Lorbeerblatt

3. Sauce:

30 g Fett

40 g Mehl

1/2 l Flüssigkeit aus der
Brühe, in der die Klopse
gegart wurden

Salz

Pfeffer

2 EL Zitronensaft

1-2 EL Kapern

3 EL saure Sahne

1 Eigelb

1. Aus den angegebenen
Zutaten einen Hackfleischteig herstellen. Mit an-
gefeuchteten Händen 4-6
große Klopse formen.
2. Salzwasser zum Kochen
bringen und auf mittlere Stufe zurückschalten. Die mit
Lorbeerblatt und Nelke gespickte Zwiebel zugeben.
Die Klopse vorsichtig in das
nicht mehr kochende Was-
ser geben und 15-20 Minu-
ten garziehen lassen.
Wenn die Klopse an der
Oberfläche schwimmen,
müssen sie noch 5 Minuten
garen, da der Kern dann
noch roh ist.
Klopse aus der Brühe neh-
men.
3. Mehl in dem zerlassenen
Fett bei mittlerer Hitze anschwitzen bis es goldgelb ist.
Den Topf von der Herdplatte
nehmen und die Flüssigkeit
(ohne Zwiebel) nach und
nach mit dem Schneebesen
einrühren. Es dürfen keine
Klümpchen entstehen (Sau-
ce sonst durch ein Sieb rühren).
Sauce noch einmal kurz aufkochen lassen und Gewürze,
Zitronensaft, Kapern und
saure Sahne dazugeben. Mit
Eigelb legieren, die Sauce
darf nicht mehr kochen,
sonst flockt das Eigelb aus.

Lumpia Shanghai

35-40 kleine Blätter Reispapier (in Chinaläden zu
kaufen)

250 g gemischtes Hack-
fleisch

100 g Krabben

300 g Sojasprossen

1 Zwiebel

1 Knoblauchzehe

Salz

Pfeffer

1/2 - 3/4 l Öl zum Fritieren

1. Reispapier 15 Minuten
zwischen feuchte Tücher
legen, damit es sich rollen
läßt.
2. Krabben, Sojasprossen,
Knoblauch und Zwiebeln
sehr fein hacken. Mit den Gewürzen und dem Hackfleisch
gut vermischen.
3. Etwas Hackmischung auf
je ein Blatt Reispapier geben.
Die Seiten nach innen ein-
schlagen und aufrollen.
Wenn das Papier an den Enden nicht klebt, können Sie
mit einer Wasser-Mehl-Mi-
schung bestrichen werden.
4. Öl in einen Topf geben
und auf Stufe 2 erhitzen.
5. Die Lumpia in heißem Öl
nacheinander goldbraun
ausbacken.

Braten: Delikatesse aus Duft und Kruste

Auch wenn Vegetarier verächtlich abwinken — nichts verbindet Menschen beim Mahl so miteinander wie ein großer Braten. Stundenlang vorher schon breitet sich der Duft als großer Appetitmacher aus, verführt immer wieder zur Grüppchenbildung in der Küche. Und dann erst der unvergleichliche Moment, wenn das knusprig-braune Prachtstück angeschnitten wird! Die Tischrunde ist sprachlos — schon weil allen das Wasser im Munde zusammenläuft. Aber keine Angst: Alle finden ihre Sprache wieder — schon weil nichts so gelobt wird wie ein gelungener Braten. Nichts eignet sich deshalb auch besser zu einem Festmahl unter Freunden. So ein Gastessen muß auch keineswegs immer ins Geld laufen — es gibt sehr preiswerte Fleischstücke, die mit etwas Raffinement sehr teuer schmecken …

Die 2 Methoden aus Omas Küche

In allem, was die Hohe Kunst des Bratens und Schmorens angeht, war Großmutter Weltmeisterln. Sie kannte schon alle Tricks und Kniffe, wußte von den Malheurs und Katastrophen, die sich in der Backröhre ereignen konnten — wenn man nicht die Regeln befolgte. Seitdem hat sich nichts geändert. Darum wollen wir Ihnen zeigen, wie der Braten in der guten alten Zeit zubereitet wurde.

Das Bratenfleisch

Was im Kapitel „Steaks" (siehe Seite 204/ 205) über Fleisch und Fleischer gesagt wurde, gilt natürlich auch hier. Für einen guten Braten brauchen Sie gute Ware. Beachten Sie dabei folgende Regeln:

Rind. Muß immer abgehangen sein (dunkelrot-graue Färbung). Allerdings brauchen Sie nicht nur die edlen Kurzbratstücke (Filet, Rumpsteak o.ä.) zu verlangen — für einen Schmorbraten wäre das zu schade. Dafür gibt's sehr preiswerte Schulter- und Keulenstücke. Auch Beinfleisch kann köstlich zubereitet werden.

Schwein. Für große Braten niemals das wässrige Fleisch der neugezüchteten Mager-Schweine kaufen — es schrumpft während des Bratens zusammen und wird leicht zäh. Lieber kerniges Fleisch mit einer Fettschicht nehmen. Das Fett brät ohnehin heraus und hält dabei den Braten saftig. Und die Schwarte wird zur knusprigsten Kruste, die sich denken läßt.

Kalb. Sinngemäß gilt das gleiche wie für Schweinefleisch. Was im Laden saftig aussieht, taugt nichts: es ist Wasser. Kalbfleisch soll trocken und graugetönt sein. Zum Braten immer mit Fetträndern kaufen!

Lamm. Vorsicht vor fettem Hammelfleisch! Es schmeckt immer leicht tranig. Ausdrücklich Lammfleisch verlangen — am besten große Stücke (Keule) vorbestellen!

Vorbereitung

1. Vorbereitete Zutaten bereitstellen.

6. Braten von allen Seiten kräftig anbraten.

2. Fleisch mit wenig Salz einreiben — so wird der Geschmack intensiver.

7. Herdplatte auf Stufe 2 zurückschalten.

3. Herdplatte auf höchster Stufe erhitzen.

8. Gemüse dazugeben.

4. 3 EL Fett (Pflanzenfett oder Pflanzenöl) dazugeben.

9. 2 Minuten mitbräunen lassen.

5. Braten in den Topf legen.

10. Flüssigkeit und Gewürze in den Topf geben.

Zutaten

2 kg Rindfleisch (Keule)
3 EL Fett
Salz
3 Möhren
1 kleine Stange Lauch
2 Zwiebeln
1 Stück Sellerie
10 Pfefferkörner
1 kleines Lorbeerblatt
1/4 l Flüssigkeit (Wasser, Brühe oder Rotwein)
gemahlener Pfeffer

Schmoren im Topf

(rechts im Foto)
Vorbereitung wie auf den Phasenfotos links.
Das Fleisch muß bis zur Hälfte mit Flüssigkeit bedeckt sein, je nach Größe des Topfes mit Flüssigkeit auffüllen.

2 Faustregeln:
Höhere Fleischteile haben eine längere Garzeit.
Pro Zentimeter Fleischdicke rechnet man 10 Minuten Garzeit.

Schmoren im Backofen

(Phasenfotos rechts außen)
Das Schmoren im Backofen eignet sich für große Fleischstücke (ab 1 kg) und ganz besonders für preiswerte Stücke wie Nacken, Bauch, Keule, Schulter, Bug.
Das Fleisch wird wie auf den Phasenfotos (linke Seite) vorbereitet. Beim Schmoren im Backofen reicht eine kleine Menge Flüssigkeit.
Durch die hohe Temperatur bilden sich wohlschmeckende Röststoffe.
Damit das Fleisch nicht austrocknet, sollte man Fleischstücke mit einer Fettschicht verwenden (oder sie mit Speckscheiben umwickeln). Bei größeren Braten verlängert sich die Bratzeit entsprechend um 30 Minuten bis ca. 1 Stunde.

Schmoren im Topf

1. Herdplatte auf höchste Stufe erhitzen.

6. Den Braten wenden.

11. Weitere 4 Minuten stark einkochen.

Schmoren im Ofen

1. Backofen auf 250°C vorheizen.

2. Mit Flüssigkeit (Wasser, Wein oder Brühe) auffüllen, einmal aufkochen lassen.

7. 1 Stunde im geschlossenen Topf garschmoren.

12. Alles durch ein Sieb geben.

2. Den vorbereiteten Braten in die Mitte des Backofens stellen.

3. Auf Stufe 2 zurückschalten.

8. Braten herausnehmen und in Alufolie warmhalten.

13. Gemüse durch das Sieb in die Flüssigkeit streichen.

3. 30 Minuten ohne Deckel schmoren lassen. Auf 200°C zurückschalten.

4. Den Topf verschließen.

9. Herdplatte auf Stufe 3 erhitzen.

14. Die so erhaltene Bratensauce mit Salz und Pfeffer würzen.

4. Den Braten zwischendurch mit Flüssigkeit begießen.

5. Braten ca. 90 Minuten schmoren.

10. Flüssigkeit ohne Deckel aufkochen lassen.

15. 1 EL Speisestärke mit 1 EL Wasser anrühren und in die Sauce geben.

5. Braten in 1 Stunde garschmoren.

Die Evergreens von Kalb, Rind und Schwein

Kein Koch vermag heute mehr zu sagen, wie lange die Entwicklung gedauert hat, bis diese drei Superbraten das waren, was sie heute sind: Leibspeisen an Sonntagen, Evergreens in den Bratröhren. Daß ein Braten bei gleichem Grundrezept im Süden ganz anders schmeckt als im Norden, im Weinland anders als in Biergegenden — das macht einen zusätzlichen Reiz aus. Wetten, daß Ihr Lieblingsbraten auch bald einen ganz typischen Familien-Touch haben wird?

Kalbsnierenbraten

(Foto links)
Zutaten:

1,5 kg Kalbsnierenbraten
3 EL Öl
1 Zwiebel
1/4 l Flüssigkeit
(Wasser oder Weißwein)
6 Salbeiblätter
1 Estragonzweig
1/2 TL geschroteter Pfeffer
Salz

1. Den Braten wie auf den Phasenfotos (S. 236/237) vorbereiten.
2. Im Backofen, ohne Dekkel, bei 250°C 15 Minuten schmoren.
3. Dann den Backofen auf 200°C zurückschalten und den Kalbsnierenbraten in 1 Stunde und 15 Minuten garschmoren.
4. Den Bratenfond nach Ende der Garzeit mit Salz und Pfeffer abschmecken. Pur zum Braten reichen oder vorher mit Crème fraîche und etwas Weißwein abrunden. Als Beilage eignen sich Bandnudeln (S. 86/87), Risotto (S. 108) oder Schweizer Rösti (S. 126/127).

Gespickter Rinder-schmorbraten

»Boeuf à la mode«
(Foto Mitte)

1 kg Rindfleisch aus der
Keule ohne Knochen

50 g Speckstreifen zum
Spicken

3 EL Öl

3 Möhren

1 Stück Sellerie

1 Stange Lauch (Porree)

1/2 l Flüssigkeit (Wasser,
Rotwein oder Brühe)

3 EL Essig

10 Pfefferkörner

5 Pimentkörner

2 Nelken

1 Thymianzweig oder

1/2 TL getrockneter Thymian

Salz, Pfeffer

2 EL Portwein

1. Die Speckstreifen mit Hilfe
einer Spicknadel (S. 240)
durch das Fleisch ziehen.
Der Braten wird dadurch saf-
tiger.
2. Das Fleisch wie auf den
Phasenfotos (S. 236) mit Gemüse und Gewürzen vorbe-
reiten.
Feinschmecker-Tip:
Herzhafter und kräftiger
schmeckt das „Boeuf à la
mode", wenn Sie als Flüssigkeit nur Rotwein verwenden.
3. Das Fleisch 2 1/2 Stunden
wie auf den Phasen (S. 237)
im Topf garschmoren. Das
Gemüse durch ein Sieb
drücken und die Sauce an-
schließend mit Portwein abschmecken.
4. Als Beilage eignen sich
Knödel (s. S. 122/123) oder
Kroketten (s. S. 124). Dazu
trinken Sie am besten den
gleichen Rotwein, den Sie
zum Schmoren genommen
haben.

Schweinebraten
(Foto rechts)

1 kg Schweinefleisch aus
der Keule ohne Knochen

3 EL Öl

2 Zwiebeln

3 Möhren

1 Lorbeerblatt

2 Nelken

1 Rosmarinzweig oder

1/2 TL getrockneter
Rosmarin

1 Flasche Bier

Salz

Pfeffer

1. Den Schweinebraten wie
auf den Phasenfotos (S. 236)
mit dem Gemüse vorberei-
ten und mit Bier auffüllen
(keinen Rotwein verwenden).

2. Wie auf S. 237 abgebildet,
den Braten 1 1/2 Stunden im
Backofen schmoren.
3. Nach Ende der Garzeit
das Gemüse durch ein Sieb
drücken. Den Bratenfond
entfetten und mit Salz und
Pfeffer herzhaft abschmekken.
4. Als Beilage eignen sich
Salz- oder Bratkartoffeln (s. S.
116/117), Leipziger Allerlei,
Knödel (s. S. 122/123).

Die wichtigsten Finessen

Ein großes Stück Fleisch ist zwar als Braten schon ein Eß-Vergnügen für sich — aber Köche und Köchinnen waren es einfach ihrem kreativen Ruf schuldig, über raffinierte Verfeinerungen nachzudenken. Kuriose, kostspielige, aber auch viele verblüffend einfache Varianten wurden ersonnen, um die Lust am Fleisch zu steigern.

Kräuter

Die Grundregel: Getrocknete Kräuter mitkochen, frische aber erst am Ende zugeben. Manche Kräuter passen offenbar besonders gut zu bestimmten Fleischsorten. Wir nennen Ihnen nachfolgend die wichtigsten Kombinationen.

Das sollte Sie aber nicht davon abhalten, eigene Experimente zu machen.

Rind:
Thymian, Petersilie, Schnittlauch, Oregano, Majoran.
Schwein:
Rosmarin, Petersilie, Schnittlauch, Basilikum, Salbei.
Kalb:
Estragon, Salbei, Kerbel, Basilikum.
Lamm:
Thymian, Oregano, Rosmarin, Majoran, Minze, „Herbes de Provence" (Kräutermischung).

Alkohol

Durch Zugabe von Alkohol kann man jede Bratensauce raffinierter machen. Die Meinung, Alkohol gehöre nicht ins Essen, ist ein Vorurteil, über das die Franzosen nur lachen können.

Im übrigen verfliegt der Alkohol beim Kochen fast vollständig; übrig bleiben die Aromastoffe.

Deshalb niemals billigen Wein verwenden. Und immer trockenen — sonst schmeckt Ihre Sauce süßlich.

Cognac, Weinbrand oder Calvados: sie aromatisieren nicht nur, sondern machen das Fleisch zudem mürbe.

Nachfolgend ein paar empfehlenswerte Alkohol-Fleisch-Kombinationen:

Weißwein: Paßt zu allen Fleischsorten, speziell aber zu Kalb und Kaninchen.
Rotwein: Gut für Rind und Lamm. Unerläßlich für Wild.
Sherry: Vorzüglich zu Kalb.
Pilsener Bier: Schwein.
Dunkles Bier: Schwein und Rind.
Weinbrand: Kalb, auch Kaninchen.
Whisky: Besonders gut zu Rind.
Calvados: Schwein, interessant bei Lamm und Rind.

Lassen Sie sich durch diese Faustregeln aber nicht Ihre Phantasie einengen. Vielleicht schmeckt Ihnen eine andere Variante viel besser!

Spicken

Gespickt wird fettarmes Fleisch, damit es nicht austrocknet. Zum Spicken verwendet man frischen (grünen) ungeräucherten Speck. Den gut gekühlten Speck in schmale, längliche Streifen schneiden und mit einer Spicknadel an der Faser entlang durch das Fleisch ziehen.

Eine pikante Variante ist das Spicken von Knoblauchzehen, die man in längliche Stifte geschnitten hat. In das Fleisch mit der Spicknadel Löcher bohren und die Knoblauchstifte hineindrücken.

Tip: Spicken Sie nicht zuviel, denn bei jedem Durchbohren des Fleisches geht auch Saft verloren!

Bratensaucen veredeln

Saucen können geschmacklich und optisch durch wenige und einfache Zutaten verändert werden.

Schlagsahne:
Einfachste Veredelung, kann in Maßen eingekocht werden (zum Binden). Hellt Saucen schön auf, mildert zu intensiven Bratenfond.

Butter:
Kurz vor dem Servieren mit dem Schneebesen gut gekühlte Flöckchen in die heiße Sauce rühren und nicht mehr aufkochen. Die Sauce bekommt dadurch ein feines Aroma und eine leichte, cremige Bindung.

Crème fraîche:
Einfach in die heiße Sauce einrühren. Bindet und gibt eine leichte Säure.

Zuckercouleur:
Wenn Ihnen die Sauce nicht dunkel genug ist, können Sie Zuckercouleur zum Nachdunkeln verwenden. Zuckercouleur kann man fertig kaufen, aber auch leicht selbst herstellen.
Dafür 1 EL Zucker in einen kleinen Topf geben und bei hoher Hitze dunkelbraun werden lassen. Anschließend mit 1/2 Tasse Wasser oder Malzbier ablöschen und in die Sauce geben. Zuckercouleur kann man auf Vorrat herstellen. Gut zu wissen: Es süßt nicht!

Tomatenmark:
Es gibt eine gute Bindung, mittlere Säure und eine kräftige Rotfärbung.

Gewürze

Was für Kräuter gilt, gilt erst recht für Gewürze: Lieber zu wenig als zuviel nehmen. Nachwürzen können Sie zum Schluß immer noch — Verwürztes ist nicht mehr zu retten!

Im Idealfall soll ein Gewürz den Geschmack des Bratens intensivieren, keinesfalls überlagern.

Von den abgebildeten Gewürzen sind Nelken, Lorbeerblätter und Wacholderbeeren mit besonderer Vorsicht zu genießen, da sie schon in kleinen Mengen stark würzen.

Füllungen

Manche Bratenstücke lassen sich durch herzhafte oder süße Füllungen delikater variieren.
Zwei Rezept-Ideen:

Backobst:
Pflaumen, Aprikosen, Äpfel heiß abspülen und 30 Minuten in heißem Wasser quellen lassen. In Schweinebauch eine Tasche schneiden und das ausgedrückte Backobst einfüllen. Mit einer Nadel und Küchengarn zunähen. Den Schweinebauch kräftig anbraten und im Backofen bei 250°C (nach 15 Minuten auf 200°C herunterschalten) 1 1/2 Stunden unter Zugabe von Flüssigkeit schmoren.

Duxelles:
Für diese herzhafte Füllung vermischt man gehackte Zwiebeln mit zerbröckeltem Weißbrot, gehackte Champignons und Petersilie zu gleichen Teilen. Zwiebeln und Champignons vorher in wenig Butter kurz andünsten, mit Salz und Pfeffer würzen. Eine exzellente Füllung fürs Rinderfilet, das man dann noch mit Blätterteig umhüllt (Filet Wellington).

Die 3 Superhits aus dem Topf

Wie bei den Eintöpfen hat auch bei den feineren Schmorgerichten jedes Land, ja jede Region ihre speziellen Schlager entwickelt. Manche sind so typisch im Geruch, daß man Landkarten nach ihnen zeichnen könnte: der Sauerbraten zum Beispiel — das ist Rheinland, wie es leibt und lebt. Doch die Krone gebührt jenen privaten Köchen, von denen Freunde und Gäste sagen: So duftet es nur hier!

Osso Buco

(Foto links)

4 Scheiben Kalbshaxe mit Knochen (3-4 cm dick)
Salz, Pfeffer
4 EL Mehl
4 EL Olivenöl
2 Zwiebeln
2 Stangen Staudensellerie
2 Möhren
4 kleine Tomaten
1 Knoblauchzehe
1 TL Oregano
1/8 l trockener Weißwein
1/8 l Wasser

1. Kalbshaxenscheiben würzen und leicht in Mehl wenden. In heißem Olivenöl von beiden Seiten kräftig anbraten.
2. Gehacktes Gemüse dazugeben und kurz mitbräunen.
3. Tomaten häuten und entkernen. Zusammen mit Wein, Wasser und Gewürzen zu dem Fleisch geben.
4. Ab und zu umrühren, damit das Osso Buco nicht anbrennt.
5. 1 1/2 Stunden in geschlossenem Topf schmoren.

Kaninchen mit Backpflaumen

(Foto oben rechts)
Zutaten:

Kaninchen, in Teile zerlegt
4 EL Butter
1/4 l Rotwein
1/8 l Wasser
400 g Backpflaumen
Salz, Pfeffer

1. Kaninchenteile bei mittlerer Hitze in Butter goldbraun braten.
2. Flüssigkeit und Backpflaumen dazugeben und würzen.
3. 40-45 Minuten im geschlossenen Topf schmoren.
4. Auf eine zusätzliche Bindung der Sauce kann verzichtet werden, da die zerkochten Backpflaumen mit dem Bratenfond eine cremige Konsistenz ergeben.
Als Beilage eignen sich Bandnudeln oder Spätzle (s. S. 86/87).

Sauerbraten Rheinische Art

(Foto unten rechts)
Das Fleisch muß vor dem Garen mariniert werden. Dadurch wird das Bindegewebe gelockert, die Fleischfaser mürbe, die Garzeit verkürzt, der Geschmack erst typisch.

Marinade:

2 Zwiebeln
1 Möhre
1 Stück Sellerie
1/4 l Rotwein-Essig
1/4 l Wasser
1 Lorbeerblatt
2 Nelken
3 Wacholderbeeren
1 TL Pfefferkörner
2 Pimentkörner
1 kg Rindfleisch aus der Keule ohne Knochen
Salz, Pfeffer

Das Fleischstück 3-5 Tage in die Marinade legen.
Die Marinade muß das Fleisch dabei vollständig bedecken.
Zum Braten:

4 EL Öl
1 kleine Zwiebel
2 Möhren
1/2 l Flüssigkeit (Wasser oder Wein)
100 g Pumpernickel
50 g Rosinen
Salz, Pfeffer

1. Braten nach dem Marinieren gut abtrocknen und in heißem Öl von allen Seiten anbraten.
2. Gehackte Zwiebel und Möhren dazugeben und mit der Flüssigkeit auffüllen.
3. 2 – 2 1/2 Stunden im geschlossenem Topf schmoren. Den Braten öfter wenden und eventuell Flüssigkeit nachgießen.
4. Die Bratensauce durch ein Sieb geben. Pumpernickel zerbröckeln und mit den Rosinen 5 Minuten in der Sauce ziehen lassen. Nach Belieben kann man die Sauce mit Marinade abschmecken.
Beilagen: Kartoffelknödel (s. S. 122/123) und Apfelmus.

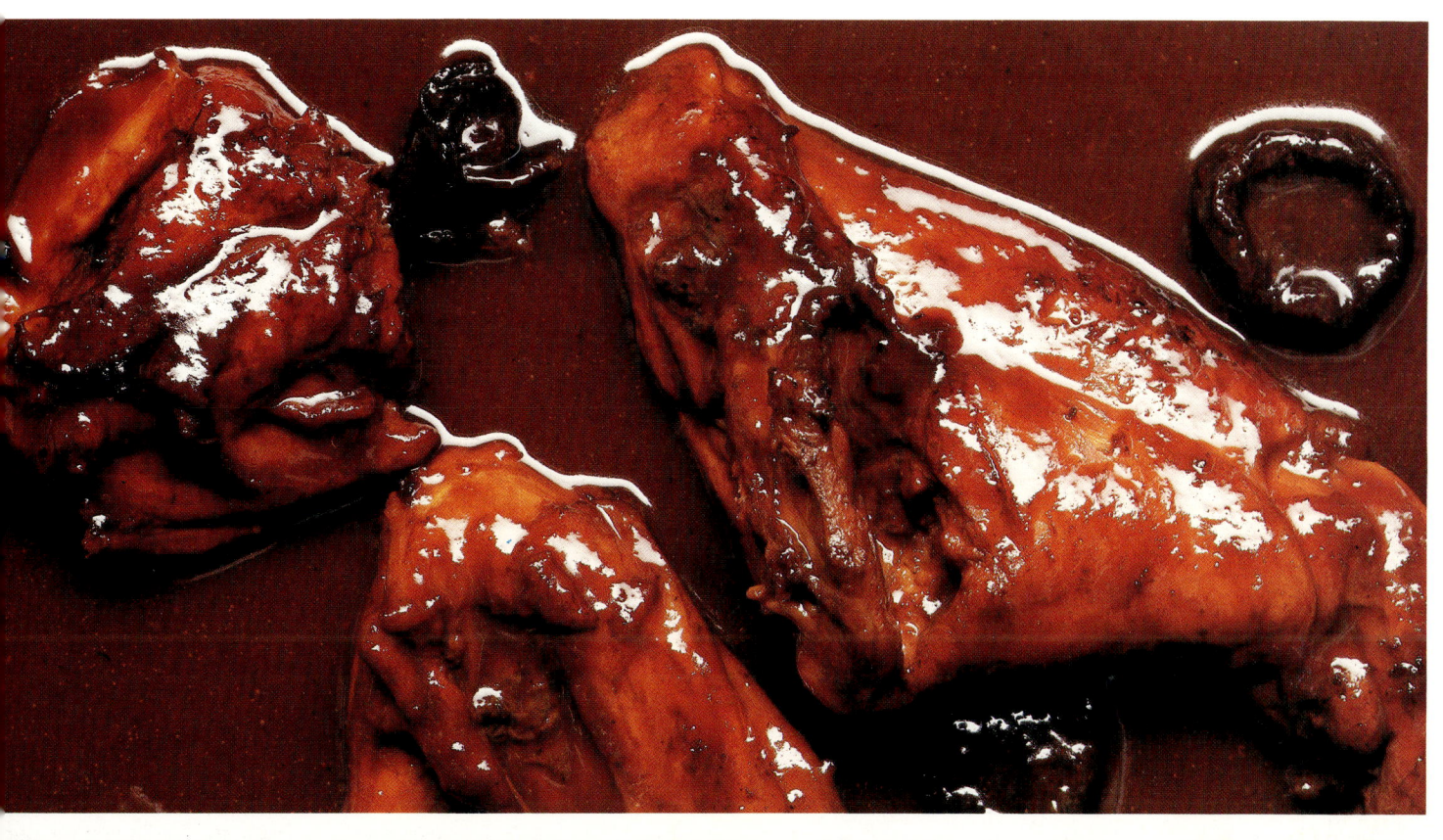

Ungarisches Gulasch

(Fotos)

600 g Rindergulasch

4 EL Olivenöl

2 mittelgroße Tomaten

300 g Zwiebeln

1 Knoblauchzehe

300 g Kartoffeln

2 rote Paprikaschoten

2 EL Paprikapulver

edelsüß

1 l Wasser

Salz, Pfeffer

ca. 1 Msp. Kümmel nach

Geschmack

1. Die Fleischwürfel bei starker Hitze in heißem Öl kräftig anbraten.

2. Gehäutete Tomaten, grobgehackte Zwiebeln und Knoblauch hinzufügen.

3. Mit Paprikapulver bestäuben und alles bei milder Hitze einige Minuten schmoren lassen.

4. Restliche Gewürze zugeben und mit Wasser auffüllen.

5. Das Gulasch 1 1/2 - 2 Stunden bei milder Hitze im geschlossenen Topf schmoren lassen. 30 Minuten vor Ende der Garzeit die in Streifen geschnittenen Paprikaschoten und die gewürfelten Kartoffeln hinzufügen.

6. Das Gulasch kann mit einem Schuß Rotwein oder mit Sahne verfeinert werden.

Die ungarische Verführung

Wofür der Name Gulasch in Gasthäusern alles herhalten muß — allein das ist ein abendfüllendes Kapitel Kochgeschichte, wenn auch ein ziemlich trauriges. Aber auch das „echte" Gulasch ist ein Thema, über das sich nicht nur Ungarn in die Haare kriegen. Und die haben ja dieses einmalige Schmorgericht erfunden. Unter uns gesagt: jede Budapester Köchin hat ihr Spezialrezept. Machen Sie's genauso!

Schweinegulasch

2 EL Schweineschmalz
600 g gewürfeltes
Schweinefleisch
(Hals, Schulter oder Nacken)
1 EL Mehl
100 g durchwachsener
Speck
200 g Zwiebeln
200 g Champignons
1/2 l Wasser
1 EL Crème fraîche
Salz, Pfeffer

1. Schweineschmalz in einem Topf erhitzen und das Fleisch darin scharf abbraten.
2. Mehl darüber stäuben, gehackte Zwiebeln und gewürfelten Speck hinzufügen.
3. Würzen und mit Wasser auffüllen.
4. 1 - 1 1/2 Stunden bei milder Hitze schmoren lassen.
5. 10 Minuten vor Ende der Garzeit geputzte und geviertelte Champignons dazugeben. Gulasch mit 1 EL Crème fraîche abschmecken.

Variation: Man kann Schweinegulasch durch Hinzufügen von Hackfleischbällchen (s. S. 220/221), grünen Paprikaschoten oder Erbsen geschmacklich verändern. 2 EL Reis 20 Minuten vor Ende der Garzeit untermischen.

Das Gulasch

Ein preiswertes Fleischgericht, das durch Zugabe von Paprikaschoten, Zwiebeln, Tomaten, Maiskörnern, Champignons und Gewürzen wie Kümmel, Zitronenschale, Paprikapulver, Chilischoten, Lorbeer, Sternanis immer wieder phantasievoll variiert werden kann.
Das Originalrezept „Ungarisches Guylas" wird nur aus Rindfleisch zubereitet. Man kann für ein Gulasch aber genauso gut nur Schweinefleisch (Nacken, Keule) oder eine Mischung aus Rind- und Schweinefleisch verwenden und Innereien (Rinderherz, Nieren) mitverwenden.

Mexikanischer Pfeffertopf

Chilischoten, Maiskörner und rote Bohnen hinzufügen. Rezept wie ungarisches Gulasch, aber ohne Kartoffeln.

Italienischer Schmortopf

Rezept wie ungarisches Gulasch, aber ohne Kartoffeln und Kümmel. Auberginen, Zucchini, Fenchel oder Artischockenherzen zugeben und mit Thymian, Rosmarin und Salbei würzen.

Die Hauptrollen der Schmorküche

Die Idee ist so einfach, daß sie schon wieder genial ist: Fleisch zu füllen, indem man es schneidet, rollt und zusammensteckt. Rouladen sind das variantenreichste Gericht der Schmorküche. Und eines der preiswertesten! Denn das Fleisch muß nicht vom Feinsten sein, und ein guter Fleischer schneidet die Rouladen hauchdünn . . .

Grundrezept Rinderrouladen

Die klassische Roulade ist aus Rindfleisch. Die Roulade mit dem Handrücken flach drücken und würzen. Die Füllung so auf die Roulade verteilen, daß ein kleiner Rand frei bleibt. Roulade aufrollen und mit Rouladennadeln oder Holzspießchen feststecken. Man kann sie auch mit Küchengarn umwickeln oder spezielle Rouladenklammern verwenden. Die Rouladen in heißem Fett (2 EL Öl) kräftig anbraten. Man kann, wie beim Schmorbraten (s. Phasen S. 236/237) Gemüse (Möhren, Lauch) mitschmoren. Es gibt der Sauce einen kräftigeren Geschmack und eine leichte Bindung. Mit Flüssigkeit (Wasser und Rotwein) auffüllen. Die Rouladen müssen halb mit Wasser bedeckt sein. Im geschlossenen Topf 1 1/2 - 2 Stunden schmoren, Sauce mit Crème fraîche, Salz und Pfeffer abschmekken (Verfeinerungen s. S. 240/241).

Tip:
Rinderrouladen kann man sehr gut im Dampfdrucktopf garen. Die Garzeit verkürzt sich auf 15 Minuten.

Kalbsrouladen

Bei mittlerer Hitze in Butter
anbraten. Mit Wasser und
eventuell Weißwein knapp
auffüllen und bei mittlerer
Hitze 10-15 Minuten im geschlossenen Topf schmoren.
Die Sauce mit Schlagsahne
und/oder Butter binden (s.
Verfeinerungen S. 240/241).

Füllung 1

(pro Roulade)

2 Scheiben Schinkenspeck
1 TL Senf
1 kleine Zwiebel
1 Essiggurke
Salz
Pfeffer

Füllung 2

(pro Roulade)

1 Scheibe gekochter
Schinken
1 EL Frischkäse
2 Champignons
(in Scheiben)
einige Lauchringe
Salz, Pfeffer
Thymian

Füllung 3

(pro Kalbsroulade)

1 Scheibe roher Schinken
1 Scheibe Schweizer Käse
1 EL frisch blanchierte
Spinatblätter
1 kleine Knoblauchzehe
Salz, Pfeffer
2 Salbeiblätter

Füllung 4

(pro·Roulade)

2 EL Sauerkraut
1/4 Paprikaschote in Streifen
Salz, Pfeffer
Petersilie

Die Kunst der Keulen

Maler haben es durch die Jahrhunderte immer wieder voller Freude gemalt: Festmähler, Festtafeln, in deren Mittelpunkt der ganz große Braten thronte — Keulen, Rücken, Sättel. Köche haben noch das ihre dazugetan, um daraus die Supershow zu machen — aber eigentlich ist das überflüssig. Sie werden das spätestens dann merken, wenn Sie selbst ein Festmahl damit krönen! Das läßt sich nur mit dem Effekt vergleichen, den ein großer Fisch hermacht (siehe Seiten 176/177). Freilich — der Braten duftet noch verführerischer . . .

Garproben

Zur Garprobe stecken Sie ein langes, dünnes Messer (oder eine Metall-Schaschlik-Nadel) an der dicksten Stelle der Keule tief ein. Nach einigen Sekunden herausziehen. Wenn sich die Messerspitze kalt anfühlt, ist das Fleisch an dieser Stelle noch roh. Im Handel sind Bratenthermometer erhältlich, mit denen die Fleischtemperatur im Inneren der Keule genau gemessen werden kann.

Die Bezeichnungen für die verschiedenen Garstufen sind im Steakkapitel (s. S. 206/207) erläutert und abgebildet.

Grundrezept Lammkeule mit Kräuterkruste

(Foto)
(4-6 Personen)

1 Lammkeule (ca. 2 kg)
4 EL gehackte frische oder getrocknete Kräuter: Thymian, Rosmarin, Basilikum, Petersilie
4 EL Olivenöl
4 EL Olivenöl für das Blech
4 ungeschälte Knoblauchzehen
6 Tomaten
1/4 l Wasser oder Weißwein
Salz, Pfeffer

1. Kräuter mit Olivenöl vermischen und auf die Lammkeule streichen. 4 Stunden bei Zimmertemperatur stehen lassen; so zieht der Geschmack besser ein.

2. Olivenöl auf das Ofenblech gießen, Lammkeule und ungeschälte Knoblauchzehen darauf legen.

3. In den 230°C heißen Backofen schieben und folgende Regel anwenden! Pro 500 g Gewicht — 15 Minuten Bratzeit. Bei einer Lammkeule von 2 kg Gewicht sind dies 60 Minuten, das Fleisch ist innen noch rosa. Bei durchgebratenem Fleisch rechnet man pro 500 g Gewicht — 20 Minuten.

4. Die Lammkeule zwischendurch mit dem Kräuteröl begießen.

5. 15 Minuten vor Ende der Garzeit Tomaten auf das Blech legen und gut 1/4 l Flüssigkeit (Wasser oder Weißwein) zugießen, um den Bratensatz loszukochen.

6. Lammkeule aus dem Ofen nehmen, in Alufolie einwickeln und 10 Minuten ruhen lassen.

7. In der Zwischenzeit die Tomaten auf eine vorgewärmte Platte legen und den restlichen Bratensaft zu der Lammkeule servieren.

8. Beilage: Kräuterkartoffeln, Thymiankartöffelchen in Butter geschwenkt, herzhafte Bratkartoffeln oder ganz einfach Weißbrot (Baguette). Grüne Bohnen passen auch vorzüglich zu Lamm.

Lammsattel

»Lammrücken«

Der Rücken wird fast genauso gebraten wie die Keule. Mit der Fettseite nach unten auf das Backblech legen und im vorgeheizten Backofen bei 225°C braten. Nach 10 Minuten wenden und die Temperatur auf 170°C zurückschalten. Weitere 20-30 Minuten braten.

Roastbeef

Als großen Braten können Sie es auf die gleiche Art wie die Lammkeule zubereiten. Knoblauch in diesem Falle nur nach Geschmack verwenden. Wenn Sie das Roastbeef „englisch" gebraten haben wollen, rechnet man für je 500 g Fleisch mit 15 Minuten Bratzeit (bei 225°C im vorgeheizten Backofen). Zum Durchbraten die Garzeit entsprechend erhöhen. Beträgt die Temperatur im Inneren des Fleischstückes 65°C ist der Idealpunkt erreicht (Bratthermometer).

Rehrücken

Den Backofen auf 225°C vorheizen und den gepfefferten und gesalzenen Rehrücken von allen Seiten anbraten (Bräter). Nach 10 Minuten den Backofen auf 180°C herunterschalten und den Rücken fertig braten. Pro 500 g rechnet man 8 Minuten Bratzeit, die Zeit des Anbratens mit eingeschlossen. Nicht vergessen, den Rehrücken fleißig mit Butter zu übergießen (er trocknet schnell aus!). Den Bratensatz mit Rotwein loskochen, durch ein Sieb gießen und mit Johannisbeergelee oder Preiselbeeren verfeinern und binden.

Klassische Beilagen sind Spätzle (s. S. 86/87) oder Pommes croquettes (s. S. 124).

Saucen: Gipfel des Genusses

Liest man auch nur einen Teil der zahllosen Histörchen und Legenden, die sich um die Sauce ranken, dann glaubt man bald selbst, daß hier Magie und Mystik mit im Topf sind. Die Hingabe, mit der Großmeister wie Carême und Escoffier Saucen erdachten und in jahrelanger Feinarbeit vervollkommneten — das hat schon etwas Kultisches an sich. Aber das Ergebnis war einmalig: „Die französische Küche verdankt ihren Ruf den Saucen", konstatiert Michel Guerard, der Superstar der Nouvelle Cuisine. Und er fügt hinzu: „Der Saucenkoch ist ihr Zauberer!" Fingerfertigkeit gehört dazu, ein Schuß Phantasie, ein Spritzer Abenteuerlust, eine Prise Leichtsinn — und ein ganzes Arsenal handwerklicher Regeln, Tricks und Geheimnisse.

Die 5 wichtigsten Prozeduren

Wer sich in der Wunderwelt der Saucen-Kochkunst zurechtfinden will, muß zuallererst die fünf Prozeduren beherrschen, die wir Ihnen hier vorführen. Wenn Sie soweit sind, eröffnet sich Ihnen ein kulinarisches Land der unbegrenzten Möglichkeiten! Viele bekannte und berühmte Saucen sind nichts als Varianten dieser Basis-Methoden. Und wer überhaupt ein Faible fürs Kochen entwickelt, wird es sich auf keinen Fall nehmen lassen, eigene Saucen zu kreieren. Übrigens: Ein ebenso kurioses wie aufregendes Phänomen werden Sie bald selbst entdecken — die gleiche Sauce schmeckt jedes Mal anders!

Mehlschwitze

»Roux«
Eine Mehlschwitze erhalten Sie, wenn Butter oder Margarine erhitzt werden und das dazugegebene Mehl solange angeschwitzt wird, bis keine großen Blasen mehr aufsteigen.
Für eine braune Mehlschwitze rösten Sie das Mehl unter Rühren solange, bis es eine braune Farbe angenommen hat.

Dunkle Grundsauce

Eine braune Mehlschwitze wird mit Brühe oder Wasser aufgefüllt.

Helle Saucen

Die Mehlschwitze wird mit verschiedenen Flüssigkeiten wie Wasser, Milch, Kokosmilch, Gemüsefond (Blumenkohl- oder Spargelwasser), Fischfond oder Brühe aufgegossen und zu schmackhaften hellen Saucen verarbeitet.

Béchamel-Sauce

Béchamel-Sauce ist eine mit Milch aufgegossene helle Sauce. (Siehe Phasenfotos helle Grundsauce rechts.)
Beim klassischen Rezept der Béchamel werden zusätzlich 1 kleine Zwiebel und Thymian in der Butter mit angebraten (Foto 1). Die fertige Sauce schmecken Sie mit etwas Muskat ab.
Jede Béchamel-Sauce kann durch Zugabe von Sahne, Crème fraîche, Butter oder Wein weiter verfeinert oder mit geriebenem Meerrettich, Zwiebelpüree oder gehackten Pilzen abgewandelt werden.

Beurre blanc

»Weiße Buttersauce«
Zutaten (für 2 Personen):

5 Schalotten
1/4 l trockener Weißwein
100 g kalte Butter
Salz
Pfeffer
(s.S. 256/257)

Sauce Hollandaise

Zutaten:

250 g Butter
2 Eigelb
4 EL Weißwein
Saft 1/2 Zitrone
Salz
weißer Pfeffer
(s.S. 260/261)

Helle Grundsauce

(Béchamel-Sauce)
Zutaten:

1 EL Butter
25 g Mehl (ca. 1 EL)
1/4 l Milch
Salz
weißer Pfeffer
(s. S. 262/263)

Sahnesauce

Zutaten:

1/8 l Weißwein
1/2 l Schlagsahne
1 EL Butter
Salz
weißer Pfeffer
(s. S. 264/265)

Sauce vom Bratensatz

Zutaten (für 2 Personen):

1/8 l trockenen Weiß- oder Rotwein
1/4 l Schlagsahne
1 EL Butter
Salz
Pfeffer
(s. S. 266/267)

1. 5 feingehackte Schalotten in einen Topf geben.

2. 1/4 l Weißwein hinzugießen.

1. Butter bei mittlerer Hitze zerlassen.

2. Aufkochen und mit einer Kelle den Schaum abschöpfen.

1. Butter bei mittlerer Hitze zerlassen.

2. Mehl hineinstreuen.

1. Weißwein in einen Topf geben.

2. Bei mittlerer Hitze auf die Hälfte einkochen.

1. Bratensatz mit dem Wein ablöschen.

2. Einkochen lassen.

3. Weißwein und Schalotten bei starker Hitze zum Kochen bringen.

4. Flüssigkeit fast ganz einkochen lassen. Topfboden darf nur noch feucht sein.

5. Kalte Butter in Stückchen dazugeben.

6. Mit einem Schneebesen unterrühren, mit Salz und Pfeffer würzen.

3. Eigelbe und Weißwein in eine Metallschüssel geben.

4. Im Wasserbad (s. S. 40/41) mit dem Schneebesen schaumig schlagen.

5. Die Butter tropfenweise unter ständigem Rühren dazugeben.

6. Mit Zitronensaft, Salz und Pfeffer abschmecken.

3. Unter Rühren anschwitzen, bis die Mischung keine Blasen mehr zeigt.

4. Kalte Milch nach und nach unterrühren.

5. Mit dem Schneebesen kräftig durchschlagen, einmal aufkochen und würzen.

6. Sauce durch ein Haarsieb geben.

3. Schlagsahne zugießen.

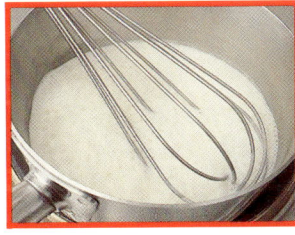

4. Unter Rühren bei mittlerer Hitze auf die Hälfte einkochen lassen.

5. Butter dazugeben und einrühren.

6. Mit Salz und Pfeffer würzen.

3. Die Schlagsahne hinzugießen.

4. Mit dem Schneebesen verrühren und auf die Hälfte einkochen lassen.

5. Am Herdrand Butter unter Rühren hineingeben. Nicht mehr aufkochen!

6. Die Sauce mit Salz und Pfeffer abschmecken.

Die Helfershelfer aus dem Supermarkt

Selbst Profi-Köche in großen Restaurant-Küchen können unmöglich alle Zutaten für die vielen verschiedenen Saucen selbermachen. Wieviel mehr gilt das erst für den Privat-Haushalt! Und die Industrie hat ja wirklich seit dem ersten Maggiwürfel enorme Fortschritte mit ihren Fertigprodukten gemacht.

Instant-Produkte

Wer es ganz eilig hat, schüttet Pulver in den Topf, gibt Wasser zu, läßt aufkochen — fertig ist die Sauce. Auf dieser Instant-Basis werden angeboten: Helle und dunkle Bratensaucen, Champignon-, Zwiebel-, Tomaten- und Rotweinsauce. Diese Saucen können natürlich kein vollwertiger Ersatz für eine selbstgemachte sein. Deshalb nur in Notfällen verwenden! Akzeptabel als Helfershelfer sind hingegen die gekörnten Brühen (Huhn, Rind), wenn es am Fond fehlt (siehe S. 266/267). Oder Geschmacksverstärker wie Fondor und Glutamat.

Dressings

Für Salate gibt es eine große Anzahl fertiger Dressings, meist auf Mayonnaise-, Sahne- oder Joghurt-Basis. Daneben sind auch Essig-Öl-Gewürz-Marinaden im Handel.

Dabei ist doch nichts einfacher und individueller als ein klassisches Dressing selbst zuzubereiten.

Die wichtigsten Öle
Olivenöl (beste Sorte: erste Pressung/„Huile vierge")
Walnußöl
Haselnußöl
Traubenkernöl
Pflanzenöl
Ferner gibt es Spezial-Öle mit eingelegten Kräutern, die jedoch mehr zum Aromatisieren von Grillgut gedacht sind.

Die wichtigsten Essige
Sherry-Essig
Rotwein-Essig
Weißwein-Essig
Aceto Balsamico (ein italienischer Spezial-Essig, der in alten Holzfässern sein wunderbares Aroma bekommt).
Ferner: Zahlreiche Essige mit Kräutern (Estragon), Zitrone, Himbeeren, Knoblauch etc.

Fertigsaucen

Manchmal ist es einfach eine Zeitfrage, ob man seine Mayonnaise selbst aufschlagen kann. Manchmal, wie bei Chutney oder Cumberlandsauce, ist die Eigenherstellung zu kompliziert. In jedem Fall haben Sie aber die Möglichkeit, Fertigprodukten im Finish noch eine persönliche Note zu geben, indem Sie Gewürze oder Kräuter oder andere Zutaten verwenden. Wir zeigen Ihnen das am Beispiel der Mayonnaise.
Mayonnaise können Sie mit Knoblauch zur Aioli machen (s. S. 154/155) oder als Basis für ein „Thousand-Island-Dressing" verwenden (s.S. 146/147). Auch die Remoulade ist ja nur eine Abwandlung der Mayonnaise: mit Gürkchen, Kapern, Sardellen und Kräutern. Und wenn Ihnen Mayonnaise pur zu schwer ist, können Sie geschlagene Sahne unterheben: sie heißt dann Mayonnaise Chantilly. Für gebeizte Forellen oder Lachs (s. S. 184/185) rühren Sie einfach extrascharfen Senf, eine Prise Zucker und feingewiegten Dill darunter.

Weitere kalte Fertigsaucen:
Pesto (aus Öl, Pinienkernen, Basilikum, Pecorinokäse u.a.) — zu Pastagerichten
Minzsauce (aus Pfefferminzblättern, Essig, Zucker) — zu Lamm
Cumberlandsauce (aus Johannisbeergelee, Orangenschale, Senf) — zu Wild, kaltem Fleisch, Pasteten
Chutney (aus Ingwer, Mango, Gurken, Äpfeln, Knoblauch, Pfefferschoten) — zu Kurzgebratenem
Süße Saucen (Schokolade, Erdbeer, Nougat etc.) — zu Desserts

Grillsaucen

Zumindest den Kindern würde etwas fehlen, wenn's kein Ketchup gäbe! Diese geradezu klassische Grillsauce auf Tomatenbasis war dank ihres weltweiten Erfolgs natürlich Ausgangsprodukt für zahllose Varianten (z.B. Curry-Ketchup). Andere Saucen für gegrilltes Fleisch, Hack und Fondue, aber auch zu Nudeln und Pommes frites sind:
Chilisauce
Zigeunersauce
Pfeffersauce
Ingwersauce
Barbecuesauce

Würzmischungen

Anfänger am Herd, die Angst haben, sie könnten trotz aller Anleitungen den Sauerbraten oder das Gulasch falsch würzen — auch Ihnen kann geholfen werden. „Sauerbraten-Fix" und „Gulasch-Fix" sind nur zwei der fertigen Gewürzmischungen.
Daneben sind andere Würzmischungen im Regal, die nicht für spezielle Gerichte vorgesehen sind. Die bekannteste: „Herbes de Provence", eine südfranzösische Komposition mit Lavendel und Thymian im Steinguttöpfchen. Gut geeignet für Grillfische und herzhafte Fleischgerichte. Man kann die „Herbes", wie auch andere Mischungen (z.B. italienische), für würzige Salate verwenden, indem man sie 10 Minuten in Essig einweicht.

Flüssige Würzmittel

Dies ist die Sorte von Würzmitteln, die Sie wie Medizin verwenden sollten: tropfenweise. Die meisten sind derart konzentriert, daß Sie sich durch Überwürzen eine ganze Mahlzeit ruinieren können. Aber in kleinen Mengen wirken sie manchmal Wunder. Die wichtigsten sind:
Tabasco (sehr scharf, aus Chilischoten) — für exotische Gerichte, aber auch für die „Sauce à l'Américaine" und bestimmte Cocktails.
Sojasauce (meist leicht salzig, aus vergorenen Sojakeimen) — universelle Sauce zu allen ostasiatischen Gerichten, aber auch zu anderen Reis-, Teig-, Fleisch- und Geflügelgerichten. Gilt als älteste Sauce der Welt.
Worcestershiresauce (süßlich-pikant, genaue Rezeptur geheim) — passend zu dunklen Suppen, Irish Stew, Nieren, Sauce Béarnaise und Salaten zum Sattessen.
Weitere flüssige Würzmittel: Zwiebel und Knoblauch, Herbadox (Kräuteraroma), Angostura Bitter (für Cocktails) und die Urahnin aller Würzmittel: Maggi.

Die 7 Methoden des Bindens

1. Mehlschwitze
Diese früher hauptsächlich angewandte Technik ist in der zeitgenössischen Küche aus der Mode gekommen. Vor allem weil dunkle Mehlschwitzen schwer verdaulich sind. Zubereitung siehe Seite 252.

2. Speisestärke
Ebenfalls traditionelle Art des Bindens: 1 TL Speisestärke (Mondamin z.B.) mit kaltem Wasser mischen und in der Saucenflüssigkeit einmal aufkochen. Nicht weiterkochen — die Bindung geht sonst verloren! Instant-Saucen-Binder werden direkt in die kochende Flüssigkeit hineingestreut.

3. Mehlbutter
Eine Methode, die die Vorzüge des Mehls als Bindemittel mit der Eleganz des neuen Kochstils verbindet. Mehlbutter (Beurre manié) ist eine aus Mehl und Butter zu gleichen Teilen geknetete Kugel, die man in die Saucen rührt und bis zum Sämigwerden aufkochen läßt.

4. Eigelb
Das „Legieren" genannte Binden mit frischem Eigelb eignet sich nicht für alle Saucen. Am besten schmeckt es in hellen Saucen zu Huhn und Fisch. Dabei wird 1 Eigelb mit 1 EL kaltem Wasser abseits der Herdplatte mit dem Schneebesen in die Sauce geschlagen. Nicht mehr aufkochen!

5. Butter
Die Butterbindung ist schwieriger, eine Profi-Methode. Dabei werden in die stark reduzierte Sauce am Herdrand eisgekühlte Butterflöckchen mit dem Schneebesen eingearbeitet („montiert"), bis die Sauce andickt (sehr gut z.B. zu Filetsteak).

6. Sahne, Crème fraîche
Die populärste Bindungsart der Neuen Küche. Schmeckt am besten ohne langes Einkochen. Crème fraîche gibt der Sauce einen leicht säuerlichen Charakter. Die noch besser bindende „Crème double" (Dicke Sahne) ist bei uns leider nicht erhältlich.

7. Püree
Avantgardistische Nouvelle-Cuisine-Köche binden ihre Saucen auch mal mit feinstpüriertem Gemüse, das zuvor mitgebraten wurde. Gut für Diät-Küchen!

Das Lieblingskind der Neuen Küche

In der Kochkunst ist es nicht anders als in anderen Bereichen unserer Alltags-Kultur: Manchmal vermag niemand zu erklären, warum altbekannte Dinge, die halb vergessen schienen, wieder groß in Mode kommen. Die „Beurre blanc", die weiße Buttersauce, ist so ein Fall. Den Köchen der Neuen Küche paßte sie allerdings fabelhaft ins Konzept ihrer leichtbekömmlichen Menüs mit „kurzen" Saucen zu blanchierten Gerichten. Probieren Sie's einfach mal — ob in weiß oder rot: Sie werden begeistert sein!

Beurre blanc

»Weiße Buttersauce«
eine feine Sauce, die mit sehr wenigen Zutaten herzustellen ist und wenig Arbeitsaufwand erfordert. Trotzdem können bei der Zubereitung Schwierigkeiten auftreten, wenn die Flüssigkeit nicht stark genug verkocht ist oder wenn die Butter nicht schnell genug eingerührt wird.
Die Beurre blanc eignet sich für Gerichte bei denen der Garvorgang keine Sauce produziert. Sie läßt sich geschmacklich auf fast alle Gerichte abstimmen, unter anderem durch das Miteinkochen von Gewürzen.

Wozu paßt die Beurre blanc?

Die einfache Beurre blanc (s. Foto links) kann man zu folgenden Gerichten servieren:
1. Zu pochiertem Fisch wie Seezunge, Schollenfilets, Kabeljau, Lachs, Steinbeißer (s. S. 174/175).
2. Zu hellem Fleisch wie Kalb- und Schweinefleisch, Geflügel.
3. Zu feinem Gemüse: Möhren, Kaiserschoten, Erbsen, Bohnen, Blumenkohl, Frühlingszwiebeln und vor allem Spargel.

Beurre rouge

»Rote Buttersauce«
Die Beurre rouge ist eine Abwandlung des Grundrezeptes (s. Phasenfotos S. 252/253). Verwenden Sie statt Weißwein die gleiche Menge Rotwein.
Beurre rouge paßt zu:
1. allen dunklen Fleischarten wie Rind, Wild, aber auch zu Lamm;
2. besonders gut zu Geflügel wie Gans und Ente.

Die 3 Zusatztips

1. Beurre blanc und Beurre rouge nach der Zubereitung nicht wieder aufkochen, weil sie sonst die Bindung wieder verlieren.
2. Die Beurre blanc sollte nur in kleinen Mengen, bis 4 Personen aus 100-200 g Butter hergestellt werden.
3. Statt Schalotten kann man auch Zwiebeln verwenden.

257

Die Sanften mit dem Aroma

Heiße Buttermischungen zählten sozusagen zur Grundausstattung von Großmutters Küche. Sie haben nämlich ein paar unschätzbare Vorzüge: Erstens sind sie auch von Anfängern leicht zuzubereiten. Zweitens kann man mit dem Basiswissen eine ganze Menge Variationen kreieren. Und drittens — nicht der unwichtigste Punkt: Buttermischungen schmecken vorzüglich zu Gemüsen, Fisch und Fleisch. Übrigens gibt's auch kalte Buttermischungen — siehe Seite 118.

Grundrezept
Geklärte Butter

125 g Butter
Salz

1. Butter in einem Topf kurz aufkochen.
2. Mit einer Schaumkelle den Schaum abnehmen, so bekommt man geklärte Butter.
3. Mit wenig Salz abschmekken.

4 Zusatz-Variationen

1. Geklärte Butter bei mittlerer Temperatur kurz bräunen lassen.
2. Hartgekochte, feingehackte Eier.
3. Gehackte Kapern, Petersilie und Essig.
4. Gehackte Walnußkerne.
5. Feingehackte Sardellen.

1. Estragon-Butter

1 EL Estragon in die geklärte Butter geben. Zu gekochtem Fisch (Heilbutt, Foto) servieren.

2. Kräuter-Wein-Butter

1 EL gehackte Kräuter (Petersilie, Schnittlauch, Basilikum Thymian) und 2 EL Weißwein mit dem Schneebesen unterrühren. Zu kurz gebratenem Fleisch unf Gemüse reichen.

5. Haselnußbutter

1 EL Haselnußkerne mit dem Nudelholz zerdrücken und kurz in der geklärten Butter rösten. Paßt zu allen leicht süßlich schmeckenden Gemüsen wie Broccoli (Foto), Möhren, Kaiserschoten und zu kurzgebratenem Kalbfleisch.

6. Bröselbutter

3 EL Paniermehl in der geklärten Butter anrösten. Wird die Masse zu fest, etwas Butter zugeben. Zu Blumenkohl (Foto), Knödeln und Nudeln reichen.

3. Knoblauch-Butter

1 Knoblauchzehe in Scheiben schneiden und mit der geklärten Butter vermischen. Paßt zu Krabben (Foto) und Nudelgerichten.

4. Buttersauce

Geklärte Butter zu feinen Gemüsen wie Spargel (Foto), Zuckerschoten und zu Fisch und Krustentieren reichen.

7. Mandelbutter

2 EL gehobelte Mandeln in geklärter Butter bei mittlerer Temperatur bräunen und zu Geflügel (Foto) sowie anderen hellen Fleischarten servieren.

8. Petersilie-Zitronen-Butter

1 EL gehackte Petersilie und den Saft einer halben Zitrone mit dem Schneebesen unter die Butter rühren. Zu gebratenem Fisch (Foto) und Gemüse servieren.

Die Hollandaise und ihre Folgen

Von der wunderbarsten aller französischen Saucenschöpfungen hat jeder, der mit dem Kochen beginnt, schon die schrecklichsten Dinge vernommen. Selbst Unbefangenen muß die Sauce Hollandaise wie ein kulinarischer Salto Mortale erscheinen, der nur Auserwählten gelingt. Zugegeben: beim ersten Mal geht's meistens schief. Aber das sollte eigentlich das einzige Lehrgeld sein, das Sie zahlen müssen. Wichtig ist, daß man die wesentlichen Handgriffe kennt und beherrscht — das Feingefühl kommt mit der Zeit von selbst. Sauce Hollandaise ist die Grundsauce für zahlreiche Variationen, die ebenfalls weltberühmte Namen haben.

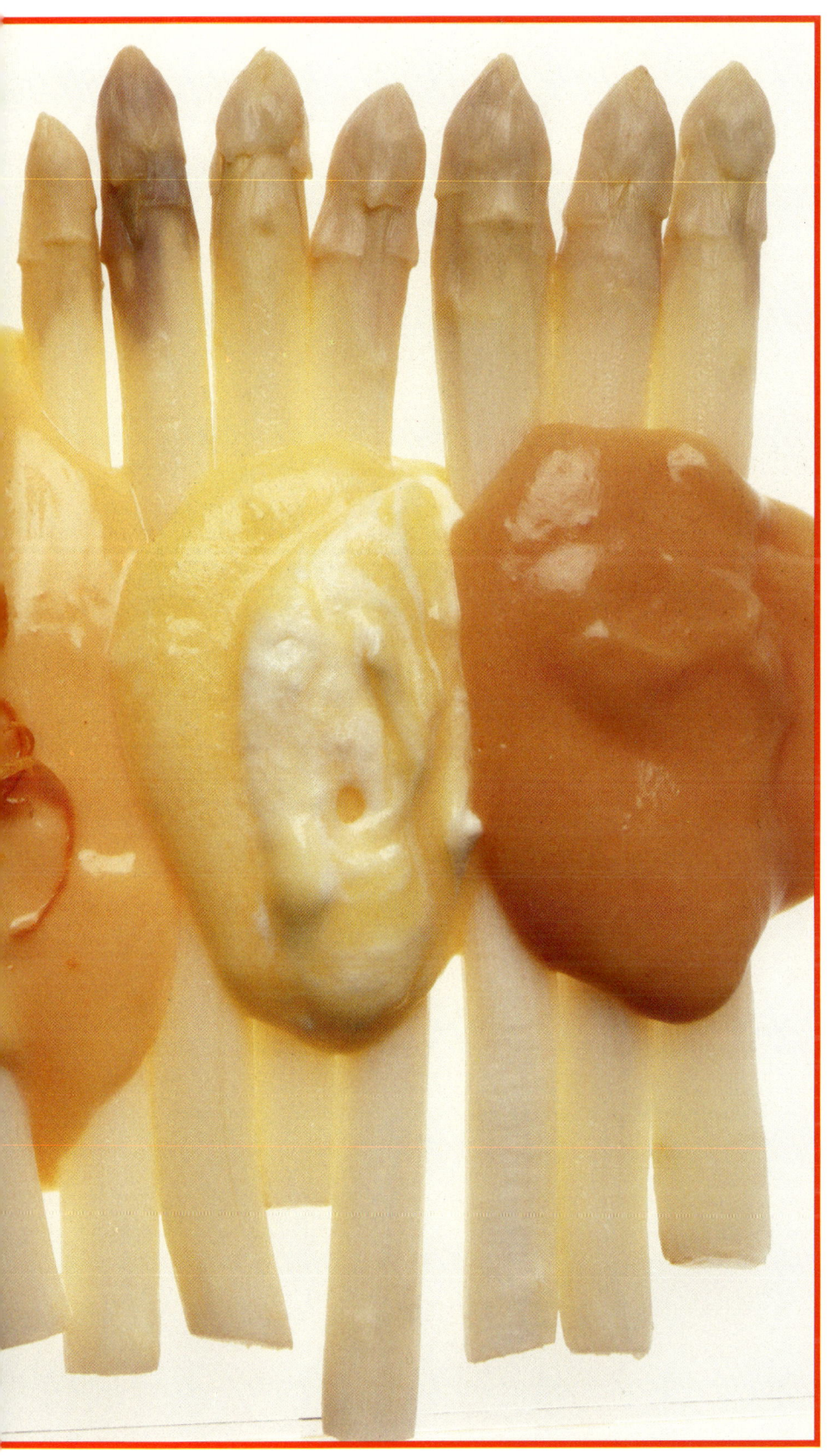

Sauce Hollandaise
Die klassische Zubereitung:
In der Grundzubereitung (s. S. 252) haben wir die einfache Methode gezeigt. Für Feinschmecker kann die Sauce Hollandaise mit einer Reduktion zubereitet werden: 1/4 l Weißwein mit 3 EL Essig, 1 gehackten Schalotte, 10 Pfefferkörnern, 1 TL gehackten Estragon auf 3 EL Flüssigkeit verkochen. Durch ein Sieb gießen und anstatt des Weißweins verwenden.

Sauce Béarnaise
Grundsauce Hollandaise mit 2 EL gehacktem Kerbel und Estragon vermischen. Mit einigen Spritzern Worchestershiresauce und Fleischextrakt abschmecken.
Zu allen Fleischgerichten vom Grill und aus der Pfanne.

Sauce Maltaise
Grundsauce Hollandaise mit dem Saft einer Blutorange und abgeriebener Orangenschale vermischen.
Sie wird vorwiegend zu Spargel und Artischocken gereicht.

Sauce Mousseline
Grundsauce Hollandaise mit 1/8 l geschlagener Sahne vermischen. Wird zu gekochtem Fisch und feinen Gemüsen serviert.

Sauce Choron
Die Grundsauce Hollandaise mit 2-3 EL Tomatenpüree vermischen. Paßt zu allen gebratenen Fleisch- und Fischgerichten.

Die 6 wichtigsten Hinweise
1. Wenn die Buttersauce zu heiß wird, kann sie gerinnen.
2. Wird die Butter zu schnell untergerührt, besteht ebenfalls die Gefahr des Gerinnens.
3. Solle die Sauce geronnen sein, einige Tropfen sehr kaltes Wasser von der Mitte kreisförmig einrühren.
4. Zeigt dies keinen Erfolg, ein Eigelb und 2 EL kaltes Wasser in einer Schüssel aufschlagen. Die geronnene Sauce nach und nach einrühren.
5. Buttersaucen können nur kurze Zeit in warmen Wasser warmgehalten werden.
6. Erkaltete Buttersaucen lassen sich nicht mehr aufwärmen.

Die nostalgisch Gehaltvolle

Daß die Sauce Béchamel als „Mehlpampe" derart in Verruf geraten konnte, verdankt sie fast ausschließlich miserablen Köchen und unwissenden Hausfrauen, die mit Klümpchen und fadem Geschmack einem Meisterwerk der Alten Küche den Garaus machten. Wahr ist natürlich, daß die „Béchamel" nicht gerade zu den Schlankmachern zählt. Aber das tun andere Gerichte auch nicht, die immer noch en vogue sind. Versuchen Sie doch mal unser Grundrezept (Seite 252) — vielleicht können Sie sich dafür erwärmen?

Käse-Sauce

»Sauce Mornay«
Helle Grundsauce (s. Seite 252/253) mit 1 EL geriebenem Gruyère, Parmesan oder anderem würzigem Käse abwandeln und mit einem Eigelb legieren (Legieren s. S. 161). Paßt zu Nudeln und Gemüse und kann zum Überbacken verwendet werden.

Senf-Sauce

Helle Grundsauce (s. S. 252/253) mit 1 EL mittelscharfem Senf vermischen und mi 1 EL Butter verfeinern.
Schmeckt zu gebratenem und gedünstetem Fisch, hartgekochten Eiern und Hackfleisch.

Curry-Sauce

Die Milch aus dem Grundrezept helle Sauce durch Kokosmilch (s. S. 176/177) ersetzen. Die Sauce mit 1 EL Curry-Pulver, 1 EL Apfelmus und 2 EL süße Sahne abschmecken.

Sehr lecker zu Geflügel, gekochtem Fisch, Hack, Reis, zu hartgekochten Eiern oder pochierten Eiern.

Die Currysauce kann durch Zugabe von frischem Ingwer, Mango Chutney und Zucker abgewandelt werden.

Schnittlauch-Sauce

Helle Grundsauce mit 2 EL gehacktem Schnittlauch vermischen, mit Zitronensaft und 1 EL Crème fraîche abschmecken.

Schmeckt zu gekochtem Fleisch, Nudeln und gekochtem Fisch.

Die 3 besten Zusatztips

1. Alle hellen Grundsaucen kann man durch Zugabe von Schlagsahne, Crème fraîche, Butter oder Eigelb samtig machen.
2. Damit die Sauce nicht klumpt, immer kalte Flüssigkeit zu der Mehlschwitze geben und mit dem Schneebesen gut durchschlagen.
3. Helle Grundsaucen kann man vorbereiten, aufbewahren und wieder aufwärmen.

Die modernen Schlanken

Dies sind Saucen, die Spaß machen: es kann nämlich nichts schiefgehen, die Technik ihrer Zubereitung hat etwas ungemein Lockeres — Anfänger dürfen sich gleich wie Witzigmann fühlen. Sahnesaucen haben den Béchamelsaucen an Popularität und Gourmet-Appeal eindeutig den Rang abgelaufen. Sie sind relativ dünnflüssig — daher auch ihr schlankes Image! Ihr Prinzip ist denkbar einfach: Sahne und Wein werden eingekocht, bis eine leicht-sämige Bindung entsteht.

Tomatensauce

2 Tomaten häuten, entkernen und pürieren und zu der Sahnesauce geben oder einfach mit 1 TL Tomatenmark abschmecken. Mit Cognac verfeinern oder mit 1 TL gehacktem Basilikum vermischen.
Tomatensauce paßt zu Nudeln, kurzgebratenem, hellem Fleisch.

Kräutersauce

Grundrezept Sahnesauce (s. Seite 252/253) mit 2 EL frischen, feingewiegten Kräutern (Kerbel, Basilikum, Thymian, Schnittlauch, Petersilie) und mit frisch gemahlenem Pfeffer vermischen.
Kräutersauce schmeckt zu Fisch, Nudeln, pochierten Eiern und Geflügel.

Roquefort-Käse-Sauce

50 g zerbröckelten Blauschimmelkäse mit der Sahnesauce vermischen.
Diese herzhafte Käsesauce schmeckt zu Ravioli, Tortellini, Bandnudeln, zu kurzgebratenem Fleisch.

4 Tricks für Sahnesaucen

1. Da Sahne sehr leicht hochkocht öfter umrühren und ein hohes Kochgeschirr verwenden.
2. Sauce nicht zu dick und nicht zu lange einkochen lassen, sie flockt aus.
3. Sahne kann durch einen Teil Crème fraîche ausgetauscht werden. Die Sauce bekommt dadurch mehr Bindung und einen leicht säuerlichen Geschmack.
4. Durch geschlagene Sahne, die man kurz vor dem Servieren unterzieht, wird die Sauce besonders luftig und leicht.

Safran-Sahne-Sauce

1 Messerspitze Safranfäden oder Safranpulver bei der Herstellung der Sahnesauce verwenden.
Die Sauce bekommt eine kräftige, gelbe Farbe und einen leichten Safrangeschmack. Sie paßt besonders gut zu feinem Fisch.

Sauerampfer-Sauce

50 g Sauerampfer verlesen, waschen, grob hacken und pürieren. Ganz zum Schluß mit der Sauce vermischen, mit Zitronensaft und weißem Pfeffer abschmecken. Schmeckt zu Tiefseegarnelen, Krabben, kurzgebratenem Kalbfleisch und Eiern.

7 weitere Variationen

Grundrezept Sahnesauce plus:
1. 2 EL gehackte Pfifferlinge.
2. 2 EL gehackte Steinpilze.
3. 1 EL gehackter Estragon.
4. 2 EL Rotwein.
5. 1 EL geriebener Gruyère.
6. 1/4 l frischen Orangensaft stark einkochen lassen und statt Weißwein für die Grundsauce verwenden.
7. Rote Bete-Saft oder Püree von Roten Beten verändern die Sahnesauce farblich und geschmacklich.

Die einfachste Art und Weise

Zu guter Letzt, nach so vielen aufwendigen und schwierigen Saucen, nun noch die einfachste — aber keinesfalls schlechteste Methode: Nutzen Sie einfach den Bratensatz als Fond und Geschmacksbasis. Das Ablösen und Einkochen kann selbstverständlich mit dem Prinzip Sahnesaucen kombiniert werden — damit erreichen Sie ein zusätzliches Raffinement. Versuchen Sie Ihren eigenen Stil zu finden!

Rotweinsauce zu Rindfleisch

Bratensatz mit Rotwein ablöschen, einkochen lassen und mit 1 EL Butter verrühren.

Grüne Pfeffersauce zu Schweinefleisch

Mit 2-3 EL Calvados den Bratensatz ablöschen. 1/8 l Sahne und 2 TL grünen Pfeffer hinzufügen.

Apfelsinensauce zu Geflügel

1/4 l Orangensaft zu dem Bratensatz geben und auf die Hälfte einkochen lassen. Mit 1 TL Orangenmarmelade abschmecken und 1 EL Butter binden.

Weißweinsauce zu Kalbfleisch

Bratensatz mit 1/8 l Weißwein ablöschen, mit 2-3 EL Crème fraîche verfeinern.

Preiselbeersauce zu Wild

Mit 1/8 l Portwein den Bratensatz ablöschen, 1 EL Preiselbeeren und 1 EL Butter unterrühren.

Sherry-Minz-Sauce zu Lamm

1/8 l trockenen Sherry zum Ablöschen. 1 TL gehackte Minze, 1 EL abgezogene, entkernte Tomatenwürfel und eine gehackte Knoblauchzehe dazugeben. Mit 1 EL Butter finden.

Tip: Weitere Vorschläge auf den Seiten 216/217, und S. 240/241.

Tricks, die Sie kennen müssen

1. Immer zuerst das stark erhitzte Fett aus dem Bräter oder der Pfanne weggießen. Es ist schwer verdaulich und macht die Sauce höchstens bitter.
2. Nehmen Sie nie zuviel Flüssigkeit (die Faustregel: 1 Steak = 1/8 l). Nachgießen können Sie immer noch.
3. Bratensaucen erst immer nach dem Einkochen würzen, da die Geschmacksstoffe durch die Flüssigkeitsverringerung intensiver werden.
4. Starken Alkohol verkochen lassen oder abflambieren damit die Sahne nicht gerinnt.

Was ist ein Fond?

Zur Herstellung oder geschmacklichen Verstärkung von Saucen verwenden Profiköche Fonds. Darunter versteht man: Fleischbrühen, Kraftbrühen, braune und weiße Fonds, Geflügel-, Wild- und Fischfonds und die großen Grundsaucen.

Dafür Knochen, Sehnen, Knorpel und Fleisch-„Abfälle" mit Fett im Backofen braun anrösten. Möhren, Zwiebeln, Porree und Sellerie dazugeben. Den Bratensatz mit Wasser oder Wein ablöschen. Alles in einen Topf geben und mit Wasser bedeckt 4-5 Stunden auskochen. Schaum und Fett zwischendurch abschöpfen.

Abseihen und die Flüssigkeit mehrere Stunden einkochen lassen, bis eine sirupartige Konsistenz erreicht ist (Glace)

Einen Fond kann man aus Rind-, Kalb-, Wild- oder Geflügelfleisch und Knochen herstellen.

Fischfond (s. S. 180/181).

Desserts: Finale mit allen Finessen

Wenn der schwelgende Mensch bei Tisch eigentlich rundum satt ist, beginnt das Feuerwerk: Dessert! Es ist glanzvoller Abschluß eines guten Menüs, und es soll noch einmal alle Sinne entzücken — mit Farben und Formen, mit Duft und Geschmack. Der Phantasie sind dabei keine Grenzen gesetzt. Zur Can-Can-Zeit in Paris wurden wahre Gebirge aus bunter Baisser-Masse aufgetragen — aus denen dann am Tisch eine ziemlich unbekleidete Dame entstieg. Ob sich ein ähnlicher Effekt mit simplem Apfelmus erzielen läßt, erscheint zumindest fraglich. Aber zwischen diesen beiden Extremen gibt's zum Glück ein Schlaraffenland für Schleckermäuler aller Altersklassen.

Die 5 süßen Wegweiser

Natürlich gibt es noch eine Menge anderer Wege ins gelobte Dessertland, doch die meisten sind derart kompliziert zu beschreiben und zu begehen, daß Sie sich garantiert verirren würden. Nicht umsonst hat die süße Küche der Pasteten einen Spezialkoch von hohem Ansehen hervorgebracht: den Pâtissier. Aber mit den fünf Möglichkeiten, auf die wir sie hier hinweisen, kommen Sie ganz schön weit! Vor allem, wenn Sie das Eis noch fertig dazukaufen. Die Qualität in den Supermarkt-Eistruhen hat einen so hohen Standard erreicht, daß sich inzwischen viele Restaurants den eigenen Pâtissier ersparen . . .

Die 7 Regeln für Gelatine

1. Gelatine ist ein tierischer Gelierstoff. Erhältlich in Blatt- und Pulverform, weiß oder rot.
2. Blattgelatine für ca. 10 Minuten in kaltes Wasser einweichen und vor Gebrauch gut ausdrücken. Pulvergelatine ist kräftiger. Anweisung auf der Packung beachten.
3. Immer in heißer Flüssigkeit auflösen.
4. Sollte die Milch-Ei-Mischung schon vor dem Zugeben der Sahne zu fest sein, den Geliervorgang wiederholen. Die Masse im Wasserbad unter Rühren erhitzen, erneut kalt stellen.
5. Sie erkennen, daß die Masse geliert, wenn der Schneebesen beim Durchziehen Streifen macht.
6. Die Menge der Gelatine bestimmt Gelierzeit und Festigkeit.
7. Wenn die Speise nicht gestürzt werden soll, reichen 7 bis 9 Blatt Gelatine für das Grundrezept, wird die Speise gestürzt, benötigt man 10-12.

Kompott

| 500 g Aprikosen |
| 1/4 l Weißwein |
| 3 EL Zucker |
| 1 Zimtstange |

(siehe auch folgende Seiten).

1. Aprikosen je nach Reife 2-3 Minuten in kochendes Wasser geben.

2. Mit einem kleinen Messer die Haut abziehen.

Fruchtpüree

| 500 g Erdbeeren |
| 1 EL Puderzucker |

(Siehe auch S. 274/275)

1. Erdbeeren waschen und putzen.

2. Mit Hilfe eines Löffels durch ein feines Sieb drükken.

Sorbet

| Orangen für 1 l Saft |
| 2-3 EL Zucker nach |
| Geschmack |

(Siehe auch S. 276/277)

1. Orangen halbieren, den Saft auspressen und je nach Geschmack süßen.

2. In den Froster stellen und mindestens 3 Stunden gefrieren lassen.

Mousse au chocolat

| 150 g dunkle Schokolade |
| 3 Eier |
| 1/2 l Sahne |
| 2-3 EL Likör nach |
| Geschmack |

(Siehe auch S. 275)

1. Schokolade in Stücke brechen und im Wasserbad schmelzen.

2. Eier im Wasserbad schaumig schlagen und evtl. Likör zugeben.

Bayerische Creme

»Bavarois«

| 1/2 l Milch |
| 1 Vanilleschote |
| 4 Eigelb |
| 175 g Zucker |
| 1/2 l Sahne |
| 9 Blatt weiße Gelatine |

(Siehe auch S. 278/279)

1. Vanillestange aufschlitzen und in der Milch aufkochen.

2. In einer großen Schüssel Eigelbe und Zucker vermischen.

3. Aprikosen halbieren und den Kern herausnehmen.

4. Mit Weißwein und Zimt in einen Topf geben.

5. Zucker hineinstreuen.

6. Bei mittlerer Hitze 2-3 Minuten kochen. (Je nach Obst die Zeit verändern).

3. Je nach Geschmack 1-2 EL Puderzucker dazugeben.

4. Mit dem Fruchtpüree gut verrühren.

3. Aus dem Froster nehmen und 2 Minuten antauen.

4. Mit einem stumpfen Messer zerkleinern.

5. Mit dem Pürierstab zerschlagen, bis das Sorbet geschmeidig ist.

6. Mit dem Löffel oder dem Eisportionierer kleine Portionen abstechen.

3. Schüssel aus dem Wasserbad nehmen, Schokolade mit der Eimasse mischen.

4. Sahne steif schlagen.

5. Erst 1/3 der Sahne unter die Schokoladen-Ei-Masse heben, dann den Rest.

   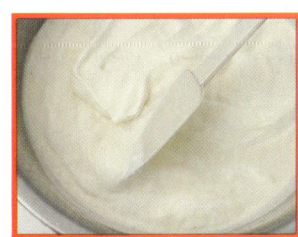

3. Die heiße Milch allmählich zugießen. Die Vanillestange herausnehmen.

4. Ausgedrückte Gelatine dazugeben. Die Masse im Eisbad kaltrühren.

5. Sahne steif schlagen.

6. Unter die gerade gelierende Masse heben.

Aprikosenkompott
Früchte mit Wasser (oder
Weißwein), Zimt (1 Stange)
und Zucker wie auf den Phasenfotos garen. Kompott mit
1 TL Aprikosenmarmelade
abschmecken.

Brombeerkompott
Früchte mit Brombeersaft
und Zucker 5 Minuten bei
kleiner Hitze garen.

Birnenkompott
Kleine geschälte Birnen mit
1/4 l Rotwein und 1/4 l Wasser bedeckt und 1 TL Johannisbeergelee bei milder Hitze
15 Minuten garen.

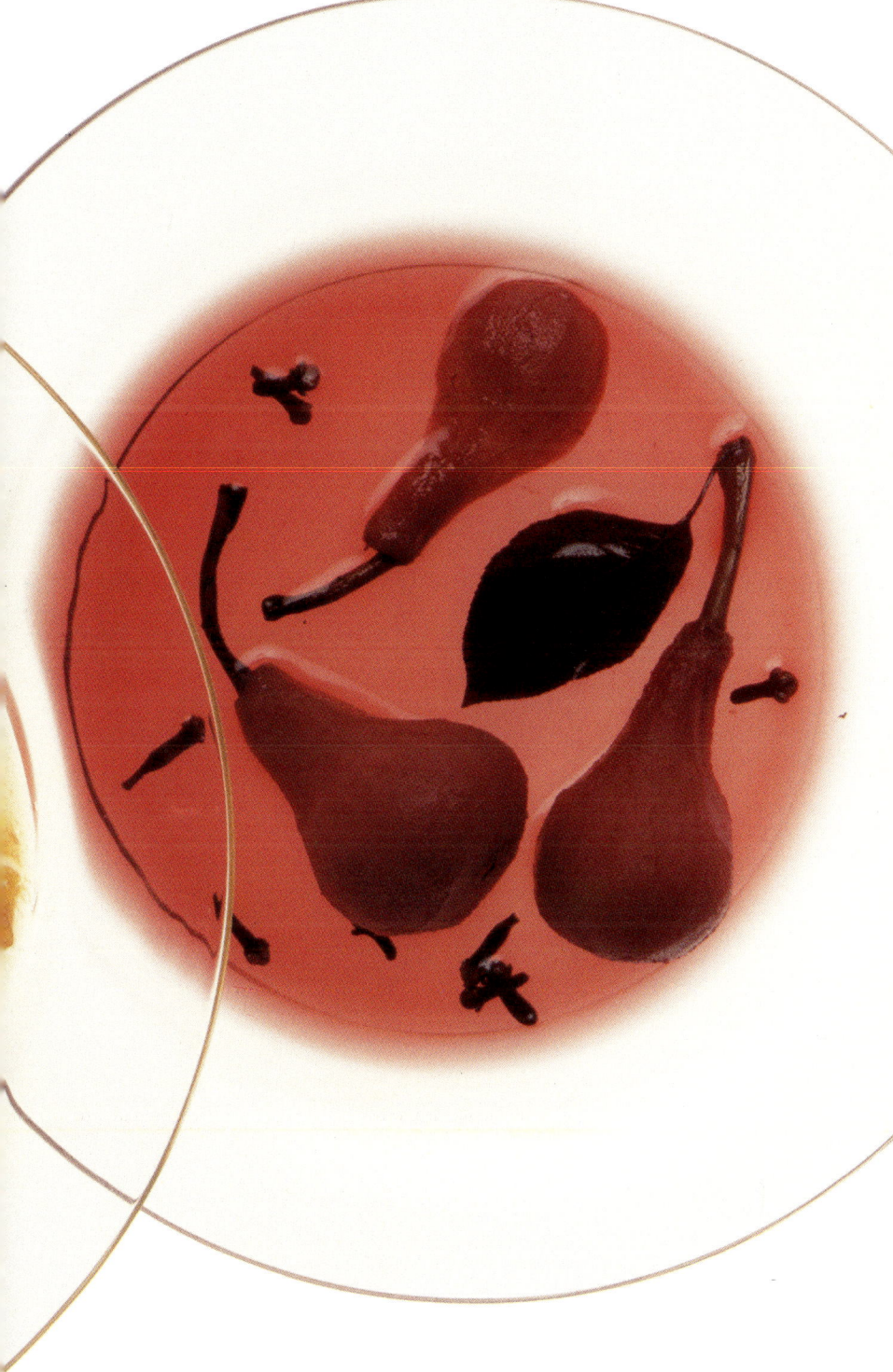

Die feinen Früchtchen

Mit dem Kompott ist es wie mit den Kartoffeln: beide können die fadesten Gerichte
sein, wenn sie lieblos zubereitet werden.
Beide können Kenner glücklich machen,
wenn man etwas Phantasie dafür aufwen-
det. Und wenn man beim Kompott die wichtigste Sache nie vergißt: die Früchte sollen
soweit wie irgend möglich Form, Farbe und
Aroma behalten.

Die 3 Zusatztips
1. Geschälte Äpfel und Birnen mit Zitronensaft beträufeln, damit sie nicht braun werden.
2. Für Kompotte kann man auch Trockenobst verwenden. Zwei Stunden vorher in
warmes Wasser einweichen.
3. Das paßt gut zusammen:
Pflaumen und Armagnac, Äpfel und Calvados, Birnen und Williams Christ, Mirabellen
und Marillenlikör, Pfirsiche und Cointreau,
Rosinen und Rum

Das Verfeinern
(Grundrezept s. S. 270/271)
Die Früchte je nach Geschmack in Rot-
oder Weißwein, Portwein, Sherry, Fruchtsaft
oder Wasser garen. Gewürze wie Zimt,
Vanille, Nelken, Zitronen- oder Orangenschale, Ingwer geben jedem Kompott eine
individuelle Note.
Kompott kann mit Eis, bayrischer Creme,
Sahne, Crème fraîche, Joghurt oder pur
serviert werden.

Die Kompott-Hits
Für Kompotte eignen sich Erdbeeren,
Rhabarber, Mirabellen, Pfirsiche, Pflaumen,
Äpfel, Feigen, Sauerkirschen, Kürbis, Man-
go, Stachelbeeren und Weintrauben.

Das Spiel mit den Obstfarben

Pürees sind die fruchtigsten Saucen, die Sie sich für Ihr Dessert wünschen können. Wichtig dabei: Keine Flüssigkeit zusetzen, damit die Intensität des frischen Fruchtaromas erhalten bleibt! Pürees können aber noch mehr, als nur gut schmecken: sie geben Ihnen die Chance, Ihr Dessert besonders attraktiv zu machen. Spielen Sie Farbkontraste aus! Kombinieren sie mehrere Pürees untereinander oder mit Eis, Sahne und Crème fraîche! Lassen Sie die Farben mutig ineinanderlaufen! Mit einem Wort: Lassen Sie Ihrer Phantasie freien Lauf!

Die Grundregeln

Früchte immer durch ein ganz feines Sieb streichen, dabei bleiben Kerne und Schalenteile zurück. Man erhält ein sehr feines Fruchtmark. Das Obst kann vorher mit einem Pürierstab zerkleinert werden.

Die Obstsuppen

(Grundrezept S. S. 270/271). Fruchtpürees lassen sich ganz einfach zu Fruchtsuppen verwandeln, indem Sie Joghurt, Milch, Fruchtsaft, Crème fraîche, frische Früchte unterrühren und mit Minzeblättern oder Zitronenmelisse garnieren.

Die Püree-Favoriten

Für Fruchtpürees eignen sich besonders Erdbeeren, Himbeeren, Brombeeren, Heidelbeeren, Preiselbeeren, rote und schwarze Johannisbeeren, Mango, Kiwi, Aprikosen, Papaya und Passionsfrüchte.

Foto rechts oben:
Mousse au chocolat mit Kiwipüree, Himbeeren und Schokoladenraspeln garniert.

Foto rechts Mitte:
Vanilleeis mit Aprikosenpüree und Krokant.

Foto rechts unten:
Obstsalat aus Kiwi und Erdbeeren mit Brombeerpüree und Pfefferminzblättchen.

Großes Foto:
Fruchtpürees aus Mango, Himbeere, Erdbeere und Kiwi. („Dialog der Früchte" nach Hans-Peter Wodarz.)

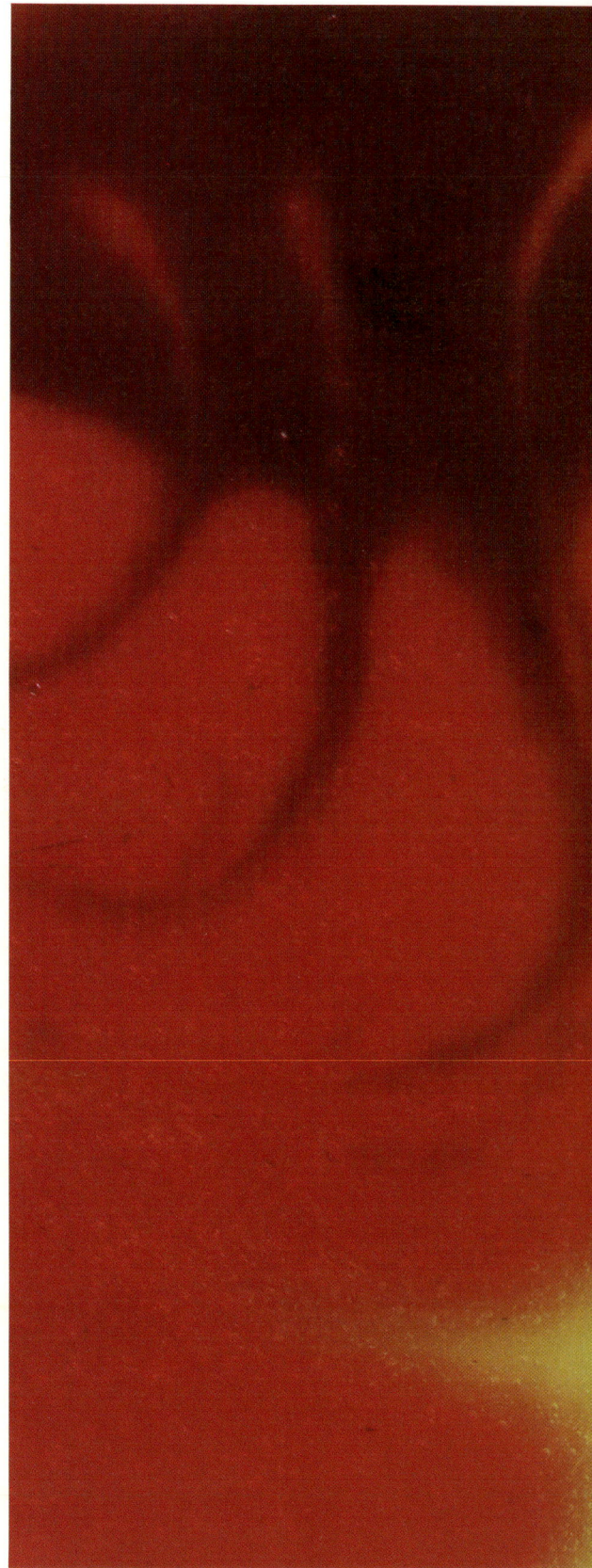

Das eiskalte Comeback

Was um die Jahrhundertwende noch geradezu imageschädigend „Wassereis" hieß, kam als eisglitzerndes i-Tüpfelchen der Nouvelle Cuisine wieder. Freilich unter dem viel schickeren Namen „Sorbet". Und noch eins: Sorbets sind nicht länger nur Desserts — sie erwiesen sich plötzlich als äußerst vielseitig. Zum Beispiel als köstliche Magendusche vor dem Menü-Hauptgang. Oder gar als Insider-Cocktail zum Löffeln, wenn man das Sorbet mit Champagner, Sekt oder Wein auffüllt. Progressive Jungköche kreieren inzwischen sogar Sorbets aus roten Beten, Baumtomaten oder Joghurt. Was fällt Ihnen dazu ein?

Die Sorbetfrüchte

Für Sorbets eignen sich alle Früchte, die zu Fruchtpüree verarbeitet werden. Apfelsorbet wird aus Apfelmus oder vorher kurz gegarten Äpfeln hergestellt.

Die Grundregeln

Fruchtsäfte oder Fruchtpürees, gesüßt oder ungesüßt, mindestens 3 Stunden im Tiefkühlfach gefrieren lassen. Man kann natürlich eine Eismaschine oder Sorbetiere benutzen.

Das Sorbet muß eine weiche, geschmeidige Konsistenz haben.

Die aus 500 g Früchten oder 1/2 l Flüssigkeit bereitete Menge Sorbet reicht für 4 Portionen.

(Grundrezept s. S. 270/271)

Verfeinerungen

Sorbets bekommen eine interessante Geschmacksnote, wenn man die Fruchtpürees mit Champagner, Sekt oder Weißwein vermischt und dann frostet. Der Fruchtgeschmack darf durch den Alkohol jedoch nicht überdeckt werden!

Was ist Sorbet?

Das Wort stammt aus dem Arabischen (Scherbet) und bezeichnet ursprünglich ein Eisgetränk aus Fruchtsäften. Die französische Küche, insbesondere die Nouvelle Cuisine, machte daraus ein Wasser-Eis (ohne Milch oder Sahne). Es wird mit Frucht- oder Gemüsekonzentraten aromatisiert, meist mit Alkohol verfeinert. Aber auch reine Alkohol-Sorbets sind möglich (z.B. Champagner). Sorbets sollten die Konsistenz von Schnee haben und nach dem Servieren allmählich zu schmelzen beginnen. Dies ist optimal mit einer Sorbetmaschine zu erreichen. Zu hart gefrorenes Sorbet kann man zerschlagen und als „Granité" servieren!

Limonensorbet

Aus Limonensaft ein Sorbet herstellen, nach Geschmack mit Zucker und Minze abschmecken.

Erdbeersorbet

Erdbeerpüree aus 500 g Erdbeeren mit 1/4 l Sekt vermischen und zu einem Sorbet verarbeiten.

Aprikosensorbet

Aus 500 g Aprikosen wie auf den Phasenfotos gezeigt, ein Püree herstellen, mit Zucker und 1/4 l Sekt abschmecken und zu Sorbet verarbeiten. Portionsweise mit Zitronenmelisse garniert servieren.

Johannisbeersorbet

Johannisbeerpüree wie auf den Phasenfotos herstellen und zu Sorbet verarbeiten. Portionsweise in geeiste Gläser füllen, mit Johannisbeeren garnieren.

Die 5 besten Tips

1. Das Sorbet während des Gefriervorgangs öfter umrühren, so wird es geschmeidiger.
2. Sorbet muß vor dem Servieren immer aufgelockert werden. Das erledigt am besten ein Pürierstab.
3. Zum Garnieren eignen sich Zitronenmelisse, Basilikum und Minze.
4. Außer in Gläsern kann Sorbet in ausgehöhlten Orangen, Zitronen oder Melonenschalen serviert werden. Damit das Sorbet nicht zu schnell schmilzt, die Schalenhälften und Gläser 1 Stunde vor dem Servieren in das Tiefkühlfach stellen.
5. Im Handel gibt es relativ preiswerte Sorbetieren, mit deren Hilfe man Sorbets in Profi-Manier herstellen kann.

Granité aus Kaffee

Starken Kaffee mit Zucker süßen und in die Tiefkühltruhe stellen. Während des Gefriervorganges öfter umrühren, damit die Flüssigkeit nicht als Block gefriert. Das Granité muß wie grob zerstoßenes Eis aussehen und kann auch aus Tee und Fruchtsäften hergestellt werden.

Die Crème de la crème

Die bayerische Creme ist — ungeachtet ihres Namens — eine rein französische Erfindung. Und sie ist auch keineswegs bajuwarisch-rustikal, sondern adelig-fein. Eine gewisse noble Mächtigkeit ist ihr allerdings nicht abzusprechen. Was aber mehr zählt: die Bavarois ist nach mehr als zwei Jahrhunderten Kochkunst aus tausenden anderen, ähnlichen Cremes als *die* klassische Dessertcreme übriggeblieben. Das spricht für sie. Bis heute ist keinem Pâtissier aus den gleichen Zutaten etwas Köstlicheres eingefallen.

Heidelbeercreme

(linkes Glas)
1. 300 g Heidelbeeren pürieren.
2. In die Grundmasse geben (s. S. 270/271).
3. In Gläser füllen und mit einigen Heidelbeeren und frischer Zitronenmelisse garnieren.

Moccacreme

(2. Glas von links)
1. 3 EL Kaffeepulver in der heißen Milch auflösen.
2. Creme wie auf den Phasenfotos weiterverarbeiten.
3. Mit Schokoladenraspeln und Puderzucker garnieren.

Pistaziencreme

(Glas Mitte)
1. 5 EL Pistazienkerne ha[cken].
2. Pistazienkerne und 2 [EL] Orangenlikör in die erkalte[te] Milch-Ei-Masse (s. S. 27[0/]271) geben und anschli[e]ßend die Sahne unterziehe[n].
3. Mit einem Tupfer Sahn[e,] Orangenschale, Cocktailk[ir]schen und Waffelröllche[n] garnieren.

Mangocreme

(Rechtes Glas)

1. 1 Mango schälen, Fruchtfleisch abschneiden und bis auf einige schöne Spalten pürieren.

2. Unter die Milch-Ei-Masse (s. S. 270/271) mischen, Sahne unterheben.

3. In Gläser füllen, mit Mangospalten und Krokant garnieren.

Himbeercreme

(2. Glas von rechts)

1. 500 g Himbeeren pürieren.

2. Davon 300 g in die Milch-Ei-Masse (s. S. 270/271) geben und die Sahne unterziehen.

3. Die fertige Creme mit einer sternförmigen Spritztülle in Gläser füllen.

4. Restliches Himbeerpüree daraufgießen und mit einer Himbeere garnieren.

Verfeinerungen

(Grundrezept s. S. 270/271) Grundmasse mit gerösteten und gehackten Haselnüssen, Mandeln, Walnüssen, kandierten Früchten oder verschiedenen Likören, mit flüssiger Schokolade oder Nougat vermischen.

Sehr dekorativ sieht die bayerische Creme aus, wenn sie mit verschiedenen Fruchtpürees vermischt oder garniert wird. Fruchtspalten und Blätter von Früchten vollenden jede Dekoration.

Die 30 dekorativsten Einfälle

Ein Steak oder eine Seezunge kann man notfalls ohne jede Garnierung auf den Tisch bringen — beim Dessert wäre das eine kulinarische Sünde! Das Finale muß einfach bunt und überraschend sein. Am Dessert muß sich das Auge schon sattsehen können, ehe im Mund das Wasser zusammenläuft. Die Möglichkeiten, Desserts zu verzieren und zu verschönern sind absolut unbegrenzt. Der süße Überfluß: Sie können pudern und streuen, gießen und spritzen, garnieren und sogar gratinieren. Auch nicht genießbare Dekors wie Früchteblätter sind erlaubt. Bei Obstpürees oder Sorbets macht es sich übrigens immer gut, wenn Sie eine oder mehrere schöne Früchte zum Verzieren aufheben.

1. geraspelte Schokolade
2. Crème fraîche
3. Marmelade
4. Puderzucker
5. ganze geschälte oder ungeschälte Mandeln.
6. Limettenscheiben
7. Kaffeebohnen
8. Brauner Zucker
9. Löffelbiskuit
10. Krokant
11. Bunte Zuckerperlen
12. Kandierte Früchte
13. in Streifen geschnittene Orangenschale
14. Kakaopulver
15. Kokosraspeln
16. Mandelmakronen
17. gestiftelte Mandeln
18. Walnüsse
19. gehobelte Mandeln
20. Erdbeerscheiben
21. Schokoladenstreusel
22. Veilchenblätter
23. Schokoladentäfelchen
24. gehackte oder ganze Pistazien
25. Hagelzucker
26. Zitronenmelisse
27. kandierter Ingwer
28. Schlagsahne
29. Kaffeepulver
30. Datteln

281

Tirami su

5 Eigelb

150 g Zucker

2 EL heißes Wasser

500 g Mascarpone
(italienischer Frischkäse)
oder Quark

14-16 Löffelbiskuits

50 g Zucker
(für den Eischnee)

5 Eiweiß

1. Eigelbe mit Zucker und
Wasser 5 Minuten schaumig
schlagen.
2. Mascarpone oder Quark
in einem Tuch auspressen.
3. Eigelbmasse mit dem
Frischkäse vermischen und
die Hälfte in eine rechteckige
Form füllen.
4. Löffelbiskuits dicht nebeneinander auf die Masse legen.
5. Restliche Masse darauf
verteilen und mindestens 4
Stunden in den Kühlschrank
stellen.
6. Den Rand mit einem Messer von der Form lösen und
auf eine Platte stürzen.
7. Eiweiß steif schlagen, den
Zucker einrieseln lassen.
8. Auf die gestürzte Süßspeise streichen und servieren
oder zusätzlich 4 Minuten unter einen Grill stellen, bis es
eine leichte bräunliche Färbung bekommt.

Tip:
Löffelbiskuits können mit kaltem Mocca oder Likör be-
träufelt werden.

Crème Caramel

3 Eier

3 Eigelb

1/2 l Milch

6 EL Zucker

Mark einer Vanilleschote

1 Prise Salz

Butter zum Ausfetten der
Formen

1. Eier, Eigelbe, Milch, Zukker, Vanillemark und Salz
vermischen.
2. Formen ausbuttern.
3. 3 EL Zucker in einen Topf
geben und bei mittlerer Hitze
schmelzen, bis er eine gold-
braune Farbe hat. Wenn der
Zucker stellenweise dunkel
wird, mit einem Löffel umrühren, so löst sich der Zucker
gleichmäßig.
4. Den Karamel in die Form
gießen, so daß der Boden
bedeckt ist.
5. Die Milchmischung in die
Form füllen und mit Alufolie
abdecken.
6. Formen in einen breiten
Topf stellen. So viel Wasser
einfüllen, daß die Formen bis
zur Hälfte im Wasser stehen.
7. Auf Stufe 1 bis 1 1/2
30-35 Minuten im geschlossenen Topf garen. Das Wasser darf nicht kochen, da sich
in der Creme sonst Blasen
bilden können.
8. Formen aus dem Topf
nehmen, erkalten lassen und
stürzen.

Rote Grütze

1 kg gemischtes Beeren-
obst (Himbeeren, Johannis
beeren, Brombeeren, Erd-
beeren, Stachelbeeren)

1/4 l Orangensaft

200-300 g Zucker
(nach Geschmack)

60 g Sago

1. Obst waschen, putzen
und abtropfen lassen.
2. Mit Orangensaft und Zukker einmal aufkochen.
3. Alles auf ein Sieb geben
und den Saft auffangen.
4. Die Flüssigkeit mit Sago in
einen Topf geben und 15
Minuten auf kleiner Stufe
kochen lassen.
5. Obst hinzufügen, einmal
aufkochen lassen und vom
Herd nehmen.
6. In eine Schüssel füllen
und mit Zucker bestreuen,
damit sich keine Haut bilde.
7. Mit flüssiger Sahne servieren.

Trifle

150 g gebackener Sand-
kuchen

3 EL Himbeermarmelade

50 g gehobelte Mandeln

3 EL Weinbrand

1/8 l süßer Sherry

250 g Himbeeren

3/4 l Schlagsahne

1 EL Zucker

1 Vanilleschote

1. Den Sandkuchen in
Scheiben schneiden und
den Boden mit einer Kera-
mikform damit auslegen.
2. Mit Himbeermarmelade
bestreichen.
3. Den restlichen Sandkuchen in Würfel schneiden
und in die Form geben.
4. Mit gehobelten Mandeln
bestreuen, mit Weinbrand
und Sherry beträufeln.
5. 10 Himbeeren zum Garnieren zurücklegen und die
restlichen in die Form
streuen.
6. Sahne steif schlagen und
mit Zucker süßen.
7. Vanilleschote halbieren,
das Mark herauskratzen und
unter die Sahne mischen.
8. Sahne in die Form füllen,
zum Garnieren etwas zu-
rückbehalten.
9. Mit Sahnetupfer und Himbeeren garnieren.

Preiselbeer-Halbgefrorenes

4 Eigelb

175 g Zucker

2 EL heißes Wasser

400 g frische oder gefrorene
Preiselbeeren

3 EL Zucker

250 g Schlagsahne

4 Eiweiß

1. Eigelbe mit Zucker und
heißem Wasser 5 Minuten im
Wasserbad schaumig schla-
gen.
2. Aus dem Wasserbad
nehmen und abkühlen las-
sen.
3. Preiselbeeren mit Zucker
auf mittlerer Hitze 2 Minuten
kochen, vom Herd nehmen
und erkalten lassen.
4. Sahne und Eiweiß getrennt schlagen.
5. 2/3 der Preiselbeeren mit
der Eigelbmasse verrühren,
Sahne und 1/3 des Ei-
schnees dazugeben.
6. Das restliche Eiweiß vorsichtig unterheben.
7. Eine Kastenform mit Alufolie auslegen, die Masse
hineinfüllen und mindestens
6 Stunden gefrieren.
8. Das Halbgefrorene aus
der Form stürzen und por-
tionsweise Scheiben ab-
schneiden.
9. Mit den restlichen Preiselbeeren anrichten.

Zabaione

2 Eigelb

2 Eierschalen Zucker

4 Eierschalen Marsala

Die Zabaione reicht für 2-3
Personen.
Grundmaß: auf 1 Eigelb,
1 Eierschale Zucker, 2 Eierschalen Marsala oder Wein.
Da die Eier unterschiedlich
groß sind, empfehlen wir als
Maß die Eierschale eines auf-
geschlagenen Eies.
1. Eigelb von dem Eiweiß
trennen und in die Metallschüssel geben.
2. Zucker und Marsala hinzufügen.
3. Mit dem Mixer schlagen,
bis ein fester, luftiger Schaum
entsteht.
4. In ein Wasserbad stellen
und so lange weiterschla-
gen, bis der Schaum warm
und luftig ist.
5. Zabaione sofort servieren,
da sie sich sonst wieder ver-
flüssigen.

Ganz wichtig: Das Wasser im
Wasserbad darf nicht ko-
chen.
Die Schüssel zwischendurch
immer herausnehmen, da-
mit der Eischaum an den
Rändern nicht stockt, und die
Wärme gleichmäßig verteilt
wird.

Rezept-
register
und
Gesamt-
register